DISCURSOS, IDENTIDADES e LETRAMENTOS

abordagens da Análise de Discurso Crítica

Dados Internacionais de Catalogação na Publicação (CIP)
(Câmara Brasileira do Livro, SP, Brasil)

Discursos, identidades e letramentos : abordagens da análise de discurso crítica / Maria Aparecida Resende Ottoni, Maria Cecília de Lima (Organizadoras). -- São Paulo : Cortez, 2014.

Vários autores.
Bibliografia.
ISBN 978-85-249-2175-9

1. Análise do discurso 2. Educação 3. Identidade de gênero 4. Letramento 5. Linguagem I. Ottoni, Maria Aparecida Resende. II. Lima, Maria Cecília de.

14-00761 CDD-401.41

Índices para catálogo sistemático:

1. Análise de discurso crítica : Discursos, identidades e letramentos : Linguística 401.41

Maria Aparecida Resende Ottoni
Maria Cecília de Lima · (Organizadoras)

DISCURSOS, IDENTIDADES e LETRAMENTOS

abordagens da Análise de Discurso Crítica

CORTEZ EDITORA

DISCURSOS, IDENTIDADES E LETRAMENTOS: abordagens da Análise de Discurso Crítica
Maria Aparecida Resende Ottoni e Maria Cecília de Lima (Orgs.)

Capa: de Sign Arte Visual
Preparação de originais: Elisabeth Mattar
Revisão: Amália Ursi
Composição: Linea Editora Ltda.
Coordenação editorial: Danilo A. Q. Morales

Obra em conformidade ao NOVO ACORDO da Língua Portuguesa

Direitos para esta edição
CORTEZ EDITORA
Rua Monte Alegre, 1074 – Perdizes
05014-001 – São Paulo – SP
Tel.: (55 11) 3864-0111 Fax: (55 11) 3864-4290
www.cortezeditora.com.br
e-mail: cortez@cortezeditora.com.br

Impresso no Brasil – junho de 2014

Sumário

Prefácio

Esta coletânea volta-se para diferentes contextos de aplicação dos princípios e métodos da Análise de Discurso Crítica (ADC). Relacionando-se com a Linguística Sistêmico-Funcional (LSF) e com a Teoria Social Crítica, a ADC propõe discutir questões que exijam uma posição crítica de analistas, como racismo, sexismo (discriminação com base no sexo), violência, pobreza e temas relacionados à exclusão social. Para isso, a ADC estabelece relação entre a construção de sentido e o processo social, o que caracteriza uma abordagem interdisciplinar. Mais que isso, a ADC propõe uma forma de investigação transdisciplinar, com um propósito integracionista.

O conceito de discurso como elemento do processo social possibilitou à ADC um desenvolvimento teórico que abriu um campo de pesquisa promissor, com seguidores em diversas instituições do país. Porém, a ADC não se descuidou do método, dedicando-se seus praticantes à reflexão de caráter metodológico. A metodologia da ADC pode ser sintetizada em quatro passos: (1) definição de um problema social no aspecto semiótico; (2) identificação dos obstáculos ao estudo do problema; (3) questionamento do problema: será que é um mal necessário?; (4) identificação de formas de ultrapassar os obstáculos (Fairclough, 2010, p. 226). A LSF é uma ferramenta valiosa para a análise dos aspectos semióticos dos problemas examinados; por exemplo, os aspectos semióticos da última eleição presidencial, de caráter manipulativo, ou os problemas de comunicação na equipe multidisciplinar que atende estudantes com deficiência, em centros de Atendimento Educacional Especializado (AEE).

É recomendada a combinação da ADC com a pesquisa de natureza etnográfica, de forma que a análise textual possa ser complementada com a análise da prática social. Como os textos são produtos das práticas sociais, são notoriamente insuficientes para generalizar resultados de pesquisa. Denomino a combinação da ADC com a pesquisa etnográfica "pesquisa etnográfico-discursiva". Exemplos são: Magalhães (2000) e Resende (2008). Em relação a esse ponto, veja Magalhães (2006).

A análise é uma etapa fundamental da investigação e precisa ser abrangente, focalizando regularidades nos dados sob investigação; não é indicada a análise de um único exemplo. Nesse sentido, os trabalhos desta coletânea são baseados em resultados de pesquisas conduzidas com rigor metodológico. Por isso, recomendamos a leitura desta obra a estudantes e pesquisadores, bem como a todas as pessoas que tenham interesse nos temas pesquisados pela ADC.

Izabel Magalhães

Referências

FAIRCLOUGH, N. *Critical discourse analysis.* 2. ed. Harlow: Longman/Pearson Education, 2010.

MAGALHÃES, I. Discurso, ética e identidades de gênero. In: ______; GRIGOLETTO, M.; CORACINI, M. J. (Orgs.). *Práticas identitárias.* Língua e discurso. São Carlos: Claraluz, 2006. p. 71-96.

______. *Eu e tu.* A constituição do sujeito no discurso médico. Brasília: Thesaurus, 2000.

RESENDE, V. M. *Análise de discurso crítica e etnografia: o Movimento Nacional de Meninos e Meninas de Rua, sua crise e o protagonismo juvenil.* Tese (Doutorado em Linguística) — Universidade de Brasília, Brasília, 2008.

Apresentação

Quando ingressamos no Instituto de Letras e Linguística da Universidade Federal de Uberlândia (ILEEL/UFU), observamos que a Análise de Discurso de vertente francesa era dominante nos estudos do discurso desenvolvidos pelos professores do instituto e pelos alunos da graduação e da pós-graduação. Sentimos, então, necessidade e desejo de criar um grupo de pesquisas e estudos em Análise de Discurso Crítica e Linguística Sistêmico-Funcional, para propiciar um espaço para conhecimento e divulgação dessas teorias e para incentivar o desenvolvimento de pesquisas com base nessas perspectivas teóricas.

Assim, no primeiro semestre de 2009, criamos o Grupo de Pesquisas e Estudos em Análise de Discurso Crítica e Linguística Sistêmico-Funcional, o qual se encontra cadastrado no Conselho Nacional de Desenvolvimento Científico e Tecnológico (CNPq) e certificado pela UFU.

Com quatro anos de existência, o grupo conta hoje com vários professores pesquisadores, de diferentes instituições do Brasil e de uma instituição da Argentina, com vários alunos, de diferentes cursos da UFU, com professores da educação básica e com uma servidora da UFU.

Dentre as ações decorrentes do trabalho do grupo, já realizamos três cursos de extensão, nos quais apresentamos uma visão introdutória da Análise de Discurso Crítica e da Linguística Sistêmico-Funcional, e dois Colóquios de Análise de Discurso Crítica e Linguística Sistêmico-Funcional, abertos à comunidade em geral, nos quais membros do grupo apresentaram suas pesquisas. Além disso, algumas pesquisas vinculadas ao grupo já foram concluídas, vários trabalhos foram apresentados em eventos e publicados em anais e em periódicos.

Este livro é a concretização de uma das metas do grupo. Ele representa parte dos resultados de pesquisas que têm sido desenvolvidas por professores integrantes do grupo e todas essas pesquisas constituem uma amostra de como a Análise de Discurso Crítica e a Linguística Sistêmico-Funcional são produtivas para a análise de diferentes gêneros e discursos e das identidades constituídas neles e por eles.

Os estudos que compõem esta coletânea jogam luz a como os construtos da ADC e da LSF podem dar conta de análises criteriosas de textos, visando à constituição de leitores mais críticos e a tentativas de mudanças sociais.

Diferentemente de outras obras brasileiras, com importantes contribuições para a divulgação e fortalecimento da ADC e da LSF, este livro traz, além de investigações centradas na análise crítica de textos jornalísticos, resultados de várias pesquisas produzidas no contexto escolar e demonstram, por meio de dados empíricos e de reflexões sociodiscursivas, que a escola é um *locus* privilegiado para o investimento em possíveis mudanças sociais.

O foco em práticas de letramentos, nos discursos e identidades constituídos nessas e por essas práticas marca esta coletânea e destaca sua relevância no campo dos estudos discursivos e sociais.

Esta obra é composta por artigos, organizados em partes, em conformidade com os campos específicos de investigação. A primeira parte agrupa quatro capítulos, que focalizam o tema **Discurso e identidades sociais na mídia**.

No primeiro capítulo, intitulado "As representações identitárias de gênero no humor sexista", Maria Aparecida Resende Ottoni analisa dois exemplares de um gênero multimodal de humor sexista, com base na discussão acerca de gêneros feita por Fairclough (2003) e na proposta de Hasan (1985, 1989) de análise da configuração contextual, e investiga as representações de gênero social neles construídas. A autora defende que os gêneros do humor, especialmente os de humor sexista, não podem ser utilizados na escola apenas como material lúdico, pois são um importante material para o desenvolvimento de um trabalho de leitura crítica. Defende, ainda, que é preciso questionar as representações de gênero construídas nesse tipo de humor para que elas não sejam internalizadas pelas/os leitoras/es e incorporadas em suas práticas.

No segundo capítulo do livro, está o artigo de Maria Cecília de Lima, "Discursos sobre gênero e identidades". Nele, ela apresenta um recorte de uma pesquisa, intitulada "Discursos e identidades de gênero no contexto da escola", cujo objetivo foi investigar, à luz da ADC e da LSF, os discursos acerca de identidades de gênero veiculados em aulas de Língua Portuguesa, quando do trabalho com diversos gêneros discursivos. Os resultados demonstram que, mesmo depois do advento dos Parâmetros Curriculares Nacionais, na sala de aula o trabalho com gêneros discursivos ainda não contribui sistematicamente para a emancipação da mulher, pois há ainda a reprodução de um discurso de controle. Há o trabalho com gêneros discursivos, mas a reflexão acerca dos discursos de gênero social nem sempre é realizada. Assim, por meio do discurso, há a naturalização de relações de poder que servem a interesses da posição masculina hegemônica.

Ariel Novodvorski, no terceiro capítulo da primeira parte do livro, "A recontextualização do ensino de Espanhol no Brasil na linguagem jornalística: uma análise crítico-discursiva da representação de atores sociais", focaliza o momento de inserção da Língua Espanhola no Brasil. Ele analisa três textos jornalísticos, publicados no Brasil, Espanha e Argentina, poucos dias antes da aprovação da Lei n. 11.161, em agosto de 2005, que obriga as escolas brasileiras a oferecer o ensino do Espanhol. Seu foco é a representação de atores sociais. Os resultados da análise mostram a recorrência de questões econômicas que sobressaem, muitas vezes, às questões culturais ou da língua em si e a existência de discursos mercantilistas em tensão. O autor destaca a necessidade de um olhar mais atento e crítico diante das notícias entusiastas que chegam, principalmente, da Espanha.

Por fim, também compondo a primeira parte do livro, María Del Pilar Tobar Acosta e Viviane de Melo Resende, com o artigo "Não deu no rádio, no jornal ou na televisão — análise discursiva crítica de textos do jornal *O Trecheiro*", apresentam um recorte de uma pesquisa, em que se investigam publicações voltadas para a situação de rua cujo principal objetivo é gerar renda e/ou abrir um canal de expressão para a população em situação de rua. No artigo, elas fazem uma análise linguístico-discursiva de textos do jornal *O Trecheiro,* cuja publicação é promovida pela Rede Rua. Por meio dessa análise, mostram que o jornal *O Trecheiro*, na edição de junho de 2009, apresenta manutenção de formas canônicas dos gêneros midiáticos e do suporte jornal impresso. Contudo, apresenta também mudanças em relação aos produtos da mídia tradicional, por meio do uso criativo dos gêneros, constituindo-se assim como uma forma de mídia alternativa. As autoras argumentam que a Rede Rua busca a mudança social por meio da mudança discursiva, ao promover outra forma de retratar a realidade das ruas, na produção textual de informações n'*O Trecheiro*, o que colabora para que as pessoas em situação de rua e sua realidade sejam enxergadas e ouvidas pela sociedade como um todo.

A segunda parte do livro, cujo tema é **Discurso, letramentos e identidades docentes**, é composta por capítulos. No Capítulo 5, "Ensino de língua materna, letramento e identidades no campo da educação", Guilherme Veiga Rios analisa o discurso de professoras da educação básica, participantes do curso de extensão universitária "Letramento e ensino de leitura e produção de textos". Ele discute as concepções de linguagem, texto, fala, leitura e escrita dessas docentes e os seus reflexos na constituição de identidades sociais docentes associadas às identidades pedagógicas e locais. Os resultados apontam dois aspectos importantes: algumas falas de professoras alinham-se com as identidades pedagógicas retrospectivas e identidades locais elitistas e fundamentalistas; já outras se relacionam com a identidade pedagógica prospectiva e a identidade local prospectiva recentralizante.

Em "Discursos, identidades docentes e letramentos na inclusão de pessoas com deficiência", Capítulo 6, José Ribamar Lopes Batista Júnior e Denise Tamaê Borges Sato investigam os discursos sobre a inclusão de alunas(os) surdos ou com Síndrome de Down, bem como as práticas de letramento e as identidades docentes no Ensino Regular, no contexto do Distrito Federal. Os autores adotam a pesquisa etnográfico-discursiva como metodologia, combinada com o estudo de narrativas (Magalhães, 2006) e analisam entrevistas com professores(as), narrativas e registros de observações de aulas. Para isso, baseiam-se na Teoria Social do Letramento (TSL) e na Análise de Discurso Crítica (ADC). A análise demonstrou que o processo de inclusão foi marcadamente ideológico e que a inclusão, de um modo geral, está baseada, primordialmente, no papel docente. Apontou, ainda, identidades docentes em um processo de (re)construção, que envolve uma passagem de professores do Ensino Regular, que se consideram despreparados para lidar com a inclusão, para professores do Ensino Regular Inclusivo, que se sentem felizes ante os resultados de sua prática.

No Capítulo 7, "Aulas de Língua Portuguesa: quais as práticas de letramento?", Luzia Rodrigues da Silva apresenta um recorte de uma pesquisa — de caráter metodológico qualitativo e etnográfico — realizada em escolas públicas de Ensino Básico localizadas na cidade de Goiânia, estado de Goiás. Ela analisa excertos de eventos de letramento da sala de aula e o discurso das professoras à luz da perspectiva da Teoria Social do Letramento (Barton e Hamilton, 1998). Seu estudo evidencia tanto práticas pautadas na concepção de letramento autônomo como práticas norteadas pela concepção de letramento como prática social. A autora deixa evidente a necessidade e relevância de se instrumentalizar os/as alunos/as para (inter)agirem discursivamente no curso das práticas sociais, o que demanda uma ruptura de práticas pedagógicas tradicionais e a efetivação de práticas situadas de letramento.

Acreditamos que publicações como esta são importantes na sociedade contemporânea, marcada por intensas transformações em diferentes esferas e constituída por indivíduos em crise, pois focaliza esferas sociais importantes na construção dessas transformações — a educacional e a jornalística — e ilustra como a linguagem desempenha papel fundamental nessa construção.

Com esta obra, intentamos possibilitar a ampliação do conhecimento de uma abordagem linguística, textual e socialmente orientada e seu fortalecimento, e ilustrar as suas potencialidades para análise das práticas sociais e para a promoção de práticas mais fortalecedoras.

Esperamos que esta seja a primeira de muitas publicações oriundas dos trabalhos desenvolvidos por pesquisadores(as) vinculados ao Grupo de Pesquisas e Estudos em Análise de Discurso Crítica e Linguística Sistêmico-Funcional, do Instituto de Letras e Linguística da Universidade Federal de Uberlândia.

As organizadoras

Sobre os(as) Autores(as)

Ariel Novodvorski

É professor do Instituto de Letras e Linguística da Universidade Federal de Uberlândia. Possui mestrado e doutorado em Estudos Linguísticos (Linguística Aplicada) pela Universidade Federal de Minas Gerais. Tem experiência na área de Letras, atuando principalmente nas áreas de Língua Estrangeira, Língua Espanhola, Estudos em Tradução, Análise Crítica do Discurso, Linguística Sistêmico-Funcional e Linguística de *Corpus*.

Denise Tamaê Borges Sato

Mestre em Linguística pela Universidade de Brasília. É autora do *Manual de Redação do Governo de Goiás* e gestora governamental, atuando em políticas para mulheres e de inclusão. É membro do Núcleo de Estudos de Linguagem e Sociedade (NELiS) do Centro de Estudos Avançados Multidisciplinares (Ceam) da Universidade de Brasília (UnB) e consultora *ad hoc* da Fundação de Amparo à Pesquisa do Estado de Goiás. Atualmente cursa Doutorado em Linguística na Universidade de Brasília.

Guilherme Veiga Rios

É pesquisador-tecnologista do Instituto Nacional de Estudos e Pesquisas Educacionais Anísio Teixeira (Ministério da Educação), professor-colaborador do Programa de Pós-graduação em Linguística da Universidade de Brasília e pesquisador-colaborador do Centro de Estudos Avançados Multidisciplinares, pelo Núcleo de Estudos de Linguagem e Sociedade, também da Universidade de Brasília. É membro dos Grupos de Pesquisa Ensino-Pesquisa-Extensão em Educação de Crianças, Jovens e Adultos das Camadas Populares e Estudos Histórico-Filosófico-Culturais, da Faculdade de Educação da Universidade de Brasília, e Pesquisas e Estudos em Análise de Discurso Crítica e Linguística Sistêmico-Funcional, do Instituto de Letras e Linguística da Universidade Federal de Uberlândia.

José Ribamar Lopes Batista Júnior

Mestre em Linguística pela Universidade de Brasília. Professor Efetivo do Ensino Básico, Técnico e Tecnológico da Universidade Federal do Piauí. Tem experiência na área de Linguística, com Produção Textual, Letramento e Análise de Discurso Crítica. Atualmente cursa Doutorado em Linguística na Universidade de Brasília.

Luzia Rodrigues da Silva

Doutora em Linguística pela Universidade de Brasília. Compõe o quadro de docentes da Universidade Federal de Goiás (UFG). É membro do Núcleo de Estudos de Linguagem e Sociedade (NELiS) do Centro de Estudos Avançados Multidisciplinares (Ceam) da Universidade de Brasília. Seus trabalhos são voltados para o Letramento de Língua Portuguesa no contexto escolar, a Análise de

Discurso Crítica, a Linguística Sistêmico-Funcional e as identidades de gênero.

Maria Aparecida Resende Ottoni

Doutora em Linguística pela Universidade de Brasília e professora da Universidade Federal de Uberlândia. É líder do Grupo de Pesquisas e Estudos em Análise de Discurso Crítica e Linguística Sistêmico-Funcional. Atualmente desenvolve pesquisa sobre gêneros, discursos e identidades na mídia brasileira e sobre o ensino de Língua Portuguesa.

Maria Cecília de Lima

Doutora em Linguística pela Universidade de Brasília(UnB), professora do Instituto de Letras e Linguística da Universidade Federal de Uberlândia (ILEEL/UFU). É membro do Grupo de Pesquisa e Estudos em Análise de Discurso Crítica e Linguística Sistêmico-Funcional. Atualmente desenvolve pesquisa sobre discursos, identidades e ensino.

María Del Pilar Tobar Acosta

Mestra em Linguística pelo Programa de Pós-Graduação em Linguística da Universidade de Brasília. Bacharela em Letras pela Universidade de Brasília. Filiada ao Núcleo de Estudos de Linguagem e Sociedade (NELiS) do Centro de Estudos Avançados Multidisciplinares (Ceam) da Universidade de Brasília e à Asociación Latinoamericana de Estudios del Discurso (ALED). Integrante de equipe do projeto Publicações em Língua Portuguesa sobre População em Situação de

Rua e do Grupo de Pesquisa Mobilização, Direitos e Cidadania: Ação, Representação e Identificação no Discurso.

Viviane de Melo Resende

Doutora em Linguística pela Universidade de Brasília, professora-adjunta do Departamento de Linguística, Português e Línguas Clássicas da Universidade de Brasília e orientadora no Programa de Pós-Graduação em Linguística, também da Universidade de Brasília, na área de Linguagem e Sociedade. É coordenadora do Núcleo de Estudos de Linguagem e Sociedade (NELiS) e colaboradora no Programa de Pós-Graduação em Desenvolvimento, Sociedade e Cooperação Internacional (Ceam/UnB). Tem artigos publicados em periódicos nacionais e internacionais, além de livros, capítulos de livros e coletâneas. Coordena o Projeto Integrado Publicações em Língua Portuguesa sobre População em Situação de Rua e o Grupo de Pesquisa Mobilização, Direitos e Cidadania: Ação, Representação e Identificação no Discurso.

PARTE 1

Discurso e identidades sociais na mídia

As representações identitárias de gênero no humor sexista

Maria Aparecida Resende Ottoni

1. Introdução

Neste capítulo, apresento um recorte de minha pesquisa de doutorado, intitulada *Os gêneros do humor no ensino de Língua Portuguesa: uma abordagem discursiva crítica*, realizada em uma escola pública do município de Uberlândia, Minas Gerais, com alunas(os) do 8º ano, e complementada em uma escola pública de Lisboa, Portugal, com alunas(os) do 9º ano.

A pesquisa teve como foco a leitura crítica de diferentes gêneros do humor, e a metodologia adotada foi a etnografia crítica (Thomas, 1993; Hammersley e Atkinson, 1995; Berg, 2001). Para a coleta de dados, foram utilizados diferentes métodos, a saber: observação participante, diários/relatos e notas de campo, entrevista, questionário e produção de texto escrito por professoras e alunas(os) quando da avaliação do trabalho.

Durante o período em que desenvolvi o estudo, observei e participei de várias aulas, com o intuito de investigar se os gêneros do humor eram abordados e, em caso afirmativo, como eram abordados. Depois da observação elaborei, em parceria com as professoras participantes, uma proposta piloto de leitura crítica do gênero piada. Após a conclusão e avaliação positiva dessa proposta, as professoras e eu elaboramos uma proposta final de leitura crítica de diferentes gêneros do humor.[1]

Na proposta final, lemos e analisamos diversos gêneros do humor selecionados principalmente pelas/os alunas/os. Esses gêneros foram agrupados em temas: políticos/política; relação homem e mulher; diversos.

Do material utilizado nesta proposta, selecionei para este artigo dois textos de um gênero multimodal,[2] classificado no *site* humorístico <www.humornanet.com> como piada, dentro da categoria "machistas/feministas". Os dois textos enquadram-se no tema "relação homem e mulher" e foram enviados ao *site* por uma pessoa do sexo feminino. O primeiro tem como título "Afinal o que é o homem?" e o segundo, "O esforço feminino".

Os dois textos selecionados enquadram-se na categoria denominada humor sexista, que satiriza as características de um gênero, considerando-o "inferior" ao outro. O humor sexista, em geral, traz uma representação de um discurso dominante, designado por Sunderland (2004) como um discurso das "diferenças de gênero" que não reconhece diferenças no seio das mulheres (e no seio dos homens), nem semelhanças entre homens e mulheres.

Meu foco aqui é na análise textual/interacional, incluindo tanto a análise interdiscursiva quanto a linguística e, em especial, a análise dos significados acional (gêneros) e identificacional (estilos) (Fairclough, 2003).

---

1. Para informação detalhada sobre a pesquisa, ver Ottoni (2007).

2. De acordo com Kress e Van Leeuwen (2001, p. 20), a multimodalidade diz respeito ao "uso de vários modos semióticos no *design* de um produto semiótico ou evento, junto com formas particulares em que esses modos são combinados".

Com relação ao significado acional, questiono a classificação do gênero presente no *site* de onde os textos foram retirados e analiso o gênero com base na discussão acerca de gêneros feita por Fairclough (2003) e na proposta de Hasan (1985, 1989) de análise da configuração contextual para identificação dos elementos que compõem um gênero. No que diz respeito ao significado identificacional, investigo as representações de gênero social construídas no gênero discursivo.

Para isso, adoto como aporte teórico os pressupostos da Análise de Discurso Crítica (Chouliaraki e Fairclough, 1999; Fairclough, 2003) e da Linguística Sistêmico-Funcional (Halliday, 1985, 1994; Halliday e Matthiessen, 2004; Butt et al., 2000). Apoio-me em estudos sobre identidade de gênero, como o de Cameron (1992); sobre o humor sexista, como os de Sunderland (2004, 2007); sobre gêneros do humor, como os de Raskin (1985, 1987), Muniz (2004), Ottoni (2007); e sobre os gêneros discursivos, como os de Fairclough (2003) e Hasan (1985, 1989).

Considerando essas escolhas teóricas e o meu objetivo neste artigo, eu o organizei em três partes. Na primeira, discorro sobre a Análise de Discurso Crítica (ADC) e a Linguística Sistêmico-Funcional (LSF). Na segunda, analiso os textos selecionados com base na proposta de Fairclough (2003) para a análise do significado acional e com base na proposta de Hasan para análise de gênero. Na terceira, a análise é voltada para o significado identificacional.

2. A Análise de Discurso Crítica e a Linguística Sistêmico-Funcional

A ADC pode ser considerada herdeira de uma perspectiva teórica iniciada em 1979 por Roger Fowler e Gunther Kress, intitulada Linguística Crítica (LC). Esta abordagem foi fortemente influenciada por trabalhos no âmbito da Teoria Social, especialmente da Teoria

Crítica, ligada aos membros da chamada Escola de Frankfurt e por trabalhos dos filósofos Michel Foucault e Antonio Gramsci.[3]

A LC contribuiu muito para a compreensão da linguagem, de sua relação com o social e com noções de ideologia e poder. Com o desenvolvimento dessa perspectiva teórica, chegou-se à proposição da ADC. Por isso, a ADC pode ser considerada uma continuação da LC (Wodak, 2001), mas é importante destacar que a ADC transcendeu e ampliou muito os limites da LC.

O artigo de Norman Fairclough, "Critical and descriptive goals in Discourse Analysis", publicado em 1985 no *Journal of Pragmatics*, marca o primeiro momento desta nova linha de investigação: a ADC.

A ADC constitui um modelo teórico-metodológico que estabelece um diálogo entre a Ciência Social Crítica e a Linguística, especificamente a LSF. Uma das características que define esse modelo é o fato de que, na tentativa de compreender os problemas sociais, não fica estagnado dentro de um único campo disciplinar. Pelo contrário, defende ser necessário atravessar e relacionar algumas disciplinas, não se restringindo a nenhuma. Logo, na ADC, o diálogo é tanto parte do método quanto da teoria. Como a natureza da perspectiva é dialógica, ela é também dinâmica. A cada trabalho realizado, o problema investigado é o que vai demandar quais teorias entrarão nesse campo de diálogo. A ADC, então, é uma teoria e método que estão em relação dialógica com outras teorias sociais e métodos, com os quais se deve envolver de um modo transdisciplinar, e não simplesmente interdisciplinar (Chouliaraki e Fairclough, 1999, p. 2).

De acordo com esses dois autores, a vida social é o objeto de estudo da Ciência Social e, particularmente, da Ciência Social Crítica, em cujo âmbito se situa a ADC. Assim, a ADC é aberta ao tratamento das diversas práticas que compõem a vida social.

---

3. Ver histórico do desenvolvimento da ADC em Wodak (2001) e em Gouveia (2002).

Essas práticas são compostas de diferentes elementos, além do discurso/semiose, os quais se relacionam dialeticamente e estabelecem entre si uma relação de articulação e de internalização.[4] Assim, o discurso/semiose ao mesmo tempo em que constitui outros elementos da prática social, dialeticamente, é constituído por eles.

Fairclough (2001c) argumenta que a ADC é uma perspectiva teórica e metodológica que dá origem a modos de analisar o discurso/semiose,[5] dentro de análises mais amplas do processo social. Ela tem um interesse particular na relação entre linguagem e poder, linguagem e constituição de identidades; e tem como um de seus objetivos "desmistificar" os discursos ao desvelar ideologias (Wodak, 2001). Ela traz no bojo de sua concepção uma postura emancipatória, que se empenha para tentar produzir transformações sociais (Chouliaraki e Fairclough, 1999; Wodak, 2001; Rajagopalan, 2003). Essa postura é uma característica determinante da ADC, uma abordagem que vem se desenvolvendo cada vez mais e estreitando seus laços com teorias sociais e linguísticas e com várias metodologias.

Com relação a esse estreitamento de laços, Chouliaraki e Fairclough (1999) e Fairclough (2001b, 2003) têm enfatizado cada vez mais o diálogo entre a ADC e a LSF. Eles afirmam que a LSF é a teoria linguística mais apropriada para desenvolver uma ADC porque ela é profundamente preocupada com a relação entre a linguagem e outros elementos e aspectos da vida social, e sua abordagem para a análise linguística de textos é sempre orientada para o caráter social dos textos.

Fairclough (2001c, p. 33) considera que precisamos de uma teoria da linguagem, tal como a de Halliday (1994), que enfatiza sua multifuncionalidade, que vê qualquer texto como simultaneamente desempenhando o que este autor chama de metafunções ideacional,

4. Sobre os elementos da prática social, a relação de articulação e internalização entre eles, ver Chouliaraki e Fairclough (1999), Fairclough (2001b, 2001c e 2003).

5. O termo "semiose" se refere a signos, que incluem palavras e imagens (cf. Kress e Van Leeuwen, 1996; Chouliaraki e Fairclough, 1999).

interpessoal e textual da linguagem. A essas funções da linguagem, segundo a LSF, correspondem, respectivamente, três tipos de processo que se desenvolvem simultaneamente na linguagem: a construção da realidade, a representação e negociação de relações sociais e identidades, e a construção do texto.

Essa visão multifuncional da linguagem torna possível investigar como escolhas lexicogramaticais simultaneamente constituem representações, relações sociais e identidades sociais no texto.

Fairclough (2003), ao se apropriar do postulado da LSF, efetiva uma operacionalização nessas três metafunções de Halliday (1994) para dar origem a três tipos de significado do discurso por ele propostos: o significado acional, o representacional e o identificacional. Ele defende que a análise de texto é vista não só como análise linguística, ela também inclui a análise interdiscursiva, isto é, ver os textos em termos dos diferentes discursos, gêneros e estilos a que eles recorrem e articulam. Assim, Fairclough (2003) postula uma articulação entre as metafunções de Halliday e estes três conceitos: gênero, discurso e estilo, sugerindo, no lugar das metafunções, os três principais tipos de significado do discurso.

Sua proposição desses significados mantém a noção de multifuncionalidade presente na LSF, uma vez que Fairclough enfatiza que os três atuam simultaneamente em todo enunciado. Ele explica que o discurso figura de três modos principais nas práticas sociais: como modos de agir (gêneros), como modos de representar (discursos) e como modos de ser (estilos). A cada um desses modos de interação entre discurso e prática social corresponde um tipo de significado. Assim, o significado acional focaliza o texto como modo de (inter)ação em eventos sociais e, dessa forma, está associado a gêneros e à função relacional (parte da função interpessoal)[6] e à função

---

6. Fairclough (2001a) acha útil distinguir duas funções da função interpessoal: a função de "identidade" — o texto na constituição das identidades pessoais e sociais — e a função "relacional" — o texto na constituição das relações.

textual;[7] o significado representacional enfatiza a representação de aspectos do mundo — físico, mental, social — em textos, e é portanto relacionado a discursos e à função ideacional. Já o significado identificacional, que se refere à construção e à negociação de identidades no discurso, está interligado a estilos e à função identitária (também parte da função interpessoal). Veja esquema dessa tríade:

Quadro 1. O tripé da obra de Fairclough (2003)

Significado acional		**Significado representacional**		**Significado identificacional**
discurso como modo de (inter)ação	⇔	discurso como representação	⇔	discurso como identificação
⇕		⇕		⇕
gêneros	⇔	discursos	⇔	estilos
⇕		⇕		⇕
funções interpessoal e textual	⇔	função ideacional	⇔	função interpessoal

Os elementos que compõem essa tríade, a qual considero ser o tripé da obra de Fairclough (2003), estabelecem entre si uma relação dialética, em que cada um internaliza os outros (Harvey, 2000) como acontece com os momentos da prática social (Chouliaraki e Fairclough, 1999). Essa relação dialética e de internalização pode ser assim representada:

7. Na sua obra de 2003, Fairclough não distingue uma função textual separada. Ele a incorpora ao significado acional: "não distingo uma função 'textual' separada, ao contrário, eu a incorporo dentro da ação" (p. 27).

Figura 1. A relação dialética e de internalização entre os tripés da proposta de Fairclough (2003), segundo Ottoni (2007, p. 33).

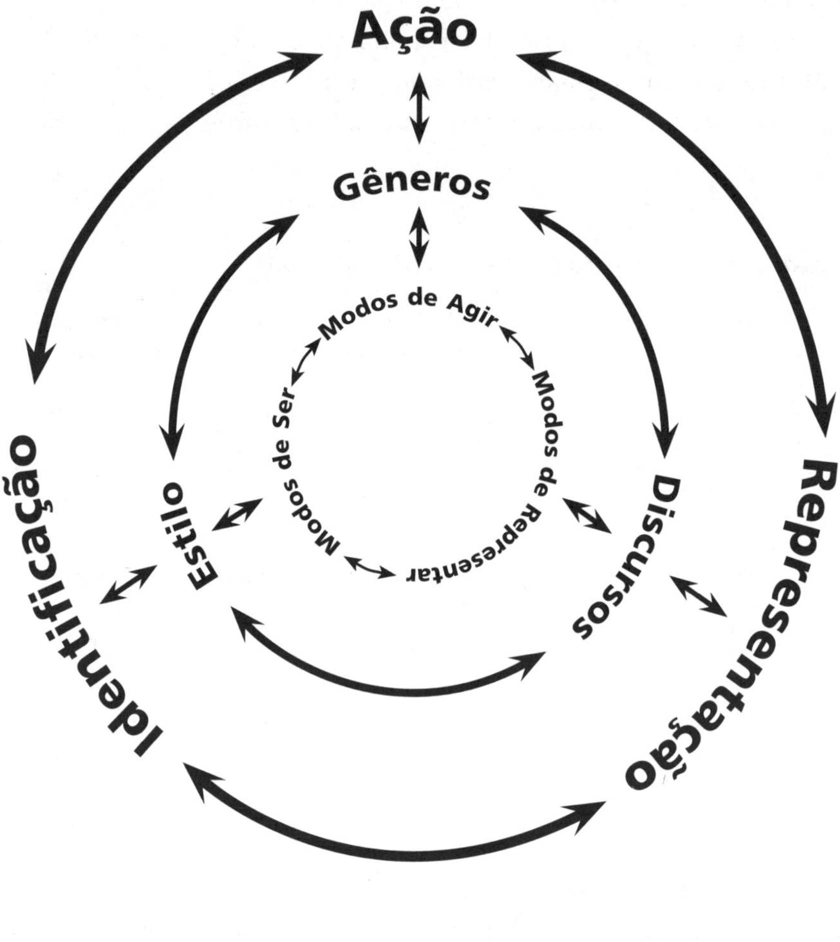

Para Fairclough, focalizar a análise de textos na interação da ação, da representação e da identificação traz uma perspectiva social para o "coração" do texto.

Neste capítulo, como já disse, focalizarei a análise dos textos selecionados na interação da ação e da identificação. Dessa forma, tecerei aqui considerações apenas concernentes a esses dois significados,[8] apesar de fazer referência ao significado representacional em alguns momentos da análise e de compreender que os três significados estão inter-relacionados.

2.1 *Significado acional: a análise de gêneros na perspectiva da ADC*

O significado acional é associado ao conceito de gêneros como "o aspecto especificamente discursivo de modos de agir e interagir no curso de eventos sociais"[9] (Fairclough, 2003, p. 65). Nesse sentido, os gêneros são definidos pelas práticas sociais a que se relacionam e pelas formas como elas são articuladas. Uma mudança na articulação das práticas implica mudança nos gêneros que, por sua vez, inclui uma mudança em como os diferentes gêneros são combinados. Por meio dessa combinação de gêneros existentes se dá o desenvolvimento de novos gêneros.

Fairclough (2003) explica que os gêneros podem variar em termos de grau de estabilização, fixidez e homogeneização; uns podem ser relativamente "locais" em escala, associados a redes relativamente delimitadas de práticas; outros são especializados na (inter)ação em escala "global". Segundo o pesquisador, "neste período de transformação social rápida e profunda, há uma tensão entre pressões pela estabilização, parte da consolidação da nova ordem social, e pressões pela fluidez e pela mudança"[10] (p. 66). Isso acaba gerando a mudança genérica também. Com o advento da internet, por exem-

8. Sobre o significado representacional, ver Fairclough (2003), Ottoni (2007), Resende e Ramalho (2006).

9. Tradução nossa de: "genres are the specifically discoursal aspect of ways of acting and interacting in the course of social events".

10. Tradução nossa de: "in this period of rapid and profound social transformation, there is a tension between pressures towards stabilization, part of the consolidation of the new social order, and pressures towards flux and change".

plo, uma transformação em alguns gêneros do humor tem sido operada (Ottoni, 2007).

Segundo Fairclough, quando analisamos um texto ou interação em termos de gênero, nós estamos perguntando como ele figura na ação social e interação em eventos sociais e como contribui com essa ação e interação.

Em seu livro de 2003, o autor apresenta uma discussão sobre as dificuldades com o conceito de gênero. Uma delas é que gêneros podem ser definidos em diferentes níveis de abstração. Considerando esses diferentes níveis, Fairclough distingue os pré-gêneros[11] (ex.: narração, argumentação), os gêneros desencaixados (ex.: entrevista) e os situados[12] (ex.: entrevista etnográfica, entrevista de emprego). Ele discute ainda a definição de um gênero em termos dos propósitos da atividade. Ao contrário de alguns teóricos, para quem uma característica definidora de um gênero é o propósito comunicativo, Fairclough (2003) explica que um gênero particular pode ter vários propósitos, os quais podem ser hierarquicamente ordenados, e que os propósitos podem estar relativamente explícitos ou implícitos. Além disso, este pesquisador salienta que muitos gêneros não são claramente ligados a propósitos sociais amplamente reconhecidos, o que significa que há problemas em privilegiar muito o propósito na definição de gênero. Assim, a proposta de Fairclough é que deveríamos evitar centrar nossa visão de gênero no propósito.

Ele acrescenta em sua discussão sobre gêneros que algumas atividades são mais estratégicas (e menos comunicativas no sentido de Habermas)[13] que outras, o que tem relação com os propósitos, com

11. Termo sugerido por Swales (1990) e adotado por Fairclough (2003).

12. Sobre essa distinção, ver Fairclough (2003) e Ottoni (2007).

13. A ação comunicativa acontece em interações orientadas para a compreensão mútua como em uma conversa informal com um amigo, ao passo que a ação estratégica acontece em interações orientadas para a obtenção de resultados como em uma relação de compra e venda, em uma propaganda. De acordo com a abordagem habermasiana, quando a ação é estratégica, as pessoas agem (e agem sobre as outras pessoas) de modos que são orientados para atingir resultados, maior eficiência, efetividade etc. Já a ação comunicativa é orientada para obter o entendimento. Este tipo de ação é saliente no "mundo da vida".

os tipos de troca estabelecidos na interação, com as funções do discurso e os modos oracionais[14] (Halliday, 1994).

De acordo com Fairclough, a análise de gêneros compreende a análise da cadeia de gêneros, da mistura de gêneros em um texto particular e a análise de gêneros individuais em um texto[15] particular. No que diz respeito aos gêneros individuais, eles podem ser diferenciados em termos de: atividade, relações sociais e tecnologia de comunicação — "o que as pessoas estão fazendo discursivamente, quais são as relações sociais entre elas, e de qual tecnologia de comunicação (se alguma) a atividade delas depende?" (Fairclough, 2003, p. 70). Por isso, esses três aspectos devem ser levados em conta na análise de gêneros.

No que diz respeito à atividade, observa-se o que as pessoas estão fazendo, a estrutura genérica, os propósitos, se há predomínio da ação comunicativa ou da ação estratégica. Quanto às relações sociais, observa-se quais são as relações estabelecidas entre as pessoas, de que tipo e entre quem. E, com relação às tecnologias de comunicação, observa-se de qual tecnologia depende a atividade que as pessoas estão desenvolvendo, qual tipo de comunicação se tem: dialógica não mediada: conversação face a face; dialógica mediada:

---

14. Segundo Halliday (1994, p. 69), de todas as coisas que nós fazemos com a linguagem, há quatro distinções-chave que explicam a comunicação interpessoal; ou seja, há quatro tipos de troca. Como falantes/escritores, nós podemos dar ou pedir. O que damos ou pedimos é ou bens e serviços ou informação/conhecimento. A troca de bens e serviços é orientada para uma ação não textual; seu foco é na atividade, nas pessoas fazendo coisas ou conseguindo que elas sejam feitas. Ela se constitui em uma proposta. Já na troca de conhecimento ou de informação, o foco está em obter e dar informação, fazer reivindicações, afirmar fatos etc. Ela se constitui em uma proposição. Essas distinções dão origem, respectivamente, às quatro funções do discurso: oferta, ordem, afirmação e pergunta, e aos quatro modos oracionais: interrogativo modulado, imperativo, declarativo, interrogativo. Esses modos oracionais contribuem para elucidar as relações estabelecidas na interação, principalmente se pensarmos em quem está autorizado a usar determinado modo oracional ou as escolhas e trocas que pode realizar em um dado contexto.

15. O termo texto é usado em um sentido amplo, que compreende textos escritos, textos orais, textos visuais, textos multimodais. Considero que os gêneros se materializam ou se concretizam nos textos.

telefone, e-mail, videoconferência; monológica não mediada: palestra/conferência etc; monológica mediada:[16] imprensa, rádio, televisão, internet, filme; e como elas posicionam o produtor e o leitor/ouvinte/telespectador.

Para a análise de gêneros, outros aspectos são apontados por Fairclough. Porém, neste artigo, centro-me apenas na proposta tripartida apresentada, a qual procuro relacionar com o trabalho de análise da configuração contextual de um gênero desenvolvido por Hasan (1985, 1989), sobre o qual trato no próximo tópico.

2.2 *Significado acional: a análise de gêneros na perspectiva da LSF*

A LSF considera a linguagem como um sistema sociossemiótico que é condicionado pelo contexto social e que constrói nossa realidade social por meio de estruturas lexicogramaticais que são, de acordo com Halliday, recursos de uma cultura para produzir significado.

Os dois — linguagem e contexto social — são tratados, na LSF, como níveis semióticos complementares que estabelecem entre si uma relação de realização um com o outro. Essa realização implica que a linguagem constrói o contexto social, é por ele construída e o reconstrói, numa relação dialética.

O contexto social é tratado como um sistema estratificado que compreende o nível de gênero (contexto de cultura) e o nível de registro (contexto de situação), conforme Eggins e Martin (1996).

Dentre os teóricos que tratam de gênero filiados à LSF, vou me centrar na contribuição de Hasan (1985, 1989). Ela propõe que a análise da configuração contextual de um gênero, a qual se pauta na análise das variáveis de registro, pode possibilitar a identificação de elementos de sua estrutura textual, e eu considero que isso se aproxima

16. Para Thompson (1998), trata-se de uma interação monológica quase mediada.

muito do que Fairclough (2003) afirma em relação à análise de gêneros individuais em um texto particular.

Segundo Hasan (1989, p. 55), a configuração contextual é o conjunto específico de valores que realizam o campo, as relações e o modo do discurso. Assim, a proposta da autora é que se leve em conta, na análise de gêneros, as variáveis que compõem o contexto de situação (registro): campo, relação e modo.

O campo é a atividade social (o que está acontecendo), o assunto. A relação diz respeito à natureza dos participantes, seus *status* e papéis; como se relacionam entre si; tipos de troca; como agem uns sobre os outros e sobre si mesmos. Já o modo refere-se ao canal da mensagem, à seleção das opções dos sistemas textuais como tema, informação, voz, modelos coesivos; ao *status* que o texto tem e sua função no contexto; aos recursos utilizados: não verbais, verbais, multimodais.

Para Hasan, a partir da definição dos elementos da configuração contextual de cada texto, podem-se fazer predicações sobre as estruturas textuais propriamente ditas (Hasan, 1989, p. 56), sobre quais elementos da estrutura textual são obrigatórios, quais são opcionais e quais são recursivos ou iterativos, bem com sua sequência. Dessa forma, pode-se identificar a estrutura potencial do gênero (EPG).

Em Ottoni (2011), apresentei o quadro a seguir, representando a relação entre a proposta de Fairclough (2003) e a de Hasan (1985, 1989) para análise de gênero:

Quadro 2. Relação entre a proposta de Fairclough (2003) e a de Hasan (1985, 1989) para análise de gênero (Ottoni, 2011, p. 4)

FAIRCLOUGH (2003)		HASAN (1989)
Atividade	↔	Campo
Relações sociais	↔	Relação
Tecnologia de comunicação	↔	Modo

2.3 *Significado identificacional: identidades e gênero social*

O significado identificacional é relacionado por Fairclough ao conceito de *estilo*, o qual diz respeito aos "modos de ser ou identidades em seus aspectos linguísticos e semióticos" (Fairclough, 2003, p. 41).

Como se sabe, a discussão sobre as identidades está ligada ao que se convencionou chamar de modernidade tardia, que se caracteriza como um período em que a mídia impressa, eletrônica e digital tem um papel central na formação da identidade e os sistemas sociais adquirem um caráter globalizado (Chouliaraki e Fairclough, 1999).

Esse período tem influenciado diretamente a nossa vida, as nossas práticas e as nossas identidades, as quais têm se tornado abertas, contraditórias, inacabadas, fragmentadas e múltiplas (Silva, 2000; Hall, 2001). Há um "novo sentido de identidade", um processo constante de busca de identificação do "eu". Tal processo é marcado por "intervenções e transformações ativas" (Giddens, 1991, p. 12).

Hall (2001, p. 222) indica que "em vez de pensarmos em identidade como um fato já concluído, devemos pensar como uma produção que nunca está completa, que está sempre em processo, sempre constituída dentro e não fora da representação"; portanto, constantemente reposicionada.

É importante compreendê-la como um ato performativo,[17] em que os indivíduos constroem o mundo e a si próprios, porque isso significa compreender os indivíduos não com base em alguma essência, mas como sujeitos que se constituem nos discursos, e as identidades como construídas discursivamente nos eventos discursivos.

---

17. Butler (1999), em sua teorização sobre as identidades de gênero, trata da noção de uma identidade não essencial e performática. Seguindo essa autora, Hall (2001, p.109) destaca, mostrar a natureza da identidade como algo não essencial não diminui em nada a sua eficácia discursiva, material ou política.

Assim, devemos considerar nossas identidades como construídas em nossas práticas discursivas com o outro, pois as pessoas têm suas identidades construídas de acordo com a maneira pela qual se vinculam a um discurso. Dessa forma, as identidades se formam, pois são atravessadas pelas posições de sujeitos que são construídas historicamente nos discursos e reflexivamente através de um processo de negociação. E, nesse processo, o qual envolve relações de poder, tanto a identidade quanto a diferença, as quais são produtos culturais e sociais construídos no e pelo discurso, devem ser investigadas, questionadas e problematizadas.

Do mesmo modo, gênero é também uma construção social na qual as mulheres, com frequência, aparecem discriminadas numa relação desigual com os homens (Cameron, 1992). Mulheres e homens ocupam papéis e posições diferentes que são sociocultural e ideologicamente estruturados e veiculados na sociedade à qual pertencem. Tais papéis e posições são marcados por relações assimétricas nas quais as identidades são estruturadas, mantendo ou reproduzindo práticas sociais não questionadas, por estarem naturalizadas no grupo e vistas como relações pré-definidas de senso comum e, portanto, imutáveis.

Porém, sendo o gênero uma construção social veiculada por práticas discursivas, não se pode falar de identidades e relações de gênero estanques, pois elas são, na verdade, mutáveis. Como Fairclough afirma, é possível haver uma mudança nas relações de gênero e na construção das identidades, caso haja uma mudança discursiva. Esta mudança pode provocar ainda uma mudança social, transformando as práticas sociais no interior de uma sociedade.

Na análise dos dados, procuro observar como as diferenças de gênero são representadas discursiva e imageticamente em um gênero do humor sexista, e como as mudanças discursivas têm provocado mudanças na representação das identidades de gênero.

3. Análise do significado acional: qual é o gênero em análise?

Como já disse, selecionei dois textos do gênero multimodal de humor sexista, para este recorte de minha pesquisa de doutorado. São eles:

<table>
<tr><th>Texto 1</th><th>Texto 2</th></tr>
<tr><td>Humor em arquivo
Machistas/Feministas
2005.05.03 — Afinal o que é o homem?

Idioma: Português br
Enviou: Sandra F.
Origem: e-mail</td><td>Humor em arquivo
Machistas/Feministas
2005.05.10 — O esforço feminino

Idioma: Português br
Enviou: Sandra F.
Origem: e-mail</td></tr>
<tr><td>Homem:

É aquele que sonha
Ser tão bonito
Quanto a mãe acha
Que ele é, ter tanto
Dinheiro quanto
o filho acha que
ele tem, ter tantas
mulheres quanto
a mulher dele acha
que ele tem e ser
tão bom de cama como
ele acha que é...

No texto disponível no site, aparece aqui a imagem do personagem Johnny Bravo, a qual excluímos por questões relativas a direitos autoriais.

sugestão www.humornanet.com</td><td>

sugestão www.humornanet.com</td></tr>
</table>

Apesar de diferenciarem, de forma significativa, na sua estrutura composicional, das piadas em geral (incluindo aqui designações como: piadas, piadas-narrativa, piadas de texto), os dois textos são classificados no *site* como "piada".

Porém, se observarmos algumas definições, caracterizações e especificidades desse gênero apontadas por algumas/alguns pesquisadoras/res, veremos que essa classificação é problemática.

Partindo das condições propostas por Raskin (1985, 1987) para que um texto seja considerado humorístico, Muniz (2004, p. 145) define e caracteriza o gênero piada da seguinte forma:

> O gênero piada parte de um ponto de vista coletivo (sociocultural) e é atravessado pelos discursos produzidos na sociedade; é tendencialmente curto e contém características básicas de uma narrativa. Apresenta dois *scripts* opostos que, geralmente, dizem respeito a algum estereótipo (tema), seja linguístico ou social, que serão ativados através de um gatilho e, além disso, contém uma característica pragmático-discursiva *non bona fide*, que "fecha" o texto. Para que o desfecho produza humor, principal função da piada, o leitor/ouvinte terá que buscar amparo no contexto, uma vez que a piada vai "brincar" tanto com fatos linguísticos, como com fatos concernentes ao entorno sociocultural para veicular discursos geralmente "não autorizados" socialmente.

Outras características e/ou especificidades do gênero piada são ainda apontadas por outras/os pesquisadoras/es do humor, das quais destaco:

1) é um texto que se relaciona direta e necessariamente com o riso (Gil, 1991);
2) sua coerência baseia-se na oposição. Ela se expressa através de uma estrutura que se compõe de um antecedente e um consequente. O antecedente apresenta as personagens, atribui-lhes suas funções e qualidades e indica o seu campo de ação, que é socialmente definido. Essa primeira parte fornece, então, os termos da narrativa e o encadeamento do tópico. O conse-

quente apresenta a conclusão, contém o desfecho da história, orienta-se pelo princípio da surpresa e ressalta as oposições entre os elementos. Essa parte da piada acaba sempre por desviar o final da história e surpreende o leitor/ouvinte;

3) supõe a passagem do modo sério para o modo jocoso de comunicação e essa passagem é feita por meio do chamado gatilho (Raskin, 1985 e 1987), ou disjuntor (Morin, 1970) ou mediador (Gil, 1991). Ele é entendido como o/s elemento/s que aciona/m um novo *script*, ou seja, ele faz a mudança de um *script* para outro no texto, fazendo com que o leitor/ouvinte reinterprete o texto com base em um *script* diferente do inicial;
4) a piada é essencialmente um texto verbal (Gil, 1991).

Na minha opinião, os dois textos em análise não apresentam as características básicas de uma narrativa como as piadas, não têm a estrutura da piada e não são essencialmente verbais como as chamadas "piadas de texto" ou "piadas-narrativa".

O primeiro texto é predominantemente descritivo e, como tal, não apresenta um antecedente, no qual são fornecidos os termos da narrativa e o encadeamento do tópico. Já o segundo assemelha-se a uma história em quadrinhos, sem ter, necessariamente, a divisão dos quadros marcada.

Os dois textos têm um desfecho orientado para surpreender a/o leitora/or; porém, isso não significa que sejam piadas, pois a ruptura na expectativa da/o leitora/o é característica do discurso humorístico no geral e não só das piadas. No primeiro texto, a última linha traz uma mudança na estrutura até então delineada, podendo surpreender a/o leitora/or. Em vez de prosseguir com referências ao que outras/os acham do homem, a/o produtora/or do texto, nessa última linha, refere-se ao que o homem acha de si, mais especificamente ao que ele acha de seu próprio desempenho sexual. No segundo texto, no último balão, também há essa ruptura, uma vez que a mulher enquadra o homem na mesma categoria de coisas/objetos (hidrante, perfume, *lingerie* nova, roupa transada) e vai procurar um por meio da *internet*.

Essas partes dos dois textos poderiam ser consideradas equivalentes ao consequente na estrutura da piada, pois elas se orientam pelo princípio da surpresa e operam uma oposição de *scripts*; porém, isso também não os torna piadas. Essas partes, além de operarem essa oposição de *scripts*, provocam uma outra oposição: a de dois discursos. Tais discursos contribuem para a construção de representações identitárias de gênero distintas, conforme explicarei na seção "As relações sociais e as identidades".

Os dois textos, ainda, ao contrário da especificidade 4 das piadas, citada anteriormente, não são essencialmente verbais. Eles são, sim, multimodais, pois envolvem recursos linguísticos e visuais e seu sentido é construído por meio da interação desses modos. Portanto, entendo que esses dois textos não podem ser classificados como piada. O que eles são, então? Essa é uma questão a que vou tentar responder a seguir.

Navegando-se pelos diferentes *sites* humorísticos existentes, pode-se perceber como são diversas as classificações para os gêneros do humor e como diferentes gêneros são agrupados sob a designação de "piadas".

Acredito que, com a mudança na prática social de leitura dos gêneros do humor gerada pelo surgimento da *internet*, houve uma recontextualização[18] de gêneros do humor existentes na oralidade ou impressos em revistas, livros e gibis. Com isso, surgiram também transformações nos gêneros já existentes e nos enquadramentos desses gêneros. Penso que talvez por isso, mas não só, os dois textos em

18. A recontextualização é um conceito desenvolvido na Sociologia da Educação (Bernstein, 1996), que pode ser frutiferamente operacionalizado dentro da análise de discurso e texto (Fairclough, 2003). Ela diz respeito à apropriação de elementos de uma prática social dentro de uma outra, colocando a primeira dentro do contexto da última e transformando-a de formas particulares no processo (Bernstein, 1996; Chouliaraki e Fairclough, 1999). Esse conceito significa, então, "o deslocamento, a apropriação, a relocação e o estabelecimento de relações com outros discursos em um contexto institucional particular" (Magalhães, 2005, p. 235).

análise, mesmo sendo classificados no *site* como piadas, fujam aos padrões estabelecidos para esse gênero.

Uma observação mais detalhada dos textos divulgados nesses *sites* leva-me a crer que muito do que antes não era pensado como sendo humorístico passou a ser disseminado como tal e muito do que pode não ser considerado uma piada passou também a ser apresentado como tal.

De acordo com Fairclough (2003), uma forma pela qual os gêneros se diferem uns dos outros é quanto às tecnologias de comunicação para as quais eles são especializados, e um fator influente na mudança dos gêneros são os avanços nessas tecnologias. Tais avanços são acompanhados pelo desenvolvimento de novos gêneros. Temos, como exemplo, o desenvolvimento de "formatos" na *web*, trazendo junto gêneros que são tomados de outras tecnologias — televisão, rádio, jornal, revista —, como é o caso de entrevistas televisivas jornalísticas transformadas em gênero humorístico em diferentes *sites*. Fairclough (2003, p. 77-78) acrescenta que a originalidade desses formatos tem a ver, parcialmente, com sua forma particular de multimodalidade. Eles podem combinar diferentes modalidades semióticas, incluindo fotografias, imagens visuais (como logotipos), vídeo, assim como a linguagem verbal escrita e oral (no caso de piadas animadas, por exemplo).

Parece-me que, no que diz respeito especificamente aos dois textos em investigação, a classificação piada está sendo usada em um sentido muito geral como sinônimo de humor, uma vez que no *site* de onde foram retirados não há um conjunto de outros gêneros, como de charges, cartuns ou tiras. Entretanto, cabe aqui um olhar mais atento a essa classificação e, por meio dele, é possível verificar que ela é problemática, como já dito. Por essa razão, não a adoto neste estudo. Proponho que os dois textos não sejam considerados piadas, mas, sim, cartuns. Explico por quê.

Se observarmos a forma gráfica e características gerais dos dois textos, verificaremos que elas vão ao encontro do que se afirma acerca dos cartuns. Segundo Araújo (2002) e Moretti (2004), o cartum pode ter uma imagem (isolada), duas ou três sequenciadas dentro de quadrinhos ou em aberto; pode ter um só quadro (cena); pode ter balões; pode utilizar ou não legendas e se beneficiar de temas fixos; seus personagens não são conhecidos, a não ser que sejam ícones; e não apresenta personagem fixo e elenco, como os quadrinhos.

Tendo em vista esses dizeres sobre o cartum e a definição de Romualdo (2000, p. 20), para quem esse gênero "é uma das manifestações da caricatura, em sentido amplo, e chega ao riso através da crítica mordaz, irônica, satírica e principalmente humorística do comportamento humano, de suas fraquezas e de seus hábitos e costumes", entendo que se pode classificar os dois textos em análise como cartuns.

Tomando como base a discussão de Fairclough (2003) acerca dos níveis de abstração dos gêneros, esses cartuns seriam gêneros situados ou gêneros desencaixados?

Se considerarmos, por um lado, que a produção de textos humorísticos faz parte de redes de práticas particulares, das quais os cartuns são específicos, poderemos classificá-los como gêneros situados, conforme distinção estabelecida por Fairclough (2003). Por outro lado, se considerarmos que os cartuns transcendem claramente redes particulares de práticas, como os pré-gêneros, mas são menos abstratos que estes e, dessa forma, podem ser desencaixados e recontextualizados em práticas diversas como a de produção de um jornal, de uma revista, de um *site* de humor ou não, poderemos classificá-los como gêneros desencaixados, o que me parece mais adequado.

Contudo, nas discussões do autor, não identifiquei a possibilidade de um gênero ser, a depender da forma como é considerado, um gênero situado ou um gênero desencaixado. Apesar disso, acredito que, em alguns casos, pode não haver uma classificação única, com relação ao nível de abstração, que vale sempre para um gênero. Todavia, não posso aqui fazer generalizações. Para confirmar ou não isso, seria necessário investigar mais gêneros, de diferentes esferas sociais.

De acordo com a proposta tripartida de Fairclough já apresentada, a análise de gêneros engloba a análise da cadeia de gêneros, da mistura de gêneros em um texto particular e a análise de gêneros individuais em um texto particular.

Com relação à cadeia de gêneros, os cartuns em análise fazem parte de uma cadeia de gêneros que compõe o *site* de humor do qual foram retirados e também de uma cadeia que envolve a interação dos internautas, os quais enviam mensagens para o *site*, incluindo gêneros do humor.

Quanto à mescla de gêneros, ela é mais visível no Texto 2, uma vez que mistura características do gênero história em quadrinhos e do gênero cartum, o que para muitas/os constitui fator dificultador na classificação do gênero.

No que diz respeito à análise de um gênero individual em um texto particular, procuro tecer algumas considerações acerca dos três aspectos que podem diferenciar um gênero, segundo Fairclough — atividade, relações sociais e tecnologias da comunicação —, os quais relaciono às variáveis de registro que constituem a configuração contextual na perspectiva da LSF — campo, relações e modo.

Para melhor organização da análise e para evitar repetições, nesta seção discorro sobre a atividade e sobre as tecnologias de comunicação e, na seção seguinte "As relações sociais e as identidades", trato do segundo aspecto — relações sociais —, por entender que está estreitamente ligado à abordagem do significado identificacional.

Em se tratando da atividade, relacionada à variável "campo", a análise se volta para o que as pessoas estão fazendo discursivamente, para o assunto tratado, para a estrutura genérica, os propósitos, e para a observação do predomínio da ação comunicativa ou da ação estratégica.

Os dois textos em análise referem-se à representação masculina e feminina e à relação estabelecida entre homens e mulheres. No tocante à estrutura do gênero, acredito que não é possível apresentar uma sequência dos elementos que compõem EPG. Entretanto, é possível identificar os elementos obrigatórios e os opcionais. Veja a seguinte possibilidade de descrição da composição do gênero cartum, apresentada por Ottoni (2007, p. 82):

Quadro 3 Elementos obrigatórios e opcionais do gênero cartum (Ottoni, 2007, p. 82)

Elementos obrigatórios	Elementos opcionais
a) um ou mais personagens desconhecidos ou que sejam ícones do consciente coletivo	a) caricatura
b) pelo menos uma cena	b) legenda e balões com falas
c) algum fato comum à humanidade; atemporal	

Com relação aos propósitos do gênero, os textos em análise têm, além do propósito de entreter, comum aos textos humorísticos, outros propósitos. No caso do cartum 1, há também o objetivo de criticar o comportamento masculino e, segundo muitas/os participantes da pesquisa, criticar uma figura hoje em destaque no meio masculino: o metrossexual.

No *Dicionário eletrônico Houaiss da Língua Portuguesa*, 3.0, encontra-se a seguinte definição para metrossexual: "diz-se de ou moderno narcisista das grandes cidades, que gasta tempo e somas consideráveis de dinheiro com a aparência e seu estilo de vida". No *site* <http://pt.wikipedia.org/wiki/Metrossexual>, a definição apresentada é "termo originado nos finais dos anos 1990, pela junção das palavras metropolitano e sexual", mas que se popularizou somente em 2002. É "uma gíria para um homem urbano excessivamente preocupado com a aparência, gastando grande parte do seu tempo e dinheiro em cosméticos, acessórios, roupas e tem suas condutas pautadas pela moda e as 'tendências' de cada estação".

De acordo com este *site*, o recente surgimento do termo está associado à "alteração de comportamento do sexo masculino no final do século XX". Nesse século, os homens, tal como as mulheres,

> (...) começaram a folhear as revistas masculinas para saberem o que está ou não na moda. Deixaram de cortar o cabelo no barbeiro e passaram a frequentar com mais assiduidade os institutos de beleza. Têm cuidados com a sua pele e sentem-se menos embaraçados para entrarem numa perfumaria e adquirirem cosméticos para si. Nos anos 70, apenas alguns homossexuais masculinos se preocupavam com tais questões. Disponível em: <http://pt.wikipedia.org/wiki/Metrossexual:.

No caso do segundo cartum, além de entreter, pode-se dizer que ele tem outros propósitos como: criticar o comportamento feminino e a falta de pessoas do sexo masculino dignas de uma mulher bem produzida ou, até mesmo, de homens, haja vista o crescimento do número de homossexuais; mostrar as mudanças ocorridas nas relações interpessoais, as quais têm se efetivado, muitas vezes, via computador e não mais face a face.

Com referência à observação do predomínio da ação comunicativa ou da ação estratégica, acredito que há nos cartuns uma mescla de troca de conhecimento e troca de atividade, uma vez que não se fornece apenas informações sobre o homem e sobre a mulher; há também uma orientação para uma "ação" (cf. Fairclough, 2003, p. 107). Isto porque o humor pode entreter e pode levar a/o leitora/or à reflexão sobre a realidade representada ou à reprodução das representações construídas.

No tocante ao terceiro aspecto em termos do qual os gêneros individuais podem se diferenciar — tecnologias de comunicação —, relaciono-o à variável de registro "relações". Nesse aspecto, observa-se, segundo Fairclough, qual tecnologia é utilizada, qual tipo de comunicação se tem e como as tecnologias posicionam o produtor e o leitor/ouvinte/telespectador.

Considerando que os dois textos do gênero cartum foram veiculados em um *site* de humor, a tecnologia utilizada é a *internet* e o que se tem é uma comunicação monológica mediada, nos termos de Fairclough, ou quase mediada, nos termos de Thompson (1998). Apesar de ser uma comunicação monológica, a tecnologia utilizada não posiciona o leitor como passivo, uma vez que nos *sites* de humor os leitores podem enviar seus comentários/avaliações sobre os textos divulgados e podem indicá-los para amigos. Esses comentários e a indicação podem, inclusive, influenciar no tempo de permanência do texto no *site*.

4. As relações sociais e as identidades

Vou voltar minha atenção agora para a questão dos estilos que, de acordo com Fairclough (2003), são o aspecto discursivo de modos de ser, identidades. Quem você é constitui parcialmente uma questão de como você fala, escreve, assim como uma questão corporal, de postura — como você olha, se posiciona, movimenta etc. Os estilos estão ligados à *identificação* (como as pessoas se identificam e como são identificadas pelos outros) e às identidades (p. 159).

Os estilos/identidades manifestam-se por meio de diferentes recursos, como a pronúncia, a entonação, o vocabulário, a modalidade, a avaliação e os recursos visuais. Neste trabalho, centro-me no vocabulário e no visual, e relaciono as escolhas lexicais à variável de registro "relações".

Como afirma Cameron (1992, p. 38), as diferenças entre as identidades de gênero são, por um lado, produto das próprias atividades e valores das mulheres, ou, por outro lado, de sua opressão pelos homens. Segundo a autora, ao se estudar as diferenças e as formas pelas quais elas surgem podemos chegar a um entendimento de como a linguagem se relaciona ao gênero social. Ela propõe olhar para como as diferenças de sexo na linguagem refletem, ou são ditas para refletir, as naturezas ou papéis ou *status* de mulheres e homens.

No primeiro cartum, "Afinal o que é o homem?", tem-se a representação de uma masculinidade socialmente construída, que não favorece o sujeito homem definido. Por meio de construções com processos relacionais[19] como "Homem é aquele que...", o ator social homem é representado neste cartum como aquele que não é muito bonito, ou não é bonito, não tem muito dinheiro, não tem muitas mulheres e não tem um bom desempenho sexual.

A escolha do processo mental[20] "acha" para expressar a imagem que os outros têm do homem — "a mãe acha", "o filho acha", "a mulher dele acha" —, e que ele próprio tem de si — "ele acha" — é significativa no sentido de codificar uma experiência que não é exterior, mas tem a ver com o mundo interior da cognição, percepção, desejo. Assim, não denota um fato; estaria, quem sabe, mais próximo da ficção. Da mesma forma, funciona a escolha do processo comportamental[21] "sonha", explícito na oração inicial da piada e implícito nas demais. Ele atua na construção de sentido de uma definição de

19. O sistema da transitividade é um dos sistemas lexicogramaticais e é relacionado à função ideacional e à variável campo. O sistema da transitividade é constituído de três elementos experienciais básicos — participante, processo e circunstância (Halliday, 1994). Desses elementos ideacionais que compõem uma oração, o processo ocupa um lugar central, visto que lhe confere o tom experiencial. Halliday lista diferentes tipos de processo: material, mental, relacional, verbal, comportamental e existencial. As orações com processos relacionais servem para caracterizar e para identificar. Assim, há dois tipos de processo relacional: o atributivo e o identificativo. No atributivo, o primeiro participante é um portador — a quem é atribuído algo — e o segundo participante é o atributo. O relacional identificativo, segundo Thompson (2004, p. 96), tem a função de "identificar uma entidade em termos de outra". Os participantes são o identificado e o identificador ou característica e valor (*token* e *value*). Para mais informações sobre o sistema da transitividade, ver Halliday (1994), Halliday e Matthiessen (2004), Butt et al. (2000).

20. O processo mental expressa as experiências do sentir e está relacionado ao mundo da consciência. Os processos mentais podem ser divididos em três categorias, conforme Eggins (2004), Halliday (1994), Thompson (2004) e Halliday e Matthiessen (2004): os de cognição (pensar, saber, compreender, achar), os de afeição (gostar, odiar, amar) e os de percepção (ver, ouvir, perceber). Eles têm como participantes um experienciador e um fenômeno. O primeiro é um ser consciente que vive o processo e o fenômeno é o que é pensado, sentido ou percebido pelo experienciador.

21. Os processos comportamentais são aqueles "de comportamento fisiológico e psicológico como respirar, sonhar, sorrir, tossir" (Halliday, 1985, p. 128). A maioria das orações com processos comportamentais tem um único participante: o que se comporta (*behaver*).

homem como alguém que vive num mundo ilusório, sonha em ser o que os outros acham que ele é e o que até ele mesmo acha que é. É como se fosse uma utopia para ele mesmo.

É possível observar que a imagem do homem construída pela mãe, filho e esposa está relacionada a beleza, dinheiro e mulheres. Já a imagem construída do homem pelo próprio homem está relacionada a sexo.

A reunião das duas resulta em quatro valores muito apreciados por boa parte da população masculina: beleza, dinheiro, mulheres e sexo e na construção de uma representação do homem associada à superficialidade, à aparência, e dissociada do fazer.

Para essa construção tem papel fundamental a seleção dos processos presentes no cartum, o qual é composto pelos processos relacional (é, ser, ter), mental (acha) e comportamental (sonha). Não há processos do fazer nem do dizer.

Para as/os participantes da pesquisa, no cartum 1, percebe-se, por um lado, um discurso machista que preconiza a infidelidade masculina e, por outro lado, um outro discurso que representa o homem como um sonhador e como alguém que vive em função de uma imagem idealizada socioculturalmente que não condiz com sua realidade.

Essa luta interdiscursiva que se relaciona diretamente a uma luta identitária é também representada pela imagem no cartum. No texto visual, a representação do homem é centrada na sua beleza física, em sua aparência: cabelos altos, penteados, alto, óculos escuros, musculoso, camiseta colada com mangas dobradas, braços fortes e uma pose "fotografável".

Nas leituras feitas pelas/os participantes da pesquisa, algumas/uns relacionaram esses atributos do participante homem à imagem de um personagem conhecido, Johnny Bravo, representada no texto presente no *site* www.humornanet.com.[22] Ele é

22. Conforme explicitado anteriormente, por questões relativas a direitos autorais, a imagem foi retirada do texto incluído neste artigo.

> (...) um personagem de um desenho animado produzido pelo *Cartoon Network*. É conhecido pelo seu visual um tanto quanto diferente: óculos escuros e o grande topete loiro são a sua marca registrada. E também por sua forte atração por mulheres bonitas, sempre sendo agredido, ele nunca desiste até finalmente encontrar uma namorada (o que nunca aconteceu). Johnny é altamente azarado com (...). Disponível em: <http://pt.wikipedia.org/wiki/Johnny_Bravo>. Acesso em: 29 nov. 2006.

Ao se estabelecer essa semelhança, a/o leitora/or também é levada/o a associar o homem às características comportamentais do personagem: completamente dependente da mãe, tenta conquistar todas as mulheres, mas não consegue conquistar nenhuma, acha-se o "máximo", mas não é visto como tal, é azarado etc. Dessa forma, a imagem atua na construção de uma representação masculina estereotipada e considerada, pela maioria das/os leitoras/es, negativa.

Lembro aqui o alerta de Kress e Van Leeuwen (1996) para o fato de que nem sempre o aspecto linguístico pode evidenciar o estereótipo ou a discriminação, mas o visual pode apresentar-se carregado de conteúdo discriminador. Por isso, esses autores ressaltam a necessidade de se pensar em uma análise conjunta, tanto com categorias verbais quanto visuais, de forma integrada.

No primeiro texto, como se pode ver, o visual e o verbal, juntos, contribuem para essa representação estereotipada do homem. No texto verbal, todos os atributos relacionados pelos outros (mãe, filho, mulher) e pelo próprio homem à figura masculina contribuem para uma representação do estereótipo de um homem ideal na perspectiva masculina. Todavia, isso é rompido no discurso humorístico por meio da negação implícita desses atributos e pela escolha do processo comportamental "sonha" na descrição masculina. Em outras palavras, no cartum constrói-se uma representação identitária masculina, segundo a qual o homem não é e ou tem o que o filho, a mãe, a esposa e ele mesmo pensam que ele é e/ou tem. O ator social homem é representado como alguém que vive sonhando em ser o homem ideal que acham — e que ele também acha — que ele é.

Além dessa representação do ator social homem, no cartum 1, temos a representação:

a) **da mãe**, como aquela que, independentemente da aparência do filho, sempre o acha muito bonito: "ser tão bonito quanto a mãe acha que ele é";
b) **do filho**, como aquele que não sabe das reais condições financeiras do pai, que acha que o pai tem mais dinheiro do que realmente possui: "ter tanto dinheiro quanto o filho acha que ele tem";
c) **da mulher esposa**, como aquela que pensa que o marido é infiel, tem outras mulheres, e aceita isso: "ter tantas mulheres quanto a mulher dele acha que ele tem".

A escolha desses participantes filho, mãe e esposa é também importante na construção dessa representação identitária masculina, pois nos remete ao domínio privado do lar e a uma provável dependência que o ator social homem tem desses três sujeitos e do espaço doméstico. Essa é uma representação mais costumeiramente associada à mulher. A inversão operada no cartum é tanto uma estratégia humorística como pode ser lida como crítica ao comportamento masculino.

Com relação ao cartum 2, "O esforço feminino", ao contrário do primeiro, ele tem como figura central a mulher. Esta é representada como tendo um corpo esguio, seios fartos e firmes, cintura fina, nádegas bem delineadas como modelo idealizado de corpo feminino, apesar de seu rosto, para muitas/os leitoras/es participantes da pesquisa, não seguir os padrões de beleza estabelecidos pela sociedade.

Nos quatro primeiros balões, há referências a ações; contudo, não há processos, apenas nomes ou grupos nominais: hidratante, perfume, *lingerie* nova, roupa transada. Essa escolha na construção textual dá destaque ao que é usado pela mulher em sua autoprodução e não ao que ela realmente faz.

Com base nisso, algumas/ns alunas/os perceberam uma representação da mulher como um sujeito que mulher vale pelo que tem, aparenta ter ou ser e não pelo que faz ou realmente é. Essa seria uma construção negativa para o ator social mulher e que reproduz uma imagem estereotipada do gênero feminino, atrelada à aparência física e à superficialidade.

No cartum, após terminar de se vestir, a mulher para com ar de preocupada e diz estar esquecendo "alguma coisa". A escolha do fenômeno "alguma coisa" do processo mental "esquecendo" também é importante na construção das identidades no texto. Aqui, pode-se entender que o homem não foi a causa de todo o entusiasmo da mulher e, ainda, ao se referir a ele como "alguma coisa", expressa-se uma valoração negativa do homem e se tem a ideia de que ele não exerce papel fundamental na vida da mulher representada. Esta pode ser entendida como uma identidade feminina não tradicional, uma nova identidade com contornos ainda a ser mais bem definidos, segundo a qual a mulher não é considerada dependente do homem e não vive em função dele. A escolha do processo "mereça" na última fala da mulher e a própria habilidade de lidar com a tecnologia podem ser entendidas como um reforço a essa nova identidade.

Contudo, pode-se dizer que essa nova identidade, marcada inclusive pela relação interpessoal/amorosa via internet, ainda coexiste com a tradicional, uma vez que a mulher vai para a frente do computador à procura de um homem que mereça "tudo isso".

No trabalho com professoras/es e alunas/os, duas leituras desse último trecho foram construídas: a) na verdade, por mais que a mulher se diga emancipada, ela sempre está à procura de sua alma gêmea — mais especificamente de um homem; b) o desespero da mulher é devido ao fato de ser difícil achar um homem que mereça uma mulher com os atributos representados no cartum, ou ao fato de "homem" ser hoje um ser (ou uma coisa?) em escassez.

De qualquer uma dessas perspectivas, o homem é colocado como o fim das ações femininas. Essa é uma representação identitária tradicional de gênero, que tem sido perpetuada há várias décadas.

É importante relatar que muitas/os leitoras/es consideraram, em uma leitura inicial, que não havia marcas de discurso tradicional de gênero no cartum 2, porque entenderam que a mulher, em sua última fala, denuncia a falta de homens que mereçam uma mulher bem cuidada e vestida. Nesse sentido, evidenciaram uma representação da mulher como um sujeito que se valoriza. Contudo, após algumas discussões, também identificaram uma representação de uma mulher que se produz não para ela mesma, mas para um homem. Isso porque ela não se dá por satisfeita ao terminar de se preparar. Para ela, é necessário encontrar "um homem que mereça tudo isso". Além disso, algumas/ns alunas/os chamaram a atenção também para a expressão facial da mulher na última imagem, como uma denotação de ansiedade, de preocupação por parte da participante mulher, quando procura "um homem que mereça tudo isso". Tudo isso foi associado a uma representação de um discurso tradicional de gênero.

Assim, no cartum 2, o discurso tradicional de gênero coexiste com um discurso de emancipação feminina, conforme já explicitado.

5. Conclusão

Neste capítulo, objetivei apresentar um recorte de minha pesquisa de doutorado, intitulada *Os gêneros do humor no ensino de Língua Portuguesa: uma abordagem discursiva crítica*, realizada em uma escola pública do município de Uberlândia, Minas Gerais, com alunas/os do 8º ano, e complementada em uma escola pública de Lisboa, Portugal, com alunas/os do 9º ano.

Para isso, selecionei dois textos do gênero multimodal cartum de humor sexista, veiculados em um *site* humorístico. Para a análise, baseei-me nos pressupostos teóricos da ADC e da LSF.

Na análise do significado acional, mostrei que a classificação do gênero, como piada, proposta no *site*, é problemática e argumentei em favor de uma classificação como cartum. Tomando como base a discussão de Fairclough (2003) acerca dos níveis de abstração dos gêneros, discuti a possibilidade de um gênero ser, a depender da forma como é considerado, um gênero situado ou um gênero desencaixado e considerei como mais adequado para os cartuns analisados a classificação como gêneros desencaixados.

Ainda na análise do significado acional, fiz uma análise dos cartuns pautada na proposta tripartida de Fairclough, a qual engloba a análise da cadeia de gêneros, da mistura de gêneros em um texto particular e a análise de gêneros individuais em um texto particular. Mostrei que os cartuns fazem parte de uma cadeia de gêneros que compõe o *site* de humor do qual foram retirados e também de uma cadeia que envolve a interação dos internautas, os quais enviam mensagens para o *site*, incluindo gêneros do humor.

Ao tecer considerações acerca dos três aspectos que podem diferenciar um gênero, segundo Fairclough — atividade, relações sociais e tecnologias da comunicação —, eu os relacionei às variáveis de registro que constituem a configuração contextual na perspectiva da LSF — campo, relações e modo —, apresentei os elementos obrigatórios e os opcionais do gênero cartum e elenquei os seus propósitos. Além disso, explicitei que nos cartuns há uma mescla de troca de conhecimento e troca de atividade.

Na análise do significado identificacional, observei que, no primeiro cartum, "Afinal o que é o homem?", há uma representação de uma masculinidade socialmente construída, que resulta em quatro valores muito apreciados por boa parte da população masculina — beleza, dinheiro, mulheres e sexo — e na construção de uma representação do homem associada à superficialidade e à aparência. Ainda nesse cartum, as/os participantes da pesquisa perceberam uma luta interdiscursiva que se relaciona diretamente a uma luta identitária, representada por meio dos recursos verbal e visual.

Também na análise do cartum 1, considerei que a escolha dos participantes filho, mãe e esposa foi importante na construção de uma representação identitária masculina, que nos remete ao domínio privado do lar e a uma provável dependência que o ator social homem tem desses três sujeitos e do espaço doméstico. Acredito que essa é uma representação mais costumeiramente associada à mulher e que a inversão operada no cartum é tanto uma estratégia humorística como pode ser lida como crítica ao comportamento masculino.

Com relação ao cartum 2, também identifiquei, por um lado, uma representação para o ator social mulher atrelada a um discurso tradicional de gênero, que reproduz uma imagem estereotipada do gênero feminino, vinculada à superficialidade e a uma valorização maior da aparência física e de acordo com a qual o homem é o fim das ações da mulher. Por outro lado, observei, também, uma representação que pode ser associada a um discurso não tradicional de gênero, segundo a qual a mulher não é considerada dependente do homem, não vive em função dele e estabelece suas relações interpessoais e amorosas por meio da *internet*.

Assim, nos dois cartuns, há uma luta interdiscursiva, uma vez que coexistem um discurso tradicional de gênero e outro discurso não tradicional e com contornos ainda não muito nítidos. Coexistem, também, representações de gênero diferentes nos dois cartuns.

Acredito que este trabalho contribui para a percepção de como em um mesmo gênero podem ser representadas diferentes identidades de gênero e para mostrar que o compromisso do discurso humorístico vai além do riso. O humor pode tanto questionar e violar o preestabelecido ideologicamente como pode reforçar um discurso discriminatório, contribuindo para a construção de identidades desempoderadas.

Considerando esse potencial do humor e que as pessoas estabelecem suas identidades e diferenças também por meio das diversas formas pelas quais interpretam os textos e, mais geralmente, incorporam-nos em suas próprias práticas, é necessário que se leiam os diferentes gêneros — não só os do humor — de modo crítico, que se questionem as representações identitárias neles presentes, para que as/os cidadãs/ãos/leitoras/es possam se reposicionar, transformando suas identidades, e podendo, assim, agir sobre a sua realidade social, assumindo posições de resistência ao poder, de liberação e de emancipação.

Em se tratando especificamente de gêneros de humor sexista, o psicólogo Ford (2007) mostrou que a exposição pura e simples de pessoas do sexo masculino a piadas sexistas pode causar discriminação em relação às mulheres. Segundo ele, o humor sexista atua como um "liberador" de preconceito e tem o poder de normalizar e justificar preconceitos, com o pretexto de ser "brincadeira", "piada".

Para evitarmos o efeito por ele identificado, é necessário que questionemos as representações de gênero construídas nesse tipo de humor para que elas não sejam internalizadas pelas/os leitoras/es e incorporadas em suas práticas. Da mesma forma, é importante que adotemos a segunda posição[23] que um leitor[24] pode adotar diante de gêneros de humor sexista, sugerida por Sunderland (2007): engajar-se em uma leitura resistente — reconhecer e avaliar negativamente o discurso sexista, resistir e contestar as pressuposições presentes nos gêneros de humor sexista, mas continuar a lê-los analiticamente.

Assim sendo, entendo que os gêneros do humor, especialmente os de humor sexista, não podem ser utilizados na escola apenas como material lúdico. Eles podem e devem ser considerados como um importante material para o desenvolvimento de um trabalho de leitura crítica. Isso foi o que objetivei fazer em minha pesquisa e considero que consegui.

Acredito que nós, como analistas críticos do discurso, temos o dever de contribuir para a constituição de leitores críticos, nos diferentes níveis de ensino. O recorte aqui apresentado é uma mostra de como isso pode ser feito.

---

23. Sunderland (2007) sugere que leiamos piadas sexistas como leitoras/es ativas/os e apresenta 4 posições possíveis que uma/um leitora/or feminista pode adotar diante de gêneros de humor sexista: 1) rejeitá-los; 2) engajar-se em uma 'leitura resistente" — reconhecer e avaliar negativamente o discurso sexista, resistir e contestar as pressuposições presentes nesses gêneros, mas continuar a lê-los analiticamente; 3) apreciar criticamente o texto; 4) refocalizar o gênero (ex: ler uma piada cujo alvo é a mulher, movendo o objeto da piada (a mulher) para a posição de sujeito e transformando o homem em objeto da piada) e rejeitar as premissas nas quais o gênero se baseia.

24. Sunderland (2007) fala especificamente de leitoras/es feministas.

Referências

ARAÚJO, B. L. D. de. *Alfabetização visual pelo cartum: a leitura da realidade política*. 2002. Disponível em: <http://www.betaniadantas_arquivos\Web-Canal–BetaniaDantas.htm>. Acesso em: 6 jul. 2004.

BERG, B. L. *Qualitative research methods for the social sciences*. 4. ed. Boston: Allyn & Bacon, 2001.

BERNSTEIN, B. *A estruturação do discurso pedagógico*: classe, códigos e controle. Trad. T. T. Silva e L. F. G. Pereira. Petrópolis: Vozes, 1996.

BUTLER, J. *Gender trouble*: feminism and subversion of identity. New York: Routledge, 1999.

BUTT, D. et al. *Using functional grammar*: an explorer's guide. 2. ed. Sydney: Macquarie University, 2000.

CAMERON, D. et al. *Researching language*: issues of power and method. London: Routledge, 1992.

CHOULIARAKI, L.; FAIRCLOUGH, N. *Discourse in late modernity*: rethinking Critical Discourse Analysis. Edinburgh: Edinburgh University Press, 1999.

EGGINS, S. *An introduction to Systemic Functional Linguistic*. London: Continuum, 2004.

______; MARTIN, J. R. Genres and registers of discourse. In: VAN DIJK, T. A. (Ed.). *Discourse*: a multidisciplinary introduction. London: Sage, 1996.

FAIRCLOUGH, N. *Discurso e mudança social*. Coordenação, tradução, revisão e prefácio à edição brasileira de Izabel Magalhães. Brasília: Ed. da Universidade de Brasília, 2001a.

______. The dialectics of discourse. *Textus*, v. 14, n. 2, p. 3-10, 2001b.

______. Critical discourse analysis as a method in social scientific research. In: WODAK, R.; MEYER, M. (Eds.). *Methods of critical discourse analysis*. London; Thousand Oaks; New Delhi: Sage, 2001c, p. 121-138.

______. *Analysing discourse*: textual analysis for social research. London/New York: Routledge, 2003.

FORD, T. E. Sexist humor no laughing matter, psychologist says. *Science Daily*, 2007. Disponível em: <http://www.sciencedaily.com /releases/2007/11/071106083038.htm>.

GIDDENS, A. *As consequências da modernidade.* Trad. R. Fiker. São Paulo: Ed. da Unesp, 1991.

GIL, C. M. C.. *A linguagem da surpresa*: uma proposta para o estudo da piada. Tese (Doutorado em Linguística) — FFLCH/USP, São Paulo, 1991.

GOUVEIA, C. A. M. Análise crítica do discurso: enquadramento histórico. In: MATEUS, M. H.; CORREIA, C. N. (Orgs.). *Saberes no tempo*: homenagem a Maria Henriqueta Costa Campos. Lisboa: Edições Colibri, 2002, p. 335-351. Disponível em: <http://www.fl.ul.pt/pessoais/cgouveia/downloads/HCC.pdf>. Acesso em: fev. 2006.

HALL, S. *A identidade cultural na pós-modernidade.* Trad. T. T. da Silva e G. L. Louro. 6. ed. Rio de Janeiro: DP&A, 2001.

HALLIDAY, M. A. K. *An introduction to functional grammar*. London: Edward Arnold, 1985.

______. *Introduction to functional grammar.* 2. ed. London: Edward Arnold, 1994.

______; MATTHIESSEN, C. M. I. M. *An introduction to functional grammar.* 3. ed. London: Edward Arnold, 2004.

HAMMERSLEY, M.; ATKINSON, P. *Ethnography*: principles in practice. 2. ed. London: Routledge, 1995.

HARVEY, D. *Condição pós-moderna*: uma pesquisa sobre as origens da mudança cultural. Trad. A. U. Sobral e M. S. Gonçalves. 9. ed. São Paulo: Loyola, 2000.

HASAN, R. The structure of a text. In: HALLIDAY, M. A. K.; HASAN, R. *Language, context, and text*: aspects of language in a social-semiotic perspective. Oxford: Oxford University Press, 1985.

______. Part B. In: HALLIDAY, M. A. K.; HASAN, R. *Language, context, and text*: aspects of language in a social-semiotic perspective. 2. ed. Oxford: Oxford University Press, 1989. p. 52-118.

KRESS, G. Multimodal texts and critical discourse analysis. In: PEDRO, E. R. (ed.). *Discourse analysis.* Proceedings of the first international conference on discourse analysis. Portugal: Edições Colibri, APL, 1996. p. 367-386.

KRESS, G.; VAN LEEUWEN, T. *Reading images*: the grammar of visual design. London/New York: Routledge, 1996.

_____. *Multimodal discourse*: the modes and media of contemporary communication. London: Arnold Publisher; New York: Oxford University Press, 2001.

MAGALHAES, I. Análise do discurso publicitário. *Revista da Abralin*, v. 4, ns. 1 e 2, p. 231-260, dez. 2005.

MORETTI, F. *Qual a diferença entre charge,* cartum *e quadrinhos?*, 2004. Disponível em: <http://www.ccqhumor.com.br/artigos-cartuns/cartum-diferenca.htm>. Acesso em: 6 jul. 2004.

MORIN, V. Le dessin humoristique. *Communications*, n. 15, p. 110-131,1970.

MUNIZ, K. da S. *Piadas*: conceituação, constituição e práticas — Um estudo de um gênero. Dissertação (Mestrado em Linguística) — Instituto de Estudos da Linguagem, Unicamp, Campinas, 2004.

OTTONI, M. A. R. *Os gêneros do humor no ensino de Língua Portuguesa*: uma abordagem discursiva crítica. Uberlândia/MG. Tese (Doutorado em Linguística) — Departamento de Linguística, Português e Línguas Clássicas, Universidade de Brasília, 2007.

_____. O gênero oral entrevista em estúdio na perspectiva da Análise de Discurso Crítica e da Linguística Sistêmico-Funcional. In: SIMPÓSIO NACIONAL, 12., e SIMPÓSIO INTERNACIONAL DE LETRAS E LINGUÍSTICA, 2., *Anais...*, 2009, Uberlândia, Edufu, v. 1, p. 1-16, 2011. Disponível em: <http://www.ileel.ufu.br/anaisdosilel/pt/arquivos/gt_lg18_artigo_3.pdf>.

RAJAGOPALAN, K. *Por uma linguística crítica*: linguagem, identidade e a questão ética. São Paulo: Parábola Editorial, 2003.

RASKIN, V. *Semantic mechanisms of humor.* Dordrecht: D. Reidel Publishing Company, 1985.

_____. Linguistic heuristics of humor: a script based semantic approach. *Internacional Journal of the Sociology of Language.* Amsterdam: Mouton de Gruyter, n. 65, p. 11-25, 1987.

RESENDE, V. de M.; RAMALHO, V. *Análise de discurso crítica.* São Paulo: Contexto, 2006.

ROMUALDO, E. C. *Charge jornalística*: intertextualidade e polifonia. Maringá: Eduem, 2000.

SILVA, T. T. da (Org.). *Identidade e diferença*: a perspectiva dos estudos culturais. Petrópolis: Vozes, 2000.

SUNDERLAND, J. *Gendered discourses*. London: Palgrave Macmillan, 2004.

______. Contradictions in gendered discourses: feminist readings of sexist jokes? *Gender and language*, v. 2, n. 1, p. 207-228, 2007.

SWALES, J.M. *Genre analysis*. Cambridge: Cambridge University Press, 1990.

THOMAS, J. *Doing critical ethnography*. Newbury Park: London/New Delhi: Sage, 1993.

THOMPSON, G. *Introducing functional grammar*. London: Edward Arnold, 2004.

THOMPSON, J. B. *A mídia e a modernidade*: uma teoria social da mídia. Petrópolis: Vozes, 1998.

WODAK, R. What CDA is about: a summary of its history, important concepts and its development. In: ______; MEYER, M. (Eds.). *Methods of critical discourse analysis*. London: Thousand Oaks; New Delhi: Sage, 2001. p. 1-13.

<http://www.ccqhumor.com.br/sala%20de%20pesquisa/artigos/cartum-diferenca.htm>. Acesso em: 6 jul. 2004.

<http://www.humornanet.com>.

Discursos sobre gênero e identidade

Maria Cecília de Lima

1. Introdução

Apresentamos, neste capítulo, o recorte de uma pesquisa mais ampla, intitulada *Discursos e identidades de gênero no contexto da escola*, cujo objetivo foi investigar, à luz da Análise de Discurso Crítica (Fairclough, 1989, 1995, 2001, 2003; Chouliaraki e Fairclough, 1999) e da Linguística Sistêmico-Funcional (Halliday, 1985), os discursos acerca de identidades de gênero veiculados em aulas de Língua Portuguesa, quando do trabalho com diversos gêneros discursivos.

A emancipação[1] de categorias sociais (ver Johnson, 1997), em especial a das mulheres, tem sido discutida e afirmada em várias instâncias sociais. Isso pode nos levar a dizer que, no século XXI, a

1. Segundo Thomas (1993, p. 4), "a emancipação refere-se ao processo de separação de modos constrangedores de pensar ou agir que limitam a percepção e a ação de realizar possibilidades alternativas". Tradução nossa de: "Emancipation refers to the process of separation from constraining modes of thinking or acting that limit perception of and action toward realizing alternative possibilities".

mulher é emancipada[2] e tratada, e que trata as outras, com igualdade e que, para ela, não mais se configuram estereótipos.

Porém, diante da modernidade tardia[3] (Giddens, 1991, 2002), que fragmenta e transforma identidades, e diante das condições socioeconômicas que o capitalismo nos impõe (Harvey, 2002), algumas questões em relação às identidades de gênero são necessárias. Uma delas é se, no contexto escolar, há a observância aos Parâmetros Curriculares Nacionais (PCNs), que propõem "combater relações autoritárias, questionar a rigidez dos padrões de conduta estabelecidos para homens e mulheres e apontar para sua transformação" (Brasil, 1997, p. 144).

Por essa questão, propusemo-nos a investigar, no ambiente escolar, se os agentes sociais estão se libertando de amarras que os subjugam, sejam mulheres ou homens, ou se estão apenas reproduzindo velhos discursos de gênero social com roupagens de discursos novos e libertadores.

Sabemos que as identidades de gênero não são formadas apenas dentro da sala de aula, pois há um imbricamento de várias instituições na sua construção. Porém, na escola, na sala de aula, podem ocorrer várias práticas que concorrem e contribuem para a construção dessas identidades, podendo ser esse contexto um *locus* de crítica ao *status quo*, ao senso comum.

2. Análise de Discurso Crítica (ADC)

Para essa vertente teórica, ao contrário de teorias mais tradicionais, a linguagem não se encontra separada da sociedade. Isto é, "a

---

2. Emancipado, no sentido que preconiza a ADC, segundo Fairclough (1989, p. 1), "é o indivíduo que tem consciência das interligações entre discurso e estruturas sociais, bem como quanto à importância dos processos discursivos na produção, manutenção e mudança de relações de poder na vida social".

3. Modernidade, segundo Giddens (2002, p. 25), "é essencialmente uma ordem pós-tradicional. A transformação do tempo e do espaço, em conjunto com os mecanismos de desencaixe, afasta a vida social da influência de práticas e preceitos preestabelecidos".

linguagem faz parte da sociedade, é uma prática social e, como tal, é um dos mecanismos pelos quais a sociedade se reproduz e autorregula" (Gouveia, 1997, p. 339).

Considerando o discurso linguagem, Fairclough (1989, 2001) define esse termo numa concepção tridimensional. Para Fairclough (1997, p. 83), "o discurso e qualquer exemplo concreto da prática discursiva é visto como sendo simultaneamente (i) um texto linguístico, oral ou escrito, (ii) prática discursiva (produção e interpretação de texto) e (iii) prática sociocultural", sendo dialética a relação entre discurso e estrutura social. Em outras palavras, o discurso molda a sociedade e também é moldado por ela por meio de relações de classe, gênero, raça ou por contextos e instituições, como, por exemplo, a escola.

Numa visão do discurso como prática textual, são examinadas questões ligadas a vocabulário, gramática, coesão e estrutura textual (Fairclough, 2001). Isso significa dizer que o texto traz aspectos formais que nos mostram como foi produzido e, por isso, como esses aspectos poderão ser interpretados e explicados.

O discurso, como prática discursiva, vem a ser o processo de interação social no qual o texto é uma parte dos processos sociais de produção, interpretação e consumo. Categorias analíticas como a força dos enunciados, a coerência dos textos e a intertextualidade (Fairclough, 2001, p. 103) são analisadas nessa fase da análise.

Na análise do discurso como prática social, o foco são as questões de ideologia, de poder,[4] bem como de hegemonia. Segundo Magalhães (2000, p. 92), essa dimensão "envolve a análise do contexto imediato dos eventos discursivos, como também do contexto institucional e societário". Ainda segundo Magalhães (2000, p. 92), na prática social são considerados "três aspectos principais: o econômico, o político

---

4. Segundo Giddens (1984), "o poder é a capacidade que os indivíduos, ou instituições que eles representam, têm de fazer uso de algum tipo de recurso para agir em algum contexto social".

— ligado às noções de poder e ideologia — e o cultural — ligado a valores e identidades culturais". Por isso, os conceitos de ideologia e de hegemonia são relevantes para essa discussão.

Para Thompson (1995), a ideologia, concepção de mundo implicitamente manifesta em práticas, refere-se aos modos pelos quais os sentidos são construídos e expressos por formas simbólicas de vários tipos. Fairclough (1989, p. 85) considera que

> a ideologia é mais efetiva quando sua ação é menos visível. Se alguém se torna consciente de que um determinado aspecto do senso comum sustenta desigualdades de poder em detrimento de si próprio, aquele aspecto deixa de ser senso comum e pode perder a potencialidade de sustentar desigualdades de poder, isto é, de funcionar ideologicamente (tradução nossa).

Thompson (1995) ainda discute os modos de operação da ideologia — legitimação, dissimulação, unificação, fragmentação e reificação — que naturalizam relações desiguais; entre elas, as de gênero social, pois a ideologia serve de recurso para suavizar a imposição social, justificando a dominação/subordinação da classe hegemônica que luta para manter sua posição sempre instável.

Fairclough (2001) aponta para a dialética, considerando o discurso moldado pela estrutura social e constitutivo dessa estrutura, contribuindo para a constituição de normas, convenções, relações sociais, identidades e instituições. Fairclough (2001, p. 64) mostra-nos os efeitos constitutivos do discurso:

> 1) o discurso contribui para a construção de identidades sociais ou posições de sujeito; 2) o discurso constrói relações sociais; 3) o discurso contribui para a construção dos sistemas de conhecimentos e crenças.

Entretanto, esses efeitos constitutivos do discurso não são transparentes para toda a sociedade. Em Fairclough (2001), temos que não há poder sem resistência, daí a possibilidade de mudanças sempre estar presente.

Ao se analisar relações de poder, sempre desiguais, é necessário descrever os processos e as estruturas sociais que ocasionam a produção de textos e a produção de sentido na relação de indivíduos ou grupos com esses textos.

Chouliaraki e Fairclough (1999) continuam a desenvolver a teoria iniciada por Fairclough em 1985. De acordo com Magalhães (2005, p. 3), para Chouliaraki e Fairclough (1999), a ADC está situada na ciência social crítica e na pesquisa crítica sobre a mudança social na sociedade moderna posterior. Há um ponto a destacar nesse modelo, em relação ao de Fairclough (2001): é que nele temos ampliada a noção de prática discursiva e sociocultural, implicando mudanças na concepção de discurso, que passa a incluir não só a linguagem verbal como também a não verbal e as imagens visuais.

Segundo essa versão da teoria, a vida social é feita de práticas e o discurso é entendido como um dos momentos da prática social. Entendam-se práticas como modos habituais de ação social, em um espaço e tempo particulares, que englobam diversos elementos da vida articulados entre si: atividade material; relações sociais e processos (relações sociais, poder, instituições, luta hegemônica); fenômenos mentais (crenças, valores, desejos, ideologias) e discurso. Quando esses elementos da vida social se encontram reunidos em uma prática, são chamados de momentos, sendo articulados dialeticamente, interiorizando outros momentos sem se reduzirem a eles. Nessa discussão, Chouliaraki e Fairclough (1999) apropriam-se da concepção de momentos de Harvey (1996, apud Chouliaraki e Fairclough, 1999), autor que não reduz a vida social a discurso e explicita uma visão dialética dos processos sociais, nos quais o discurso é apenas um entre os momentos da prática social.

Para a prática da ADC, Chouliaraki e Fairclough (1999) apresentam-nos um arcabouço teórico-analítico, que inclui "a análise linguística e textual detalhada, a análise macrosociológica [*sic*] referente às estruturas sociais e a análise microsociológica [*sic*] ou interpretativa" (Martins, 2003, p. 35) — todas elas são tradições de grande importância para o estudo da relação entre linguagem e poder.

Em Fairclough (2003), temos à disposição um arcabouço teórico para a análise de textos, situando-a em sua relação com a análise de discurso e com a análise social. Para Fairclough (2003), os textos são elementos de eventos sociais concretos, que são moldados por e moldam práticas sociais e estruturas sociais, ao mesmo tempo que as moldam.

Ao enfocarmos o texto e suas relações com outros textos, temos a intertextualidade que, segundo Fairclough (2003, p. 17), significa "como os textos fazem uso, incorporam, recontextualizam e dialogam com outros textos".[5]

Em Fairclough (2003), gêneros, discursos e estilos referem-se, respectivamente, ao texto como ação, ao texto como representação e ao texto como identificação, que são elementos do discurso que, articulados de modo relativamente estável, formam ordens de discurso. Ao discutir esses elementos, Fairclough (2003) aborda questões tanto da análise textual quanto da pesquisa social, apresentando categorias da Linguística Sistêmico-Funcional como subsídios para a análise discursiva.

As mudanças nas práticas sociais afetam o modo como os elementos estão articulados juntos nas práticas, como as práticas são articuladas em redes e como discursos, gêneros e estilos são articulados juntos nas ordens de discurso.

A ADC defende que a análise de processos e de mudanças sociais está produtivamente relacionada à análise textual detalhada e que esta está conectada à análise social por meio da análise interdiscursiva das mudanças na articulação de gêneros, discursos e estilos.

---

5. Tradução nossa de: "(...) how texts draw upon, incorporate, recontextualize and dialogue with other texts" (Fairclough, 2003, p. 17).

Tomando um viés não determinista, a ADC defende a relação dialética entre discurso e sociedade, pois, com a mudança discursiva, é possível promover a mudança social. Isso é complementado pela afirmação de Wodak (2001), de que a ADC tem objetivos emancipatórios, o que se revela consoante com o objetivo de nossa pesquisa, a saber, descortinar acontecimentos discursivos para que, no contexto da escola, os(as) alunos(as) possam se conscientizar das ideologias subjacentes aos discursos, em especial, no que se refere a identidades de gênero.

2.1 Ideologia, poder e hegemonia no contexto da escola

A escola, espaço privilegiado de práticas que envolvem a oralidade, a escrita e a linguagem visual, é, sim, um *locus*, embora por vezes queira se dizer o contrário, de lutas hegemônicas. Exemplo disso são os documentos oficiais que nela circulam: os Parâmetros Curriculares Nacionais (Brasil, 1997), o currículo (ver Silva, 2001, 2002), bem como os gêneros discursivos trabalhados em sala de aula. Esses documentos fazem parte de territórios políticos, espaços de poder que forjam nossas identidades, pois são textos, são discursos.

Espaços como a escola são importantes tanto para legitimar e valorizar alguns grupos e sujeitos, como para esconder ou rejeitar outros. Mesmo assim, a escola é uma instância social que tem muito a contribuir para a emancipação, caso nela sejam repensadas certas práticas, inclusive a do silêncio sobre as questões de gênero. O silêncio sobre gênero é uma prática que tende a reforçar ou a reproduzir aquilo que alguns chamam de inocência, ou, quem sabe, ignorância.

Práticas e convenções discursivas no contexto da escola podem naturalizar relações e ideologias, por exemplo, o modo de ministrar aulas de um(a) professor(a), que está associado a determinadas ideologias — "crenças e conhecimentos específicos, posições específicas para cada tipo de sujeito social que participa nessa prática (...) e relações específicas entre categorias de participantes" (Fairclough, 1997, p. 80).

Quando naturalizadas, as convenções discursivas passam a fazer parte do senso comum e tornam-se mecanismos eficazes para a reprodução e a perpetuação de dimensões culturais e ideológicas da hegemonia. Na dimensão cultural da hegemonia, podemos destacar os conteúdos veiculados nas escolas. Segundo Bourdieu e Passeron (1975, apud Silva, 2002, p. 34), "é através da reprodução da cultura dominante que a reprodução mais ampla da sociedade fica garantida". Dito de outra forma, a escola reproduz a cultura dominante e, segundo esses autores, ela, longe de diminuir as desigualdades sociais, contribui para reproduzi-las. Isso se deve ao fato de esse contexto possuir cultura particular, o da classe hegemônica, cultura que se manifesta na seleção das disciplinas ensinadas, na escolha dos conteúdos e dos gêneros discursivos a serem trabalhados, que são produtos de relações de força entre grupos sociais, por isso, não neutra.

O discurso presente nos Parâmetros Curriculares Nacionais (Brasil, 1997) sugere a construção de um meio escolar democrático, que promova a igualdade, contribuindo para que haja a contestação da cultura hegemônica. Esse discurso ainda preconiza mudanças nas práticas no contexto da escola. Para a construção de um meio escolar democrático e de novas práticas nesse contexto, a ACD é produtiva, pois contribui com o desvelar ideologias, posições hegemônicas, e vislumbra a resistência e a transformação.

2.2 Discurso e identidades de gênero

A ACD tem como uma de suas preocupações suscitar e questionar as diversas formas de injustiças e desigualdades sociais, contribuindo com a transformação social. Parte de uma ciência social crítica e emancipatória, ela discute a possibilidade de alcançar uma ordem social justa por meio da crítica ao discurso, que restringe e é restringido pela sociedade por meio das relações de classe, gênero social, etnia ou por contextos e instituições como a escola.

O discurso tem alguns efeitos constitutivos e um deles é o de contribuir para a construção de posições de sujeito ou identidades sociais, identidades que, neste artigo, compreendemos como representação. Sendo representação socialmente construída, nossa identidade é a maneira como pensamos que outras pessoas nos veem e nos avaliam. Em um nível estrutural, as identidades são ideias culturais sobre *status* sociais que ocupamos, ou seja, quem deveríamos ser e não realmente quem somos, se é que simplesmente somos (ver Johnson, 1997, p. 204).

Na construção de identidades, há valores culturais que fazem com que nossa autoestima seja alta ou baixa, de acordo com as posições que ocupamos na sociedade. Além disso, a diversidade de papéis pode gerar conflitos, uma vez que o sujeito pode ser confrontado com papéis com expectativas contrárias, incompatíveis. Isso não ocorre passivamente como em Althusser (1985), podendo o indivíduo ser crítico quanto ao que a sociedade apresenta como identidade ideal na interação social com outras pessoas e promover mudanças (Fairclough, 2001; Stanley, 1993).

A identidade ideal *também* se aplica ao gênero social.[6] A construção dessa identidade se dá na cultura[7] da escola, por meio de suas

---

6. Segundo Johnson (1997, p. 205), "o significado sociológico refere-se a ideias culturais que constroem imagens e expectativas a respeito de machos e fêmeas. Esse fato distingue gênero de sexo (...). O gênero é em geral definido em torno de ideias sobre traços de personalidade, masculina e feminina, e por tendências de comportamento que assumem formas opostas. (...) Numerosos autores observam que traços habitualmente atribuídos a homens e mulheres não descrevem exatamente a maioria das pessoas".

7. Segundo Johnson (1997, p. 59), "cultura é o conjunto acumulado de símbolos, ideias e produtos materiais associados a um sistema social, seja ele uma sociedade inteira ou uma família. Juntamente com ESTRUTURA SOCIAL, POPULAÇÃO e ECOLOGIA, constitui um dos principais elementos de todos os sistemas sociais e é conceito fundamental na definição da perspectiva sociológica" (destaque do autor).

práticas. Por isso, práticas sexistas nesse âmbito devem ser repensadas para se constituir cidadãos(ãs) com identidades fortalecidas.

Nesse sentido, é indispensável uma abordagem crítica dos discursos sobre as representações de gênero no contexto da escola, em especial nos gêneros discursivos, em que se investiguem, analisem e, principalmente, questionem e problematizem as identidades de gênero.

Magalhães (1995) contribui com as discussões acerca de gênero social ao discutir a existência de dois tipos de discurso sobre gênero no Brasil, a saber, o discurso de dominação e o de liberação. Em sua pesquisa, a autora analisa três textos, mostrando, por meio deles, a relação entre linguagem e ideologia na construção das relações de gênero. A autora aponta que há a heterogeneidade no discurso sobre a mulher, o que é materializado na coexistência do discurso de liberação e o de controle. Refere-se ainda que, por trás do discurso de liberação, ainda pode ser percebido o discurso de controle, fruto da sociedade tradicional. Nos grandes centros urbanos, local onde a autora considera que as mulheres possuem um lugar social, o discurso de liberação é preponderante. As mulheres desses centros têm suas identidades constituídas por meio do discurso de direitos civis, como no caso da Constituição.

A autora emprega a ACD e argumenta que essa teoria é uma abordagem importante para elucidar a heterogeneidade presente nos textos, o que contribui para a constituição de identidades de gênero. Magalhães (2005) examina, ainda, sob a perspectiva da Teoria Social do Discurso, identidades de gênero em dois programas brasileiros de alfabetização de adultos. Essa mesma autora investiga voz e interdiscursividade em três gêneros discursivos distintos, focalizando o modo como as identidades das mulheres são textualmente mediadas em contextos de mudança social. Os gêneros discursivos analisados pela autora são: a) textos de um jornal produzido por alunos(as) no contexto do programa de alfabetização de adultos; b) a discussão de um anúncio publicitário realizada em uma das salas do programa de alfabetização; e c) entrevistas com mulheres alfabetizandas adultas.

Nessa discussão, Magalhães (2005) analisa como elementos de textos são rearticulados nos três gêneros discursivos que constituem identidades de gênero no contexto pesquisado, notando que o discurso tradicional ainda coexiste com o de emancipação, o que é marcado por tensões, avanços e recuos, materializados linguisticamente nos textos falados ou escritos.

2.3 Identidades de gênero no contexto da escola

Devido à resistência à adoção de pedagogias de perspectivas tecnicistas e comportamentais por parte de governos autoritários, surgem, no Brasil, após as décadas de 1960 e 1970, as reformas educacionais de cunho crítico. Tais reformas tinham o intento de afastar a posição alienada ou ingênua até então hegemônica no âmbito da Educação. Época em que ser um(a) educador(a) crítico(a) passa a significar lutar contra qualquer tipo de desigualdade social, assim como lutar por liberdade.

Nesse contexto, surge o conceito de gênero, com o crescente emprego de teorias advindas da Sociologia. Essas teorias mudavam o foco da família e do fracasso de meninos e de meninas para o social e o coletivo. O debate sobre o gênero, para Louro (2002, p. 228), significava uma "virada significativa no campo educacional". Porém, as questões de gênero, segundo Scott (1995, apud Louro, 2002), não tinham reconhecimento político e não eram reconhecidas como prioritárias e urgentes.

Como não possuía uma única compreensão, o conceito de gênero foi incorporado às discussões da educação marcado por várias interpretações e afiliações teóricas. Segundo Louro (2002, p. 228):

> (...) educadoras feministas divergiam quanto a "papéis", "relações" ou "identidades" de gênero, mas o que parecia importante era o fato de que esse domínio complexo, intensamente político e poderoso ia sendo integrado, pouco a pouco, às análises educacionais, de um modo como nunca fora antes.

As discussões acerca de gênero não pretendiam apenas incluir as mulheres em análises e em teorias, pois já se sabia que gênero indicava relações de poder entre sujeitos sócio e historicamente situados. Tais discussões não pretendiam negar ou substituir outras relações de poder, tais como as de classe, raça, etnia, idade. Muito pelo contrário, juntas, mostrar-se-iam mais potentes para as discussões das relações de poder.

Os conceitos de raça, etnia, idade e gênero são importantes para a Educação, pois ela está implicada na construção de sujeitos, na constituição de identidades. Educadores(as) críticos(as) buscavam, dessa forma, examinar a produção de desigualdades entre meninos e meninas, embora, por vezes, o foco fosse direcionado somente para as meninas.

Em suas práticas, a escola reproduz a dinâmica de poder, bem como a produz também. Segundo Louro (1997, p. 57), "diferenças, distinções, desigualdades (...)", é disso que a escola entende, é isso que a escola produz. É por meio de mecanismos de classificação, hierarquização e ordenamento que a escola se encarrega de dividir os que nela entram: ricos(as) e pobres, adultos(as) e crianças, meninos e meninas.

Como dissemos, em suas práticas, a escola produz e garante as diferenças entre os sujeitos. Por isso, segundo Louro (1997, p. 57), "é necessário que nos perguntemos, então, como se produziram e se produzem tais diferenças e que efeitos elas têm sobre os sujeitos". Além disso, a escola delimita espaços por meio de símbolos e códigos, diz o que deve ou não ser feito. Por exemplo, o que meninos e meninas devem fazer no recreio: eles jogam futebol, elas ficam conversando em espaços mais limitados que os ocupados por eles. Caso um menino resolva conversar com as meninas, ou caso uma menina resolva jogar futebol, podem ser julgados(as) como crianças que têm algum tipo de desvio. Assim, a escola, com suas práticas, diz o que deve ou não ser feito, bem como informa o lugar dos sujeitos, contribuindo para a constituição de identidades de gênero.

Essa constituição de identidades é mediada por práticas e por gêneros discursivos. Eles são empregados em sala de aula de acordo com a organização e as tarefas do cotidiano escolar. A organização e as tarefas são tidas como "naturais". Por isso, devemos questionar o que parece "natural" no contexto escolar, inclusive a linguagem, os discursos, os quais são carregados de ideologias.

Para desvelar marcas linguísticas ideologicamente marcadas, a ADC emprega o arcabouço da Linguística Sistêmico-Funcional.

3. Linguística Sistêmico-Funcional: uma perspectiva funcional da linguagem

A Linguística Sistêmico-Funcional, cujo principal teórico é Michel Halliday, será empregada na análise dos nossos dados pelo fato de ser uma corrente que tem como preocupação entender os modos pelos quais a linguagem é usada para diferentes propósitos e em diferentes contextos e situações que moldam sua estrutura. Ou seja, essa teoria será utilizada por nós, pois "analisa e explica como os sentidos são construídos nas interações linguísticas do dia a dia"[8] (Eggins, 2004, p. 1), em todas as atividades que envolvem a linguagem, nas quais reagimos ou produzimos linguagem que faz sentido, e estamos, quase que a todo o momento, produzindo textos que fazem

8. Tradução nossa de: "analyse and explain how meanings are made in everyday linguistic interactions" (Eggins, 2004, p. 1).

sentido para os interactantes. Segundo Halliday e Matthiessen (2004), esses textos produzidos podem ser abordados segundo dois pontos de vistas complementares: como objeto ou como instrumento.

Se analisarmos o texto como objeto, faremos perguntas como: por que os textos significam o que significam para mim ou para qualquer outra pessoa?; por que ele vale o que vale? Já, se focarmos o texto como instrumento, devemos nos perguntar o que o texto revela sobre o sistema da linguagem no qual ele, o texto, é falado ou escrito. Como já dito, essas perspectivas são complementares, pois não se responde a nenhuma dessas questões sem levar a outra em conta, sem relacioná-las.

Podemos ainda perceber que "o texto tem diferentes *status*, em diferentes situações, se vistos ou como artefatos ou como espécies"[9] (Halliday e Matthiessen, 2004, p. 3). Se tivermos diferentes tipos de textos de uma mesma língua, podemos dizer que, enquanto espécie, eles são iguais — trazem traços gramaticais da língua em contextos funcionais significativos. Entretanto, se esses textos são vistos como artefatos, estarão longe de serem iguais, pois podem empregar recursos para a construção de sentidos que os façam muito diferentes uns dos outros. Descrever e analisar esses recursos que são empregados em textos é o que a Linguística Sistêmico-Funcional se propõe a fazer.

Para esse arcabouço analítico, a Linguística Sistêmico-Funcional possui quatro pontos básicos (Halliday e Matthiessen, 2004; Eggins, 2004). São eles:

a) o uso da linguagem é funcional;
b) a linguagem só pode ser compreendida se levarmos em consideração seu contexto de produção;[10]
c) o processo de uso da linguagem é um processo semiótico, ou seja, um processo de fazer sentido por meio de escolhas;

---

9. Tradução nossa de: "the text has a different *status* in each case; either viewed as artefact, or else viewed as specimen" (Halliday e Matthiessen, 2004, p. 3).

10. Acrescentamos aqui que contexto pode ser de situação ou de cultura.

d) ao contrário de outras teorias que têm como foco sentenças, essa teoria tem como foco o texto. Textos que são empregados é que veiculam atitudes, valores e por meio dos quais as pessoas dividem experiências.

Eggins (2004) acrescenta que a abordagem sistêmica da linguagem é funcional em dois principais aspectos, a saber:

a) porque faz perguntas funcionais sobre a linguagem (como as pessoas usam a linguagem? ou usamos a linguagem para construir quantos tipos diferentes de significado?);
b) porque interpreta o sistema linguístico funcionalmente (como a linguagem é estruturada para o uso? ou como a linguagem está estruturada para fazer sentido?).

Para responder às duas questões levantadas nas letras a) e b), segundo Halliday e Matthiessen (2004), temos de trabalhar com textos autênticos, escritos ou falados, levando-se em consideração o seu contexto de ocorrência.

Em relação ao primeiro item abordado por Eggins (2004), temos que esse item nos remete à interação social, ao papel semiótico da linguagem, ou seja, ao modo como as pessoas negociam textos para que eles façam sentido, para que tenham significado.

Se tivermos vários textos cujo assunto seja o mesmo, poderemos notar que esses textos podem ter diferenças substanciais devido aos seus diferentes propósitos, diferentes leitores, pois, segundo Eggins (2004, p. 5), "qualquer uso da linguagem é motivado por um propósito".[11] As diferenças que podemos constatar em textos referem-se a: graus de formalidade; expressões de atitude e conhecimento assumido (Eggins e Martin, 2000).

11. Tradução nossa de: "any use of language is motivated by a purpose" (Eggins, 2004, p. 5).

Tais diferenças nos levam a fazer considerações acerca do contexto no qual o texto foi produzido, pois ele traz pistas que nos conduzem a essa dedução — o contexto está nos textos e vice-versa. E esse é o interesse da Linguística Sistêmico-Funcional: verificar a relação entre texto e contexto.

Em determinados textos, o sentido só pode ser apreendido se o contexto for elucidado. Esse é um outro exemplo que pode confirmar que o contexto é de vital importância no estudo da língua. E, ao se fazer isso, ou seja, ao se elucidar o contexto, tornam-se mais claros alguns aspectos da realidade tratada no texto, bem como as relações entre os participantes. Diante disso, mais uma vez, afirmamos que o foco da Linguística Sistêmico-Funcional não é apenas a linguagem, mas é o uso da linguagem e seu contexto. Para tanto, os gramáticos sistemicistas devem estar atentos, segundo Eggins (2004, p. 9) a:

a) "exatamente que dimensões do contexto[12] têm impacto no uso da linguagem e;
b) "quais aspectos do uso da linguagem parecem ser efetuados por dimensões particulares do contexto".[13]

Tais questões são exploradas dentro do arcabouço da Linguística Sistêmico-Funcional por meio da teoria de gênero e da teoria de registro. Para Butt et al. (2004, p. 9), "quando textos dividem o mesmo contexto de situação, em maior ou menor extensão, eles dividirão o mesmo significado experiencial/ideacional, relacional/interpessoal e textual, então, eles pertencem ao mesmo registro".[14] Ainda para esses

12. Contexto de situação e seus elementos: campo, relações e modo.

13. Tradução nossa de: "1. exactly what dimensions of context have an impact on language use (...); 2. which aspects of language use appear to be effected by particular dimensions of the context" (Eggins, 2004, p. 9).

14. Tradução nossa de: "when texts share the same context of situation, to a greater or less extent, they will share the same experiential, interpersonal and textual meaning and so they belong to the same register" (Butt et al., 2004, p. 9).

autores, "quando textos dividem propósitos gerais na cultura, eles frequentemente dividem os mesmos elementos estruturais obrigatórios e opcionais pertencendo, então, ao mesmo gênero ou tipo de texto".[15] Para Eggins (2004, p. 9), a

> teoria de gênero descreve o impacto das dimensões do contexto de situação imediato do evento da linguagem no qual a linguagem está sendo usada. A Linguística Sistêmico-Funcional identifica três dimensões-chave do contexto situação como tendo impacto previsível e significante no uso da linguagem.[16]

A saber, as dimensões de campo, relações e modo.

Em relação ao segundo item levantado por Eggins (2004, p. 11), "a linguagem é funcional porque interpreta o sistema linguístico funcionalmente", consideramos que as pessoas interagem para produzir sentidos: do mundo e umas com as outras — o que é realizado por intermédio de textos nos quais os sentidos são simultâneos. Ou seja, em um texto, temos o sentido textual, o interpessoal e o ideacional — equivalentes às dimensões citadas: modo, relações e campo.

No que diz respeito ao sentido ideacional, podemos ter claro do que trata o texto, sobre o que é o texto, bem como analisarmos que nas sociedades humanas é nesse nível que há a produção de cultura material e simbólica. Ao depreendermos isso, temos claro o sentido ideacional do texto. Ao mesmo tempo, podemos produzir, a partir do texto, o sentido interpessoal, aquele que expressa os papéis e a relação entre leitor(a) e a atitude do(a) escritor(a) em relação ao

---

15. Tradução nossa de: "when texts share the same general purpose in the culture, they will often share the same obligatory and optional structural elements and so they belong to the same genre or text type" (Eggins, 2004, p. 9).

16. Tradução nossa de: "register theory describes the impact of dimensions of the immediate context of situation of a language event on the way language is used. SFL identifies three key dimensions of the situations as having significant and predictable impacts on language use" (Eggins, 2004, p. 9).

assunto em questão, quem tem voz, se há uma relação de poder ou de solidariedade.

Para expressar os outros dois sentidos dos termos ideacional e interpessoal, temos o suporte da metafunção textual, que diz respeito ao modo como é organizado o texto escrito ou falado. Textos esses que se encontram encravados, em primeiro lugar, no contexto de situação e, em segundo, no contexto de cultura. De acordo com sua função, os textos trazem traços socioculturais e linguísticos. O primeiro delimita a constituição da linguagem; o segundo contribui com a construção de um conjunto de propriedades linguísticas próprias do texto, em consequência das condicionantes do primeiro.

Em qualquer texto temos os três sentidos: o ideacional, o interpessoal e o textual, os quais interferem no registro, que é organizado por essas metafunções. Vale esclarecer que essa separação é meramente didática. Já o gênero, que está além das metafunções é, segundo Eggins (2004), um conceito usado para descrever o impacto do contexto de cultura na linguagem, o que ocorre por meio da exploração da estrutura das culturas organizada em estágios, o que institucionaliza modos de atingir objetivos.[17] É à teoria de gêneros que recorremos para explicar a organização dos textos, os quais veiculam ideologias, valores e posições. Uma abordagem crítica de textos trabalha no sentido de desvelar ideologias subjacentes e, com isso, possibilitar ao sujeito lutar contra as ideologias ali presentes ou aderir a elas; porém, de modo consciente (ver Eggins, 2004, p. 21).

Essa abordagem pode ser iniciada por uma descrição textual atrelada aos estudos do discurso. Cabe dizer que, para iniciarmos uma descrição textual, é de suma importância conhecer as categorias que a Linguística Sistêmico-Funcional apresenta.

---

17. Tradução nossa de: "the concept of genre is used to describe the impact of the context of culture on language, by exploring the staged, step-by-step structure cultures institucionalize as ways of achieving goals" (Eggins, 2004, p. 47).

3.1 As metafunções

São três os elementos contextuais — campo, relações e modo — que expressam significados de naturezas distintas e são elaborados em conjunto para formar o texto. Correspondendo a cada um desses elementos contextuais, temos respectivamente as três metafunções apresentadas por Halliday (1985) e por seus(suas) seguidores(as): a ideacional, a interpessoal e a textual. Vejamos, a seguir, as três metafunções separadamente.

3.1.1 Metafunção ideacional — A representação da realidade

Por intermédio da metafunção ideacional, trabalhamos com a oração como representação da realidade. Ligada à dimensão campo, a descrição da metafunção ideacional codifica a realidade dos interactantes. Tal descrição é realizada por meio da análise do sistema de transitividade, o que implica analisar os componentes desse sistema, a saber: participantes, realizados por grupos nominais; processos, realizados por grupos verbais; e circunstâncias, realizadas por grupos adverbiais ou frases preposicionais. Ao analisarmos os processos envolvidos no texto, podemos ter uma visão dos participantes desses mesmos processos. Os processos mais gerais, que podemos observar em um texto, são três: o material, o mental e o relacional (Eggins, 2004; Halliday e Matthiessen, 2004; Butt et al., 2004). Da intersecção entre os três, temos mais três tipos de processos: o existencial, o verbal e o comportamental.

O processo material diz respeito a processos do fazer, a ações concretas e tangíveis. Para identificarmos um processo material, devemos perguntar "quem fez o que a quem". Assim procedendo, encontramos o processo e seu(s) participante(s), bem como sua(s) circunstância(s).

As circunstâncias — outra categoria considerada na transitividade — são realizadas por grupos adverbiais ou frases preposicionais presentes em qualquer tipo de processo; são de diversos tipos: extensão, locação, modo, causa, companhia, maneira/modo, papel (ver Eggins, 2004; Halliday e Matthiessen, 2004; Thompson, 2004). As circunstâncias referem-se ao cenário no qual o processo se desenrola — não são de presença obrigatória, mas fornecem detalhes que contribuem para a interpretação dos processos que são o núcleo da representação.

Outro tipo de processo apontado por Halliday e Matthiessen (2004) é o mental. Relacionado aos processos do sentir e do pensar, podemos fazer as seguintes perguntas para as orações para conferirmos esse tipo de processo: o que você sente?; o que você pensa?; o que você sabe sobre *x*?

Outro tipo de processo relacionado por Halliday (1985) é o comportamental. Esse tipo de processo encontra-se em posição intermediária entre o processo mental e o material, carregando traços de ambos, sendo parte sobre ações que têm de ser experienciadas por um ser consciente. Tais processos são tipicamente comportamentos fisiológicos e psicológicos (Eggins, 2004) e, normalmente, não se estendem a um segundo participante. Por exemplo, "Maria tossiu". Por vezes, podemos ter uma extensão e circunstância como em: "Maria jogou tênis com entusiasmo".

O outro processo, o verbal, como o nome já indica, está relacionado à ação verbal. Dos processos que indicam ação, passemos para aqueles que indicam existência, que codificam estados de ser, a saber: o processo existencial e o relacional. O primeiro deles diz respeito simplesmente à existência das coisas. Já o segundo diz respeito às coisas que existem em relação a outras — o que lhes atribui identidade e atributo.

O processo existencial representa existência de algo sem relacionar nenhum predicativo a esse algo (Thompson, 2004). Na Língua Inglesa, língua descrita por Halliday (1985), o termo *there is* é existencial por excelência, pois indica existência de algo. Porém, em Língua Portuguesa, havemos de prestar atenção em algumas vicissitudes da língua. Por exemplo, empregamos o processo "ter" não somente no sentido de posse, mas também no sentido de existência. Daí a importância do contexto na interpretação de dados.

O outro tipo de processo ligado à existência é o relacional. Por meio dele, relacionamos um objeto a uma qualidade, por exemplo: "A grama é verde"; "O rapaz é alto". Quando nos referimos a esse tipo de processo, segundo Thompson (2004), havemos de questionar se realmente há legitimidade em falarmos em processos e em participantes, pois não há ação e o segundo participante ora é um atributo, ora um identificativo. Porém, o próprio Thompson (2004) não nos apresenta alternativa para nomear esses termos. Podemos, então, classificar o processo relacional em dois tipos: o atributivo e o identificativo.

Ao estudar a transitividade, nossa preocupação é especificar que tipos de ações estão em andamento. Com isso, também analisamos os participantes de tal evento, bem como o pano de fundo — a circunstância — que envolve a ação. Por meio desses levantamentos, analisamos como o mundo é representado, como os participantes percebem o mundo que os rodeia, a cultura material e simbólica que é construída.

Ao considerarmos a metafunção ideacional, estamos lidando com o contexto de situação ligado ao campo, ou seja, a representação do mundo. É a essa parte da Linguística Sistêmico-Funcional que mais daremos ênfase na análise dos nossos dados.

Apresentamos a seguir, sucintamente, as outras duas metafunções: a interpessoal e a textual.

3.1.2 Metafunção interpessoal — Relações

Quando interagimos em determinado contexto e sustentamos essa interação, desenvolvemos papéis sociais, conservamos relações interpessoais, constituímos identidades, inclusive as de gênero. Nessa interação, empregamos a linguagem para criar significados e, por meio da análise linguística, podemos descortinar as relações de poder, ou não, presentes na interação entre os interactantes, bem como o grau de adesão de quem diz em relação ao que diz.

Para descortinar essas relações estabelecidas entre as pessoas envolvidas em uma interação, e o poder ali presente, podemos analisar quem, dos interactantes, tem vez e voz; se argumenta, se se posiciona; se contradiz o dito; se desafia ou não o instituído. Para tanto, analisamos as relações interpessoais por meio da gramática do modo, da gramática interpessoal.

Para procedermos a uma análise linguística dos significados interpessoais, identificamos os constituintes funcionais das orações de um texto e suas configurações em orações de diferentes tipos modais e analisamos o papel da modalidade na interação.

3.1.3 Metafunção textual — Modo

Outra gramática, a textual (Halliday, 1985), ocupa-se com o modo como o texto é organizado pelo falante, como ele constrói sua mensagem de forma a adaptar-se ao evento no qual se encontra inserido e interagindo. Essa metafunção é responsável pela organização dos outros significados — o ideacional e o interpessoal. Para estudarmos essa gramática, adotamos as categorias de tema — o sujeito psicológico[18] — e de rema.

O tema, segundo Thompson (2004), é o primeiro componente da oração — o que nos mostra a identificação do tema. Mas não é apenas

18.

VISÃO CLÁSSICA	VISÃO DA LSF
Sujeito lógico	Ator (ou experienciador ou dizente etc.)
Sujeito gramatical	Sujeito — desencadeia as relações gramaticais
Sujeito psicológico	Tema

isso, uma vez que a definição de tema é funcional, tal como com todos os outros elementos na interpretação da estrutura gramatical. Ou seja, o tema é um elemento numa configuração estrutural particular que, tomado como um todo, organiza a oração como mensagem com a configuração tema e rema. Em suma, a mensagem, do ponto de vista da gramática textual, consiste em um tema e em um rema. Tema é tudo o que aparece em posição inicial na oração até o final do primeiro elemento ideacional (ou participante, ou processo ou circunstância). Rema é todo o restante, o que é acrescentado ao tema. Por exemplo, em: "(...) os meninos viram o beijo" e em: "(...) o beijo foi visto pelos meninos",[19] temos que a mensagem da primeira oração é sobre "os meninos" e, na segunda, sobre "o beijo".

O ponto de vista do falante/escritor pode ser modificado de diversos modos pelas estruturas tematizadoras: as equativas temáticas,[20] os temas predicativos,[21] os comentários tematizadores[22] e os temas prepostos[23] (ver Eggins, 2004; Halliday e Mattiessen, 2004; Ventura e Lima-Lopes, 2002), o que, em uma ADC pode levar a significativas diferenças discursivas.

A Linguística Sistêmico-Funcional tem pontos em comum com a ADC — são teorias sobre a linguagem como processo social. Porém, o que distingue a Linguística Sistêmico-Funcional da ADC é que a

---

19. Adaptação de nossos dados de pesquisa.

20. Em uma oração equativa temática, o tema e o rema são intercambiáveis. Por exemplo: "O que garante cobertura total aos policiais é o helicóptero/ É o helicóptero que garante cobertura total aos policiais" (Ventura e Lima-Lopes, 2002).

21. Segundo Ventura e Lima-Lopes (2002), "a função do tema predicativo é oferecer ao escritor/falante a possibilidade de selecionar um elemento da mensagem de forma a dar-lhe *status* temático, como em: Não foi o ministro quem renunciou/ foi o presidente que o demitiu". Esses *status* temático dado a certos elementos serve para enfatizar contrastes.

22. Segundo Ventura e Lima-Lopes (2002), "a estrutura comentário tematizado permite que os escritores tematizem seu próprio comentário a respeito do valor ou da validade do que dirão a seguir". Por exemplo: É verdade que ele errou ao aceitar dinheiro dos bicheiros.

23. Segundo Ventura e Lima-Lopes (2002), o tema preposto "ocorre exclusivamente em situações de fala, ou em textos escritos que imitam a fala. Com o tema preposto, os falantes anunciam o tema como um constituinte isolado e substituem-no por um pronome na oração seguinte: O conceito de secretária executiva bilíngue na nossa cabeça, ele é fortíssimo".

primeira se propõe a proceder a uma descrição sistêmica de padrões da linguagem, a segunda apresenta elementos para análises textual, social e discursiva — daí podermos trabalhar com ambas, em uma relação de complementaridade, pois analisar discursos é também fazer análise textual — assim alerta Fairclough (1992) que atenta para o fato de que a análise textual deve ter seu valor reconhecido, uma vez que ela fortalece a Análise de Discurso, dando suporte para argumentações e conclusões às quais se podem chegar.

Fairclough (1992) entende que a análise textual envolve análise da forma, da tessitura[24] do texto. Essa análise da forma não deve ser entendida como oposta ou estanque à análise de conteúdo — as duas se complementam, uma vez que para Fairclough (1992, p. 184) "conteúdos são realizados em uma forma e vice-versa".[25]

Para Fairclough (1992), a análise textual inclui dois tipos complementares de análise: a linguística[26] e a intertextual. Na análise linguística, há o pressuposto de que o texto se apropria do sistema linguístico e, na análise intertextual, a de que o texto se apropria das ordens de discurso, que, de acordo com Bakhtin, são convenções particulares de práticas convencionalizadas (gêneros e discursos). A análise intertextual tem seu foco voltado para a dependência que os textos têm da sociedade (da história) na qual se encontram encravados — ordens de discurso que contribuem para a formatação de determinados gêneros[27] e registros. Sendo influenciado pela sociedade, o texto também, em uma relação dialética, pode transformar a sociedade — as ordens de discurso.

---

24. Termo de Halliday e Hasan (1976).

25. Tradução nossa de: "(...) contents are always necessarily realized in forms, and different contents entail different forms and vice versa (Fairclough, 1992, p. 184).

26. O autor entende que a análise textual é ampla, não acampando apenas os níveis fonológicos, vocabulário, semântica, gramática de um nível acima da sentença, incluindo ainda a análise da coesão e de vários aspectos da estrutura do texto.

27. Os textos não são homogêneos, pois as relações sociais não são estáveis. Em vez de pensarmos na homogeneidade dos textos, temos de pensar que são as práticas e as relações instáveis no âmbito social que configuram os sistemas de gêneros que determinam as combinações e as configurações que dão tessitura aos discursos (Pagano e Magalhães, 2005).

Transformar a sociedade implica transformar a ordem do discurso da educação, transformação que pode ser iniciada com o trabalho crítico com gêneros discursivos, uma vez que, nesse trabalho, identidades são constituídas, pois é por meio dos gêneros que os(as) alunos(as) estão engajados em uma forma de vida — em uma prática social —, reproduzindo, reforçando, criando ou desafiando valores, crenças, discursos. O gênero é constitutivo[28] da estrutura social. Assim, quando trabalhamos em sala de aula com gênero, os(as) alunos(as) acabam também sendo moldados pelos discursos nele presentes. Por isso, a necessidade de uma leitura crítica; pois, ao problematizarmos os discursos presentes nos gêneros, estaremos desestabilizando todo um senso comum veiculado na ordem do discurso da educação e contribuindo para que mudanças no discurso, nas relações interpessoais, nas identidades e na construção da realidade possam ocorrer.

A seguir, com base nas teorias anteriormente apresentadas, trazemos uma proposta de leitura crítica nos discursos presentes em um gênero trabalhado em sala de aula. Nossa intenção é contribuir para desestabilizar o senso comum veiculado e colaborar para que aconteçam transformações discursivas e sociais.

4. Análise

4.1 Impressões de viagem: "mulheres livres e independentes"

Fraga, autor do texto "Mulheres livres e independentes", é um jornalista mineiro que teve destaque na área de jornalismo de turismo

28. No que diz respeito ao discurso, Fairclough (2001, p. 64) aponta para a dialética, considerando o discurso moldado pela estrutura social e constitutivo dessa estrutura, contribuindo para a constituição de normas, convenções, relações sociais, identidades e instituições. Esse autor mostra-nos os efeitos constitutivos do discurso: "1) o discurso contribui para a construção de identidades sociais ou posições de sujeito; 2) o discurso constrói relações sociais; 3) o discurso contribui para a construção dos sistemas de conhecimentos e crenças. Efeitos esses que consideramos pertinentes ao gênero discursivo".

na década de 1980. O texto, que faz parte de uma coletânea intitulada *Andanças pelos caminhos do mundo* (Fraga, 1989) e que foi adaptado em um livro didático, é um relato de impressões de quando o autor esteve nos Estados Unidos. Por ser um relato de viagem, podemos já, de início, afirmar que esse texto aparece recheado de subjetividade, de pontos de vista do autor.

O texto apresenta três divisões de sentido. Nele percebemos que há discussão sobre a condição da mulher norte-americana, sobre a condição das mulheres em outras partes do mundo, o que pressupõe a inclusão do Brasil, e, por último, o autor dá o tom do texto, discorrendo sobre "Amélia" — "aquela que era mulher de verdade".[29] Essa divisão de sentido denota que temos sujeitos posicionados de diferentes maneiras. Ao citar trecho da música de Mário Lago e Ataulfo Alves, é estabelecida a relação de intertextualidade (Fairclough, 2001) com a música, o que, nesse caso, colabora para a manutenção da hegemonia, incorporando ou respondendo a textos diferentes e contribuindo para a constituição de uma ordem de discurso da família tradicional. A intertextualidade também pode ser contestatória, mas não é o que interpretamos nesse caso.

A exemplo do item anterior, nos detemos, principalmente, na análise da função ideacional da linguagem, ou seja, o que temos como participantes, processos e circunstâncias: quem está envolvido, o que faz e como está envolvido. O propósito é analisar como o mundo é representado — significado representacional (Fairclough, 2003).

No título do texto "Mulheres livres e independentes", Fraga (1989) lança a ideia de que os participantes centrais de seu texto são as mulheres que possuem os atributos de serem livres e independentes. Porém, a expectativa lançada parece ser quebrada nos trechos iniciais, quando temos uma construção marcada[30] pela

29. Esse trecho: "Amélia que era mulher de verdade", é parte integrante da música "Ai, que saudades da Amélia". A letra da música é de Mário Lago e de Ataulfo Alves e foi gravada pela Philips, no disco *Ataulfo Alves e seus sucessos*, em 1968.

30. O mesmo que congruente.

presença das mulheres que são apresentadas, inicialmente, como submissas, passivas e dependentes: "Submissas, passivas e dependentes — não; as mulheres norte-americanas não são assim. Elas podem hoje ser classificadas, tranquilamente, como entre as mais independentes do mundo".

Analisando esse trecho, de acordo com a função textual da linguagem, metafunção que cuida da organização do texto, notamos que os atributos lançados às mulheres são o tema da oração. O tema define o ponto de partida da mensagem — o que nos dá a ideia de que o autor vai discorrer sobre as mulheres que possuem tais atributos. Mas podemos notar dois recursos usados pelo autor: de negação, indicando polaridade negativa, e de inversão da oração. Se considerarmos que a oração é "as mulheres norte-americanas não são submissas, passivas e dependentes", temos como ponto de partida da mensagem (o tema, o dado) as mulheres norte-americanas, e a informação considerada nova é justamente a negação da submissão, da passividade e da dependência relacionadas a elas. Ou seja, o autor, de fato, inicia o seu texto falando sobre a independência das mulheres norte-americanas; entretanto, não comenta sobre o modo de vida das mulheres de outros países, e muito menos sobre a submissão, a passividade ou a dependência das norte-americanas. Além disso, nesse trecho, o autor toma como conhecimento partilhado, como pressuposto, que essas outras mulheres são submissas, estabelecendo uma polarização, ou seja, o negativo ou o positivo, o não ou o sim.

Entendemos que a negativa[31] foi empregada para lançar certa expectativa e depois quebrá-la, o que causa maior impacto quanto às representações no texto, quanto aos atributos relacionados às mulheres norte-americanas. Assim sendo, as mulheres norte-americanas

---

31. De acordo com Fairclough (2001, p. 156), "as frases negativas são frequentemente usadas com finalidades polêmicas (...) as frases negativas carregam tipos especiais de pressuposição que também funcionam intertextualmente, incorporando outros textos somente para contestá-los ou rejeitá-los".

passam a representar o participante principal — o portador — de um processo relacional atributivo, cuja função é dar qualidades a essas mulheres, qualidades que foram atribuídas pelo autor. Quando assim analisamos, podemos perceber a opinião que o autor tem sobre essas mulheres — opinião que, certamente, é compartilhada pela sociedade na qual ele vive.

Corroborando a representação da mulher norte-americana feita pelo autor, e ligado ao significado interpessoal, temos o termo "tranquilamente" — um adjunto de comentário — que indica o julgamento do autor a respeito do que diz; nesse caso, indicando uma "alta afinidade", ou seja, um forte comprometimento com o que afirma. Por isso, pelo termo empregado, podemos notar que o autor se sente autorizado para afirmar que as mulheres norte-americanas estão entre as mais independentes do mundo. Isso pode ser analisado à luz da função ideacional, mais especificamente pelo sistema de transitividade.

A atribuição dada às mulheres, especialmente às norte-americanas, é negada por meio do indicador de polaridade negativa — "não", o que também corrobora a alta afinidade ou modalidade subjetiva (Fairclough, 2003) do autor com o que afirma. O reforço dessa ideia aparece quando o indicador de polaridade negativa é repetido: "não, as mulheres norte-americanas não são assim". Assim como? "Submissas, passivas e dependentes". Esses atributos estão relacionados às mulheres por meio do processo relacional atributivo "são". Isso indica condição, ou seja, estado do ser — é como se as mulheres fossem portadoras naturais dessa condição, desse atributo, se não fosse introduzido o "não": "Submissas, passivas e dependentes — 'não'; as mulheres norte-americanas não são assim".

O desfecho do texto mostra que essa atitude "independente" é marcada, a ponto de gerar instabilidade nas relações entre mulheres e homens, ou seja, o divórcio. Outra leitura poderia ser feita: a de que o autor está problematizando a visão estereotipada da mulher; entretanto, os dados não nos autorizam a fazer essa afirmação.

Cabe notar que no segundo parágrafo do texto — "Independentes para tudo: o exercício do trabalho; o desempenho de altos postos na iniciativa privada; o porte de uma arma de fogo; a participação em movimentos públicos" — há a elisão do primeiro participante. Ou seja, se considerarmos que a oração inicial seja: "As mulheres norte-americanas são independentes para tudo", o portador (as mulheres norte-americanas) é elidido, bem como o processo relacional atributivo ("ser"), indicando que a mulher à qual ele se refere é a mulher norte-americana, ou mesmo que isso já está pressuposto para quem lê o texto. Em outras palavras, a ideia hegemônica é que as mulheres norte-americanas é que possuem esses atributos.

As nominalizações que ocorrem na oração indicam que não há ação relacionada a participante algum. Assim, em "o exercício do trabalho; o desempenho de altos postos na iniciativa privada; o porte de uma arma de fogo; a participação em movimentos públicos", não temos agentes, uma vez que os processos foram representados como coisas, o que é chamado de metáfora gramatical (Eggins, 2004; Halliday, 1985). Podemos dizer que essas ações não são reconhecidas como realizadas por essas mulheres. Além disso, as expressões "exercício do trabalho, o desempenho de altos postos na iniciativa privada, o porte de uma arma de fogo, a participação em movimentos públicos" aparecem como aposto enumerativo (Eggins, 2004; Halliday e Matthiessen, 2004), por vezes considerado uma redundância desnecessária por esclarecer outro termo — nesse caso o termo "tudo". Podemos inferir que a enumeração aqui é posta para dar dimensão do que as mulheres norte-americanas são capazes de fazer, embora as ações possíveis tenham sido nominalizadas.

No terceiro parágrafo, iniciado com uma circunstância de localização espacial, temos o tema empregado como expressão organizadora da mensagem, ou seja, o que o autor tinha em mente ao iniciar a oração.

> Em determinados países, até parece que as mulheres nasceram só para serem mães e donas de casa, sempre submissas aos maridos

machões, autoritários e prepotentes. Não é este, positivamente, o caso das mulheres nos EUA. São independentes no alcance máximo desta palavra.

Nesse trecho, o autor nomeia somente a circunstância de localização espacial das mulheres independentes, ou seja, dos "EUA". Quando se refere às mulheres submissas, a circunstância espacial é materializada linguisticamente por uma expressão genérica. Esse foi um recurso para evidenciar o local onde crenças e valores são postos em discussão. Com isso, o autor mostra um discurso supostamente de contestação que logo é superado pelo discurso de controle com o qual seu engajamento é maior.

Aqui, chama-nos a atenção a explicitação de duas funções para as mulheres: mãe, dona de casa, e submissa ao homem — ambas as funções ligadas ao discurso tradicional sobre o papel da mulher na sociedade. Quando o autor define os maridos como "machões", marca distância com esse discurso e, ao final, deixa claro o seu engajamento.

A expressão "até parece", em determinados contextos, expressa ironia[32] — o que pode ter sido um recurso empregado pelo autor para discordar dos papéis atribuídos às mulheres. Além dessa discordância, podemos perceber nas entrelinhas que o autor indiretamente está afirmando que é possível as mulheres irem além dos papéis impostos pelo que ele denomina de "maridos machões, autoritários e prepotentes".

Temos, nesse trecho analisado, a representação de homens que vivem com mulheres mães e donas de casa sempre submissas. Acrescente-se que, pelo fato de não haver referência a maridos ou companheiros das mulheres norte-americanas, questionamos se o autor não estaria reproduzindo um discurso do senso comum presente na sociedade que é o de que homem não gosta de mulher independente.

32. Ver Matthiessen et al., 2004.

Podemos dizer que, por isso, não notamos referência no texto a companheiros das mulheres norte-americanas. Viver sozinha e não ter quem as ampare, de acordo com o senso comum, seria o ônus pela independência, pela não submissão, pela não passividade, o que subentende que, ao adquirirem independência, as mulheres podem fazer o que quiserem, o que desejarem. Há dois alinhamentos: mulheres submissas/homens machões; mulheres independentes/divórcio.

Notamos que, em quase todas as orações do texto, o autor não apresenta as mulheres como o termo organizador da mensagem. Muitas vezes, elas são representadas com um atributo ("submissas", "passivas" e "dependentes"; "independentes"), ou com uma localidade ("Em determinados países"; "Em certos países"), ou ainda na perspectiva do outro ("Você"). O que indica que, apesar de o título do texto lançar a expectativa de que o tema tratado será a mulher, ela passa a um plano secundário.

> Submissas, passivas e dependentes — não; as mulheres norte-americanas não são assim. Elas podem hoje ser classificadas, tranquilamente, como entre as mais independentes do mundo.
>
> Independentes para tudo: o exercício do trabalho; o desempenho de altos postos na iniciativa privada; o porte de uma arma de fogo; a participação em movimentos públicos.
>
> Em determinados países, até parece que as mulheres nasceram só para serem mães e donas de casa, sempre submissas aos maridos machões, autoritários e prepotentes. Não é este, positivamente, o caso das mulheres nos EUA. São independentes no alcance máximo desta palavra.
>
> A mulher norte-americana, para atingir tal grau de independência e um sentimento muito forte de direito à privacidade, hoje em dia, teve de lutar muito e batalhar por esses degraus que subiu na escala social. Não ficou resignada e passiva. Enfrentou tudo com coragem e obstinação.
>
> Em certos países, os homens costumam pensar que as únicas funções adequadas para a mulher são de secretária, telefonista ou escriturá-

> ria. Se for profissional liberal, pode ser, no máximo, psicóloga ou assistente social. Mas isto já está mudando. E mudou há vários anos nos EUA.
>
> Você vê a mulher por toda parte, em funções mais ou menos nobres: dirigindo táxi e ônibus em New York; inspecionando passaportes na Alfândega; revistando e prendendo criminosos na rua; descarregando aviões nos aeroportos; controlando os despachos dos voos; atendendo os usuários nas locadoras de carros; dirigindo o Monorail em Disneyworld; pilotando um táxi aéreo; e sentada à mesa de reuniões das grandes corporações industriais e financeiras.
>
> Foi-se o tempo da Amélia, mulher de verdade, que dava banho nos filhos, cozinhava, encerava, limpava, lustrava, engomava, e lavava a roupa e ficava à vontade, e à noite servia docilmente ao seu amo e senhor. E aqui entra o lado trágico da história: este é o país com o maior número de divórcios no mundo.

Há também uma separação entre as mulheres "de cá" *versus* as "de lá": "submissas", "passivas" e "dependentes" *versus* "independentes"; as mulheres de determinados países, de certos países *versus* as norte-americanas; você *versus* autor; e, por fim, as mulheres independentes *versus* a "Amélia", cuja representação dá o tom ao texto. Essa diferenciação indica que há o expurgo do outro, que é considerado diferente, anormal (Thompson, 1995), e que há um modelo padrão a ser seguido e copiado (Cameron, 1992). Isso ocorre porque a separação, neste caso, enfatiza as diferentes representações da mulher, e também porque o autor encerra o texto por meio do exemplo da personagem "Amélia", exemplo que, certamente, é digno de ser seguido.

As mulheres norte-americanas são representadas como as mais independentes; porém, essa situação não é tida como natural, pois temos a presença de processos, como "teve de lutar e batalhar" — uma metáfora da guerra —, indicando a não naturalidade dessa situação chamada no texto, pelo autor, de "degraus que subiu na escala social". Expressões verbais, com forte modalidade, a do ter, da obrigação —

que podem indicar que a mulher começou a lutar por uma necessidade e não, quem sabe, por vontade, resultando nessa liberdade que ora possui e que, pelo autor, é considerada negativa e responsável pela destruição da família tradicional.

No trecho: "as mais independentes do mundo", o uso do termo "mais" pressupõe que há outras mulheres que não são tão independentes como as americanas, porém, são mais independentes que as mulheres de outros países e que a "Amélia". Tal recurso fragmenta as mulheres em grupos antagônicos, sendo um recurso ideológico e, por meio do expurgo do outro, naturaliza um dos grupos como inimigo da sociedade, nesse caso, o grupo das "Mulheres livres e independentes". O autor polariza, cai no binarismo, e não dá chance para a existência do novo entre os dois polos: independente e que cuida da casa; independente e que não é divorciada.

Por intermédio de uma metáfora de guerra, a luta da mulher norte-americana é relatada no quarto parágrafo. Alguns processos dão a ideia da dinamicidade de sua luta — "teve de lutar muito e batalhar"; "enfrentou" — ações que se mostram intensificadas pelo termo "muito" e pela modalidade da obrigação.

> A mulher norte-americana, para atingir tal grau de independência e um sentimento muito forte de direito à privacidade, hoje em dia, teve de lutar muito e batalhar por esses degraus que subiu na escala social. Não ficou resignada e passiva. Enfrentou tudo com coragem e obstinação.

Essas mulheres tiveram de lutar para atingir determinada finalidade; no texto isso é expresso pelos dizeres "atingir tal grau de independência e um sentimento muito forte de direito à privacidade". Além disso, há a apresentação de atributos dessa mulher: não resignada, não passiva e que enfrenta tudo com coragem e obstinação — circunstância ligada ao processo, que corrobora a ideia de que as conquistas não foram, ou não são consideradas, naturais ou inerentes às mulheres.

No quinto parágrafo, o autor refere-se ao que os homens de "certos países" costumam pensar das mulheres que não são norte-americanas.

> Em certos países, os homens costumam pensar que as únicas funções adequadas para a mulher são de secretária, telefonista ou escriturária. Se for profissional liberal, pode ser, no máximo, psicóloga ou assistente social. Mas isto já *está mudando*. E mudou há vários anos nos EUA.

Pensar é um processo mental, ligado a atividades intelectuais. Processos desse tipo não estão relacionados às mulheres nesse texto. Porém, quando os homens pensam, pensam nas únicas funções que são adequadas às mulheres — não segundo o ponto de vista da mulher, mas deles próprios representados pela voz do autor, pela voz da sociedade na qual o texto foi produzido. As funções aqui retratadas como adequadas para a mulher são ligadas a cuidados com o outro, o que, de certa forma, remete ao que é esperado de uma mãe, papel já comentado em parágrafo anterior do texto analisado.

Quando o autor afirma que a situação acima retratada "está mudando", isso indica que o processo de mudança ainda está em curso, não está concretizado e não acontece para todas as mulheres. Nesse caso, o autor exclui as norte-americanas, que usufruem a condição de liberdade. Esse sentido é conseguido pelo emprego de um grupo formado por um processo relacional e um processo no gerúndio — "está mudando" —, o que indica o aspecto não acabado. Podemos pressupor que, no contexto agora relatado pelo autor, quando o processo de mudança estiver mais avançado, as mulheres ocuparão outros cargos e as consequências disso virão, isto é, o número de divórcios também aumentará, como mostraremos a seguir.

As conquistas não são consideradas naturais também por uma questão histórica. E, embora o autor ensaie uma postura democrática, é traído por seu engajamento no discurso sexista, notadamente no significado negativo que a emancipação da mulher atinge quando alinhada ao divórcio: a emancipação, se não for contida, põe em risco a família tradicional.

Mulheres, sejam elas norte-americanas ou não, não têm voz no texto; são representadas pela voz do outro, do autor. E, para corroborar essa ideia, temos o sexto parágrafo iniciado pelo participante experienciador "você" que, em posição temática, realiza o processo mental — "ver".

> *Você vê* a mulher por toda parte, em funções mais ou menos nobres: dirigindo táxi e ônibus em New York; inspecionando passaportes nos aeroportos na Alfândega; revistando e prendendo criminosos na rua; descarregando aviões nos aeroportos; controlando os despachos dos voos; atendendo os usuários nas locadoras de carros; dirigindo o Monorail em Disneyworld; pilotando um táxi aéreo, e sentada à mesa de reuniões das grandes corporações industriais e financeiras.

Mais uma vez, o outro, o "você", que também pode ser uma mulher não personagem do texto, realiza um processo mental, a mulher personagem do texto já não o faz. A mulher personagem do texto realiza processos referentes à ação, ao fazer. Esses processos: "inspecionando", "revistando", "prendendo", "descarregando", "controlando", "atendendo", "dirigindo" e "pilotando", devido ao fato de estarem no gerúndio, dão a ideia de movimento constante, o que naturaliza essas ações para a mulher norte-americana. Feito isso, ou seja, apresentando essa faceta da mulher norte-americana, o autor passa a apresentar outro tipo de mulher, "Amélia":

> Foi-se o tempo da Amélia, mulher de verdade, que dava banho nos filhos, cozinhava, encerava, limpava, lustrava, engomava, e lavava a roupa e ficava à vontade, e à noite servia docilmente ao seu amo e senhor. E aqui entra o lado trágico da história: este é o país com o maior número de divórcios no mundo.

A "Amélia" é participante ator de processos materiais, em sua maioria, com ação do agente clara e explícita e que estão ligados ao passado — "dava banho", "cozinhava", "encerava", "limpava", "lustrava", "engomava", "lavava", "servia", tarefas ligadas ao mundo doméstico, ao espaço privado (ver Bourdieu, 1999), cujo valor não é reconhecido. É preciso considerar aqui que essa mulher que tanto agia, não o fazia em função de conquistar ou aproveitar sua liberdade, mas sim em função de seu "amo" e "senhor", a quem servia "docilmente". Esse senhor certamente é o trabalhador e provedor, uma vez que, quando aparece o único processo relacional, "ficava", esse processo refere-se ao fato de ela ficar "à vontade" quando desempenha as funções ligadas ao espaço privado do lar tradicional e os papéis tradicionais relacionados à mulher. A "Amélia" figura no espaço privado e sua condição de subordinação e submissão é institucionalizada pela ordem de discurso da família tradicional (Walsh, 2001).

O autor assume alta afinidade com a "Amélia", quando emprega a intertextualidade ao se referir a ela, ao afirmar que ela era a "mulher de verdade". Segundo o autor do texto, essa mulher ligada aos afazeres do lar, a "Amélia", mantinha o casamento, pois agora que a "Amélia" se foi, o número de divórcios tem aumentado (ver Bourdieu, 1999). Isso nos autoriza a inferir que, se o número de divórcios aumentou, o que o autor considera trágico, foi por culpa da liberdade que ora a mulher vem experimentando. Para o autor, a família tradicional tem de prevalecer, mesmo que a custas da submissão. O divórcio, como liberdade para as pessoas que não estão bem em uma relação, não deve ser usado. Para o autor, o não estar bem no relacionamento pode estar associado à emancipação da mulher, que possivelmente tem dificuldades para conciliar diversas funções, e também pode estar associado ao fato de o homem não aceitar essa nova realidade.

Entendemos que se o autor tiver alta afinidade com o que afirma, ele não deixa margem para outra interpretação, pelo fato de afirmar "E aqui entra o lado trágico da história: este é o país com o maior número de divórcios no mundo". Porém, se o termo "trágico" estiver empregado em sentido irônico, podemos ter que a mulher vem, sim, usando sua liberdade, inclusive para não mais ficar com homens que sejam "maridos machões", "prepotentes", "amo" e "senhor". Isso seria a confirmação de que a liberdade da mulher, em especial a da norte-americana, já está consolidada.

Já a "Amélia", representante da família tradicional, de acordo com Elias (1993), tem um papel determinante na manutenção da ordem social, na reprodução da estrutura do espaço social e das relações sociais, sendo, nos termos do autor, o sujeito principal das estratégias de reprodução. A "Amélia" é importante para a manutenção do *status quo*. A mudança nos padrões da família traz à tona o risco da queda da família burguesa e das benesses naturalizadas que ela garante aos homens. Assim, esse papel precisa ser encorajado, pois traz benefícios sociais. Esses padrões são marcados também pela divisão sexual do trabalho baseada na dominação masculina (Bourdieu, 1999). Além disso, quando temos marcadas no texto, linguisticamente, as diferenças entre as mulheres, há a clara intenção de avaliar como positiva a falta de atitude de uma delas, no caso, a da "Amélia": "Foi-se o tempo da Amélia,... E aqui entra o lado trágico da história: este é o país com o maior número de divórcios no mundo". Isso contribui para a construção social baseada em estereótipos ideologicamente marcados a respeito das mulheres.

O texto "Mulheres livres e independentes" enfatiza, para as mulheres, aspectos distintos do seu caráter e das suas ações, sendo tais aspectos concordantes com as diferentes posições de sujeito que ocupam — adultas, mães. No texto há avaliações, classificações e definições de padrões de comportamentos aceitáveis ou não pelo senso comum ideológico. Nele, temos a mulher como predominantemente passiva e passível de ser julgada pelos outros, de acordo com seus atos (mulheres norte-americanas, Amélia) e, nesse julgo, o discurso de dominação, o discurso tradicional, prevalece. A virtuosidade da mulher é tida como primordial para a manutenção da família, o que não é citado em relação ao homem.

No quadro a seguir, podemos visualizar as representações das mulheres e dos homens em Fraga (1989).

Quadro 1 Representações de personagens em Fraga (1989)

REPRESENTAÇÃO DAS MULHERES		REPRESENTAÇÕES DOS HOMENS
Norte-americanas	— não submissas, não passivas, não dependentes — as mais independentes do mundo — independentes para tudo — independentes no alcance máximo da palavra — não focou resignada e passiva — enfrentou tudo com coragem e obstinação	—
De outros países	— nasceram só para serem mães e donas de casa — submissas aos maridos	— machões — autoritários — prepotentes — os homens costumam pensar que as únicas funções adequadas para a mulher são de secretária, telefonista ou escriturária. Se for profissional liberal, pode ser, no máximo, psicóloga ou assistente social
Amélia	— mulher de verdade, que dava banho nos filhos, cozinhava, encerava, limpava, lustrava, engomava, e lavava a roupa e ficava à vontade — e à noite servia docilmente ao seu amo e senhor	— amo e senhor

Essas classificações e avaliações, se não trabalhadas de forma questionadora no contexto escolar, podem levar alunos e alunas a naturalizarem práticas sexistas.

As variáveis campo, relações e modo dos gêneros analisados podem assim ser resumidas:

Quadro 2 Descrição de registro dos gêneros

Variável de registro	**"Mulheres livres e independentes" (Escola I)**
Campo	A independência das mulheres
Relações	A relação entre o autor e os "personagens" é de poder, entre os "personagens" não há relações interpessoais estabelecidas, denotando a falta de voz desses personagens
Modo	Oral/escrito Distância alta interpessoal Monológico Baixa distância experiencial (não há termos restritos)

No gênero analisado (relato de viagem), a ideologia acerca de gênero social veiculada influencia cada nível do contexto e, por meio deles, escolhas linguísticas são realizadas e materializadas. Ao realizarmos a análise dos gêneros, desvelamos valores, preconceitos, crenças.

No gênero, podemos notar, quando analisamos a variável campo, que os tipos de processos iniciados pelos homens e pelas mulheres são diferentes. Processos esses em que os homens são participantes principais e agentes dos processos, e as mulheres, secundárias e pacientes, quando se trata de processos valorizados pela sociedade. Já quando as mulheres são as participantes principais e agentes, o são de processos estereotipados pela sociedade com valoração negativa. Assim sendo, há a naturalização de modos de agir diferenciados tanto para os homens quanto para as mulheres, diferenças que são cunhadas na elaboração linguística do texto e que contribuem para ideologias de controle e de submissão da mulher.

As relações estabelecidas entre os participantes da atividade discursiva no gênero discursivo, quando há, são predominantemente de poder do homem sobre a mulher. Isso foi percebido, em nossa análise, pelos julgamentos e pelas nomeações feitas pelo autor.

O campo e as relações são codificados na variável de contexto modo. Notamos vários recursos empregados na veiculação de ideologias. São nominalizações, elipses, pressupostos, participantes — escolhas — presentes no gênero, contribuindo para que o autor alcance seus propósitos, ora com maior, ora com menor eficiência.

Assim, constatamos nesta análise que a ideologia predominante no gênero é a tradicional, pelo fato de naturalizar o lar como lugar para as mulheres, bem como posições submissas.

Ao mesmo tempo, se trabalhados com uma leitura inversa, de forma crítica em contextos escolares, diversos textos podem ser de importância ímpar para que os(as) alunos(as) consigam desvelar as ideologias subjacentes aos gêneros trabalhados em sala de aula, entendendo que, segundo Halliday (1973, apud Eggins, 2004), ao desvelarmos um texto, desvelamos também a estrutura social, valores, sistema de conhecimento e padrões culturais a ele atrelados.

5. Algumas considerações

Durante a elaboração do projeto de pesquisa *Discursos e identidades de gênero no contexto da escola*, cujo resultado encontra-se parcialmente aqui relatado, o que nos inquietava era pensar que, mesmo com a publicação dos Parâmetros Curriculares Nacionais (Brasil, 1997), que sugerem que haja discussão sistemática de questões referentes a relações de gênero no contexto da escola para o combate de relações autoritárias, para o questionamento de padrões rígidos de conduta estabelecidos para homens e mulheres, e apontar para a transformação, o trabalho sistemático nas aulas de Língua Portuguesa não ocorre de fato, e o material empregado dá margem para a discussão dessa temática, mas não é devidamente aproveitado.

Com essa inquietação, levantamos um problema que, para nós, diz respeito às representações da mulher no contexto da escola. Estabelecido esse problema, a pesquisa teve como objetivo principal investigar, quando do trabalho com diversos gêneros discursivos, os discursos acerca de identidades de gênero veiculados em aulas de Língua Portuguesa. Para alcançarmos esse objetivo, reiteramos que o discurso molda a sociedade e é por ela moldado por intermédio da linguagem e da semiose. Segundo Halliday (1985), a linguagem é empregada para diferentes propósitos e em diferentes contextos, o que molda sua estrutura. Por intermédio da Linguística Sistêmico-Funcional, em especial da metafunção ideacional, analisamos, com os subsídios fornecidos pelos estudos de gênero social, as representações da mulher no contexto da escola.

Por meio da ADC (teoria e método), constatamos que os discursos nos gêneros discursivos são ainda tradicionais, pelo menos no contexto pesquisado. Evidenciamos um problema social que tem aspecto discursivo relacionado a gênero social. Na sala de aula, a falta de trabalho sistematizado sobre relações de gênero nos gêneros discursivos contribui para reproduzir, entre alunos e alunas, discursos tradicionais que não colaboram para a transformação das práticas sociais sexistas. Além disso, entendemos que o discurso, parte fundamental de práticas da sala de aula, contribui para a constituição de identidades de alunas e de alunos. Então, é importante ressaltar os discursos de gênero social subjacentes às práticas, e como eles são linguisticamente veiculados em gêneros discursivos.

Comprovamos, por meio de nossas análises, que, mesmo depois do advento dos Parâmetros Curriculares Nacionais (Brasil, 1997), na sala de aula o trabalho com gêneros discursivos ainda não contribui sistematicamente para a emancipação da mulher e nem para que o discurso veiculado em favor dessa emancipação aconteça, pois existe ainda a reprodução do discurso de controle. Não podemos negar que há o trabalho com gêneros discursivos, entretanto a reflexão acerca dos discursos de gênero social nem sempre é realizada.

Assim, podemos afirmar que por meio do discurso há a naturalização de relações de poder que servem a interesses da posição masculina hegemônica. Essa posição evita a mudança, a transformação de identidades binárias, essencialistas (Woodward, 2000). Isso é realizado por meio da valoração de determinadas atitudes para os homens e de outras para as mulheres, por meio da nomeação, o que impede que as mulheres, e mesmo os homens, sintam-se livres para mudarem a direção de suas ações, pois sempre há o crivo do outro. Essas representações identitárias precisam ser questionadas, transformadas para que haja mudanças nas relações de gênero, emancipando aquela parcela de pessoas que é subjugada a padrões de conduta opressores no caso desta pesquisa, em especial as mulheres. Para que isso aconteça no contexto da escola, nas aulas de Língua Portuguesa, um caminho, talvez longo, precisa ser percorrido. No âmbito da Educação, podemos pensar na formação de professores(as) para que atentem para essa questão e que aprendam a trabalhar com ela. Na formação de professores(as), é essencial que haja o reconhecimento da linguagem como prática social que constrói e mantém relações de poder e, assim, aprender a questioná-la, fomentando a crítica, a reflexividade.[33] Consciente do poder da linguagem e de que apenas lançar temas para discussão não sistematizada não é suficiente para a formação crítica dos(as) alunos(as), o(a) professor(a) passará a trabalhar com gêneros em sala de aula. Nesse sentido, a análise dos discursos de gênero é essencial. Se assim não for feito, será a confirmação do *status quo.*

Para que isso seja alcançado, alguns problemas precisam ser apresentados e debatidos para promover reflexão. No que diz respeito aos gêneros trabalhados em sala de aula, muitos deles oriundos

33. Segundo Giddens (1991, p. 45), "reflexividade da vida social moderna consiste no fato de que as práticas sociais são constantemente examinadas e reformadas à luz de informação renovada sobre essas próprias práticas, alterando assim constitutivamente seu caráter".

de produção voltada para o público jovem, há de haver conscientização também dos(as) escritores(as), sem entender isso como cerceamento da criatividade, para que produzam obras com "um outro discurso", ou seja, com o discurso de liberação no que se refere às relações de gênero. Em outras palavras, os escritores devem produzir obras com um discurso que contribua para a promoção da igualdade de relações entre homens e mulheres, que não naturalize as desigualdades de poder.

Temos um começo de mudança, pois os Parâmetros Curriculares Nacionais (BRASIL, 1997) já sinalizam que as relações de poder desigual entre os diferentes gêneros precisam ser trabalhadas em sala de aula para que sejam questionadas, sugerindo que um trabalho contestatório quanto às relações de gênero seja realizado em sala de aula. Com isso, acreditamos que o mercado editorial deverá sofrer mudanças para acompanhar transformações vindouras. Por fim, a frente pedagógica, por meio da aceitação das sugestões dos Parâmetros Curriculares Nacionais (Brasil, 1997), bem como pelo "saber fazer", passaria a contribuir com a transformação das práticas no contexto da escola. Todas essas frentes, retroalimentando-se, contribuiriam sobremaneira para a transformação da prática escolar, o que poderia repercutir fora desse contexto, contribuindo para a transformação social.

Referências

ALTHUSSER, L. *Ideologia e aparelhos ideológicos de estado*. Trad. W. J. Evangelista, M. L. V. de Castro. 2. ed. Rio de Janeiro: Graal, 1985.

BOURDIEU, P. *A dominação masculina*. Trad. M. H. Kuhner. Rio de Janeiro: Bertrand Brasil, 1999.

______; PASSERON, J. *A reprodução*. Rio de Janeiro: Francisco Alves, 1975.

BRASIL. Secretaria de Educação Fundamental. *Parâmetros curriculares nacionais*: pluralidade cultural, orientação sexual. Secretaria de Educação Fundamental. Brasília: MEC/SEF, 1997.

BUTT, D. G. et al. Grammar: the first covert operation of war. *Discourse and Society*, v. 15, n. 2, p. 267-290, 2004.

CAMERON, D. *Feminism and linguistic theory*. London: Macmillan Press, 1992.

CHOULIARAKI, L.; FAIRCLOUGH, N. *Discourse in late modernity*: rethinking critical discourse analysis. Edinburgh: Edinburgh University Press, 1999.

EGGINS, S. *An introduction to systemic functional linguistics*.London/New York: Continuum, 2004.

______; MARTIN, J. Géneros y registros del discurso. In: VAN DIJK, T. A. (Org.). *El discurso como estructura y proceso*. Barcelona: Gedisa, 2000. p. 335-372.

ELIAS, N. *Formação do estado e civilização*. Rio de Janeiro: Jorge Zahar, 1993. v. 2.

FAIRCLOUGH, N. *Language and power*. London: Longman, 1989.

______. *Analysing discourse*: textual analysis for social research. London/New York: Routledge, 2003.

______. Linguistic and intertextual analysis within discourse. *Discourse and Society*, v. 3, n. 2, p. 193-217, 1992.

______. *Critical discourse analysis*: the critical study of language. London: Longman, 1995.

______. *Discurso e mudança social*. Coord. trad. I. Magalhães. Brasília: Ed. da Universidade de Brasília, 2001.

______. Discurso, mudança e hegemonia. In: PEDRO, E. R. (Org.). *Análise crítica do discurso*. Lisboa: Editorial Caminho, 1997. p. 77-104.

FRAGA, H. Mulheres livres e independentes. In: CARVALHO, A. F. de et al. *Português hoje*: a comunicação viva. Belo Horizonte: Lê, 1989. p. 30-31.

GIDDENS, A. *The constitution of society*: outline of the theory of structuration. Cambridge: Polity Press, 1984.

______. *Modernity and self-identity*. Cambrigde: Polity Press, 1991.

______. *Modernidade e identidade*.Trad. P. Dientizien. Rio de Janeiro: Jorge Zahar, 2002.

GOUVEIA, C. Análise crítica do discurso: enquadramento histórico. In: PEDRO, E. R. (Org.). *Análise crítica do discurso*: uma perspectiva sociopolítica e funcional. Lisboa: Editorial Caminho, 1997. p. 339-356.

HALLIDAY, M. A. K. *Exploration in the functions of language*. London: Edward Arnold, 1973.

______. *Cohesion in English*. London: Longman, 1976.

______. *An introduction to functional grammar*. London: Edward Arnold, 1985.

______; HASAN, R. *Language, context and text*: aspects of language in a social-semiotic perspective. Oxford: Oxford University Press, 1989.

______; MATTHIESSEN, C. M. I. M. *An introduction to functional grammar*. London: Edward Arnold, 2004.

HARVEY, D. *Justice, nature and the geography of difference*. London: Blackwell, 1996.

______. *Condição pós-moderna*. Trad. A. U. Sobral e M. S. Gonçalves. 11. ed. São Paulo: Loyola, 2002.

JOHNSON, A. G. *Dicionário de sociologia*: guia prático da linguagem sociológica. Trad. R. Jungmann. Rio de Janeiro: Jorge Zahar, 1997.

LAZAR, M. (Ed.). *Feminist critical discourse analysis*. New York: Palgrave Macmillan, 2005.

LOURO, G. L. *Gênero, sexualidade e educação*: uma perspectiva pós-estruturalista. Petrópolis: Vozes, 1997.

______. Gênero: questões para a Educação. In: BRUSCHINI, C.; UNBEHAUM, S. G. (Orgs.). *Gênero, democracia e sociedade brasileira*. São Paulo: FCC/Editora 34, 2002.

MAGALHÃES, I. A critical discourse analysis of gender relations in Brazil. *Journal of Pragmatics*, n. 23, p. 183-197, 1995.

______. *Eu e tu*: a construção do sujeito no discurso médico. Brasília: Thesaurus, 2000.

______. Interdiscursivity, gender identity and the politics of literacy in Brazil. In: LAZAR, M. (Ed.). *Feminist critical discourse analysis*. New York: Palgrave Macmillan, 2005. p 181-204.

MARTINS, A. R. N. Linguagem como prática social. *Cadernos de Linguagem e Sociedade*, Brasília, Thesaurus, n. 6, p. 31-43, 2003.

MATTHIESSEN, C. et al. Grammar: the first covert operation of war. *Discourse and Society*, v. 15, n. 2-3, p. 267-290, 2004.

PAGANO, A.; MAGALHÃES, C. Análise crítica do discurso e teorias culturais: hibridismo necessário. *D.E.L.T.A.*, n. 21 (especial), p. 21-43, 2005.

PEDRO, E. R. (Org.). *Análise crítica do discurso*: uma perspectiva sociopolítica e funcional. Lisboa: Editorial Caminho, 1997.

SILVA, D. E. G. *A repetição em narrativas de adolescentes*: do oral ao escrito. Brasília: Editora Universidade de Brasília, 2001.

______; VIEIRA, J. A. (Orgs.). *Análise do discurso*: percursos teóricos e metodológicos. Brasília: Editora Plano, 2002.

SILVA, T. T. da. (Org.). *Identidade e diferença*: a perspectiva dos estudos culturais. Petrópolis: Vozes, 2000.

______. *Documentos de identidade*: uma introdução às teorias do currículo. Belo Horizonte: Autêntica, 2002.

STANLEY, J. Sex and the quiet schoolgirl. In: WOODS, P.; HAMMERSLEY, M. (Eds.). *Gender and ethnicity in schools*: ethnographic accounts. London/New York: The Open University, 1993. p. 34-48.

THOMAS, J. *Doing critical ethnography.* Newbury Park, London/New Delhi: Sage, 1993.

THOMPSON, G. *Introducting functional grammar.* London: Edward Arnold, 2004.

THOMPSON, J. B. *Ideologia e cultura moderna*: teoria social crítica na era dos meios de comunicação de massa. Trad. Grupo de Estudos sobre Ideologia, Comunicação e Representações Sociais da Pós-Graduação do Instituto de Psicologia da PUC-RS. 5. ed. Petrópolis: Vozes, 1995.

VAN DIJK, T. (Org.).*Discourse studies*: a multidisciplinay introduction. London: Sage, 1997.

VENTURA, C. S. M.; LIMA-LOPES, R. E. de. *O tema*: caracterização e realização em português. [s.l.; s.n., 2002].

WALSH, C. *Gender and discourse*: language and power in politics, the church and organizations. London: Longman, 2001.

WODAK, R. What CDA is about: a summary of its history, important concepts and its developments. In: WODAK, R.; MEYER, M. (Eds.). *Methods of critical discourse analysis*. London: Sage, 2001. p. 1-13.

WOODWARD, K. Identidade e diferença: uma introdução teórica e conceitual. In: SILVA, T. T. da (Org.). *Identidade e diferença*: a perspectiva dos estudos culturais. Petrópolis: Vozes, 2000. p. 73-102.

A recontextualização do ensino de Espanhol no Brasil na linguagem jornalística:

uma análise crítico-discursiva da representação de atores sociais

Ariel Novodvorski

1. Introdução

Este trabalho aborda o momento atual de mudança social e discursiva no Brasil, em relação ao ensino da Língua Espanhola e à valorização da cultura que a circunda. Levando em consideração o longo período de esquecimento e desprestígio vivenciado por essa língua no sistema de ensino brasileiro, o momento atual se encontra marcado por profundas mudanças de atitude diante do Espanhol no Brasil. Em contraste com esse passado não tão remoto, é possível citar, entre outros, sua inclusão no Ensino Médio, após a aprovação da Lei n. 11.161, de 5 de agosto de 2005, que obriga as escolas públicas a se reestruturarem, num prazo de cinco anos, para oferecer o ensino de Espanhol a seus alunos.

O presente artigo retoma, especificamente, o momento prévio à aprovação da lei supracitada, por meio da análise de três textos jornalísticos, em sua versão *on-line*, publicados no Brasil, na Espanha e na Argentina. Os textos se intitulam "Câmara obriga escolas a oferecer Espanhol" (*Folha de S.Paulo*, 8 jul. 2005), "El Instituto Cervantes formará a más de 230.000 profesores para que enseñen español en Brasil" (*El País*, Espanha, 13 jul. 2005) e "Brasil necesitará 230.000 docentes de español" (*La Nación*, Argentina, 23 jul. 2005).

A escolha desses textos esteve motivada, em primeiro lugar, pela intenção de observar o modo como foi retratado o momento prévio à aprovação da lei e, em segundo lugar, pelo interesse de analisar a maneira como foram representados nos textos, a partir dos diferentes países, os atores sociais envolvidos no processo de inserção do Espanhol no Brasil. A escolha desses jornais (*Folha de S.Paulo*, *El País* e *La Nación*) e não de outros residiu em que os três abordaram a questão da lei sobre o ensino de Espanhol no Brasil em datas muito próximas, e poucos dias antes de sua aprovação. Isso permitiu observar o modo como cada jornal construiu a representação dos atores sociais envolvidos no processo, tanto do próprio país do jornal quanto dos outros, em relação à questão da lei.

Para o desenvolvimento da análise, escolheu-se o referencial teórico da Análise Crítica do Discurso, entendida como um campo de estudos interessado pela compreensão de momentos de mudança discursiva e de problemas sociais vigentes, e na qual confluem diversas abordagens com teorias e metodologias próprias. A perspectiva aqui assumida é a proposta por Van Leeuwen (1996), de base hallidayana, para a análise do componente experiencial da metafunção ideacional, especificamente pela aplicação de um inventário de categorias sociossemânticas para a análise da representação de atores sociais.

Aplicam-se, na presente análise, algumas das categorias sociossemânticas de representação propostas por esse autor, na observação de padrões recorrentes de inclusão e exclusão de atores sociais, assim como suas realizações linguísticas, com o intuito de entender o papel desempenhado pela língua na cultura e no mundo social (Halliday, 1978). Este trabalho também busca subsídios na Linguística de *Corpus* (Berber Sardinha, 2004), pelos recursos que esse referencial teórico oferece para a manipulação dos textos, mediante a aplicação de ferramentas do programa *WordSmith Tools*.[1]

Os resultados da análise assinalam a existência de discursos marcadamente mercantilistas em tensão, comprovados pela recorrência de questões econômicas que sobressaem, frequentemente, às questões culturais ou da língua em si. Tanto os professores quanto os alunos são representados, nos textos, como dados estatísticos, como um número, isto é, representados em companhia de quantificadores. Expressões como "230.000 professores", "10 milhões de alunos no Ensino Médio" e "35 milhões no Ensino Fundamental" exemplificam essa quantificação. Segundo Van Leeuwen (1996, p. 49), a prática de representar atores sociais de maneira quantificada cumpre um papel crucial em muitos contextos, sendo utilizada, muitas vezes, com o propósito de produzir uma opinião de consenso.

2. Contextualização

Moreno Fernández (2005, p. 18) caracteriza o início do século XXI como um momento de "bonança, auge e prestígio" para o Espanhol no Brasil. Entre as justificativas sugeridas para enquadrar esse momento de mudança, são apontados a criação do Mercosul (Mercado Comum do Sul) e o processo de integração latino-americana (Moreno

1. Cabe destacar que o presente trabalho, embora não caracterize um estudo sobre a Linguística de *Corpus*, serve-se de alguns de seus pressupostos metodológicos, principalmente pela aplicação da ferramenta *Concord*. Esse procedimento se fundamenta na necessidade de alinhar os textos em função das categorias de análise, possibilitando a leitura das linhas de concordância organizadas por etiquetas que ainda serão descritas, além de um exame minucioso dos dados obtidos.

Fernández, 2005; Daher e Sant'Anna, 1998; Irala, 2004; Moita Lopes, 1999). Segundo Moreno Fernández (2005, p. 17), "a presença do uso e aprendizagem do Espanhol no Brasil do último século, com exceção, talvez, das áreas mais ao sul, foi reduzida e marginal".[2]

Esse autor também destaca o escasso interesse pelo estudo da língua e a pouca importância dada ao Espanhol pelo sistema educativo brasileiro no século XX. Em contrapartida, o autor caracteriza o momento atual como um crescimento que considera "espetacular", configurando uma situação "muito diferente", em suas palavras. Daher e Sant'Anna (1998, p. 106) analisam a relação ensino/cultura do Espanhol no presente momento no Brasil, e observam que está marcada por

> (...) uma situação de mudança: (a) antes: não interessava conhecer essa cultura, porque o espanhol sempre foi visto como língua de pouco prestígio social, cabendo-lhe posicionar-se num plano de valores atrás do inglês e do francês; (b) agora: por vários motivos, que não cabe aqui analisar, passa a constituir-se em objeto de interesse. Haja vista sua inclusão nos concursos de vestibular, na grade curricular do 2º grau e em muitos cursos e a demanda por profissionais que conheçam o idioma.

Moreno Fernández (2005), buscando entender o modo como o Espanhol conquistou esse prestígio no Brasil nos últimos anos, menciona três fatos que considera de notável importância na vida econômica, social e cultural do país, embora apenas cite questões econômicas: a criação do Mercosul, a chegada de grandes empresas de origem espanhola e os estreitos vínculos comerciais com a Espanha. Irala (2004, p. 105-106) analisa as justificativas que fazem referência ao Mercosul, para a obrigatoriedade do ensino de Espanhol no Brasil, e menciona as notícias de otimismo divulgadas em jornais espanhóis. A autora afirma que, "sendo o Mercosul o ponto de referência, é no

---

2. Tradução nossa de: "la presencia del uso y aprendizaje del español en el Brasil del último siglo, exceptuando talvez las áreas más sureñas, ha sido reducida y marginal".

mínimo contraditório que a Espanha seja o país mais interessado na concretização da obrigatoriedade".

Alguns exemplos desse entusiasmo pela aprovação da lei e consequente obrigatoriedade do ensino de Espanhol no Brasil, registrado nos jornais da Espanha, do Brasil e da Argentina, podem ser observados nas seguintes manchetes: "Espanha descobre o petróleo da língua" (*El País*, 24 mar. 2007), "O Banco Santander ensina a falar Espanhol no Brasil" (*El País*, 7 set. 2006), "O Instituto Cervantes formará mais de 230.000 professores para que ensinem Espanhol no Brasil" (*El País*, 13 jul. 2005), "No ensino de Espanhol, dinheiro e prestígio entram em jogo" (*Clarín*, 15 nov. 2004), "Giro de capitais de América Latina, cinco séculos depois" (*Clarín*, 24 nov. 2006)[3] e "Troca de dívida pode favorecer o ensino do Espanhol no Brasil" (*Folha de S.Paulo*, 14 out. 2005).

Nos exemplos anteriores, uma simples observação das escolhas lexicais empregadas já denota a presença de um discurso marcadamente mercantilista, com tendência promocional, se observada a representação feita da Língua Espanhola, associada a petróleo, ao Banco Santander, a uma enorme quantidade de professores por formar, a dinheiro e prestígio, ao giro de capitais, ao favorecimento pela troca da dívida. A Espanha se situa como principal articuladora dos processos, encontrando-se legitimada nas ações dos exemplos citados, a saber: por ser aquela que descobre a riqueza da língua (petróleo), que está autorizada a ensinar a falar Espanhol no Brasil por meio de um banco, que formará professores por meio de seu Instituto Cervantes, assim como na expressão "cinco séculos depois", que retoma um passado mítico de conquista e colonização, aliás, um mito bastante questionado.

Num artigo publicado pelo jornal argentino *Clarín*, as afirmações de Irala (2004) também são comprovadas, ao ser adjudicado à Espanha

3. Tradução nossa de: "España descubre el petróleo de la lengua", "El Banco Santander enseña a hablar español en Brasil", "El Instituto Cervantes formará a más de 230.000 profesores para que enseñen Español en Brasil", "En la enseñanza del español se juegan plata y prestigio", "Giro de capitales de América Latina, cinco siglos después".

o impulso da lei pelo ensino de Espanhol no Brasil. O artigo, que se intitula "O idioma, um passaporte para ganhar mais dinheiro", inicia da seguinte maneira: "Brasil: as vendas de livros em Espanhol alcançariam US$ 1,5 bilhão. Espanha chegou ao Brasil com sua indústria editorial e agora *impulsiona uma lei para o ensino do idioma* tal como se fala na Espanha. Argentina assiste de fora"[4] (*Clarín*, 28 ago. 2000; grifos nossos).

Essa rápida contextualização sobre o passado e o presente do ensino da Língua Espanhola no Brasil suscitou o seguinte questionamento: (a) como estariam representados os atores sociais que participam da mudança social e discursiva, nos textos que abordam a questão do Espanhol no Brasil, em torno da aprovação da Lei n. 11.161, que obriga as escolas de Ensino Fundamental e Médio a oferecer esse conteúdo?; e (b) quais seriam as realizações linguísticas dessas representações, em relação aos interesses mercantilistas em torno do Espanhol no Brasil?

Para responder a essas perguntas, o presente trabalho visa analisar, criticamente, o momento de mudança discursiva apontado, pela observação de um *corpus* linguístico de três notícias, publicadas no Brasil, na Espanha e na Argentina, nos dias prévios à aprovação da Lei n. 11.161.

3. Revisão da literatura

A Análise Crítica do Discurso (ACD), enquanto projeto comum no qual comungam as mais diversas abordagens (Pedro, 1997), pode ser entendida como um corpo disciplinar geral do qual saem diversas vertentes com escolhas teóricas e metodologias próprias. Uma dessas

---

4. Tradução nossa de: "El idioma, un pasaporte para ganar más plata". "Brasil: las ventas de libros en Español alcanzarían US$ 1.500 millones. España llegó a Brasil con su industria editorial y ahora impulsa una ley para la enseñanza del idioma tal como se habla en España. Argentina lo ve desde afuera".

vertentes é a de Van Leeuwen (1993a, p. 193), que entende o discurso como uma forma de ação e também como uma forma de representação das práticas sociais. Segundo esse autor, "a ACD está, ou deveria estar, interessada nesses dois aspectos, tanto no discurso como instrumento de poder e controle, assim como no discurso como instrumento de construção social da realidade".[5]

A escolha teórica feita para a realização desta análise foi a representação de atores sociais, pela aplicação do inventário de categorias sociossemânticas propostas por Van Leeuwen (1996), assim como das realizações linguísticas dessa representação. Na escolha metodológica, a ACD foi assumida em termos aplicados tanto para a compreensão dos momentos de mudança e de problemas sociais vigentes, assim como na tentativa de revelar opacidades discursivas. Entre outros, essa teoria crítica, de base hallidayana, fundamenta-se nos princípios da Linguística Sistêmico-Funcional (LSF) e de sua Gramática Sistêmico-Funcional (GSF), mais especificamente no componente experiencial da metafunção ideacional, uma vez que oferece as categorias de análise necessárias para entender o papel desempenhado pela língua na cultura e no mundo social (Halliday, 1978, 1985; Halliday e Matthiessen, 1999, 2004).

Ao analisar a mídia de massa, Wodak (2004, p. 231) assinala que a linguagem utilizada nesses meios delimita um espaço de poder, de lutas, um espaço de aparente transparência em que os estados das coisas são apresentados de forma desinteressada, servindo para estabilizar e naturalizar significados. Fowler (1991, p. 25) observa que a representação tanto na imprensa como em todos os tipos de mídia e discurso é uma prática construtiva, em que os eventos e as ideias não são comunicados de forma neutra. Os meios de comunicação que transmitem esses eventos e ideias encontram-se imbricados de valores sociais e criam uma perspectiva em potencial sobre os eventos que divulgam.

---

5. Tradução nossa de: "Critical discourse analysis is, or should be, concerned with both these aspects, with discourse as the instrument of power and control as well as with discourse as the instrument of the social construction of reality".

Fowler (1991) interpreta as notícias veiculadas pela mídia como uma forma de representação do mundo pela linguagem. Esta, entendida como código semiótico, impõe uma estrutura de valores sobre tudo o que representa, criando padrões de valorização sobre os fatos, na medida em que é usada nos jornais formando ideias e crenças. Os discursos construídos nas notícias não configuram a reprodução da realidade social, mas a própria construção social da realidade, diz o autor, embora os jornalistas possam acreditar que os fatos que coletam e apresentam estejam isentos de tendências. Fowler (1991, p. 41) indica que os jornais envolvem os eventos que reportam numa linguagem carregada de valor, levando os leitores a assimilar passivamente ideologias e outros.

Van Leeuwen (1993b, p. 76-78) assinala que a notícia é uma das práticas sociais da imprensa enquanto instituição, e que essa prática ocorre em termos de recontextualização.[6] O campo da imprensa, entendido como as diversas atividades sociais que desenvolve, engloba certo número de recontextualizações de outras práticas sociais ou subcampos, próprias de outras instituições, como é a Educação, entre outras. Tais práticas sociais, ao serem recontextualizadas pela imprensa, passam pelo crivo dos jornalistas que selecionam e modalizam essas recontextualizações tanto das instituições como dos sujeitos que nelas atuam, passando a ocupar, já modalizadas, as diferentes seções que compõem os jornais.

Para apresentar a teoria da representação de atores sociais, Van Leeuwen (1996, p. 32) parte do questionamento sobre os modos pelos quais os participantes nos textos poderiam ser representados no discurso em Língua Inglesa, e sobre as escolhas que ofereceria essa língua

---

6. Van Leeuwen (1993b, p.19-20) justifica que utiliza o termo emprestado de Bernstein, e entende que "*campo é prática social recontextualizada*, 'o que as pessoas fazem' transformado no discurso de outra prática institucional diferente daquela em que isso é *feito* de fato, um 'modo de fazer' transformado num 'modo de saber'" (grifos do autor). Tradução nossa de: "*field is recontextualised social practice*, 'what people do' transformed into the discourse of institutional practice other than that in which it is actually *done*, a 'way of doing' transformed into a 'way of knowing'".

para as referências às pessoas. Embora a primeira questão seja gramatical, entendendo a gramática no sentido hallidayano de "potencial de significados", Van Leeuwen justifica que seu ponto de partida não é a análise de operações linguísticas; em lugar disso, o autor se propõe esboçar um inventário sociossemântico dos modos pelos quais os atores sociais podem ser representados nos textos, para depois observar o modo como essas representações se realizam linguisticamente.

A primeira razão apontada por Van Leeuwen (1996), para a adoção desse procedimento, é que a agência sociológica nem sempre é realizada pela agência linguística, pelo papel de agente, e que, se a ACD se restringisse demasiado a operações ou categorias linguísticas específicas, muitos exemplos de agência poderiam ser ignorados. O autor aponta que, ao contrário dos linguistas, que tendem a preservar a unidade das categorias formais, sua tentativa consiste numa abordagem oposta, na expectativa de prover um conjunto de categorias relevantes para investigar a representação dos atores sociais no discurso. Sobre o problema da falta de biunicidade da língua (uma forma, muitos significados, ou um significado, muitas realizações), Van Leeuwen assinala a tentativa de Halliday, com a metáfora gramatical, de conciliar essas perspectivas. Contudo, destaca que os conceitos de "congruência" ou "incongruência" (significados mais literais ou mais metafóricos) pareceriam estar atrelados, para Halliday, mais ao sistema gramatical que à realidade, como Van Leeuwen preferiria.

Na segunda justificativa para a metodologia adotada, o autor expõe que, se os significados são inerentes à cultura, não só a linguagem verbal pode representar ações sociais, mas também a visual. Nesse sentido, apesar de concentrar seu esforço na representação dos atores sociais pela linguagem verbal, o autor sugere que as categorias deveriam ser vistas como pansemióticas, uma vez que

> (...) uma dada cultura (ou um dado contexto dentro de uma cultura) não só possui sua própria e específica ordem de representar o mundo social, mas também seus modos próprios e específicos de representar as diferentes semióticas nessa ordem, de determinar, com maior ou

menor rigor, aquilo que pode ser realizado tanto verbal como visualmente, aquilo que só pode realizar verbalmente, aquilo que só pode realizar visualmente etc.[7] (Van Leeuwen, 1996, p. 34).

Antes de apresentar o quadro de categorias sociossemânticas propostas e de suas diversas possibilidades de realização linguística, Van Leeuwen (1996) comenta que a teoria da representação dos atores sociais é parte de um projeto mais amplo, em que busca mapear os modos como outros elementos de práticas sociais são representados, entre eles, "O gênero e o campo na Análise Crítica do Discurso" (1993a), "A representação da ação social" (1995) e, num trabalho posterior, "A construção do propósito no discurso" (2000). A questão abordada pelo autor poderia ser resumida na tentativa de levantar os modos como as práticas sociais se transformam em discursos acerca dessas mesmas práticas sociais.

O inventário proposto por Van Leeuwen parte das categorias de *Inclusão* e *Exclusão*, às quais um ator social, representado ou não num dado texto, está sujeito. Na Figura 1, apresenta-se o recorte realizado na teoria, ilustrando as categorias sociossemânticas que serão aplicadas nas análises que compõem este artigo. Em primeiro lugar, proceder-se-á à explicação dos modos de leitura da rede de sistemas e, em particular, das categorias adotadas, para depois conceituá-las.

Os números correspondem aos níveis de análise, assim, quanto mais se avança no nível de delicadeza (*delicacy*), maior é o nível de especificidade no sistema. Dada uma condição de entrada, um ator social pode estar incluído ou excluído (1) e, neste último caso, a *Exclusão* pode ocorrer por *Supressão* ou *Encobrimento* (2). A categoria de *Inclusão* subdivide-se em *Ativação* ou *Apassivação* (3). A *Apassivação*, por sua vez, subdivide-se em *Sujeição* e *Beneficiação* (4). Tanto a *Ati-*

7. Tradução nossa de: "a given culture (or a given context within a culture) has not only its own, specific array of ways of representing the social word, but also its own specific ways of mapping the different semiotics onto this array, of prescribing, with greater or lesser strictness, what can be realised verbally as well as visually, what only verbally, what only visualy, and so on".

vação quanto a *Sujeição* podem ser realizadas por *Participação, Circunstanciação* ou *Possessivação* (5). Na rede de sistemas, os colchetes devem ser lidos como escolhas de um "ou" outro, e as chaves como opções de um "e" outro.

Figura 1 A Representação dos atores sociais no discurso. Rede de sistemas do recorte

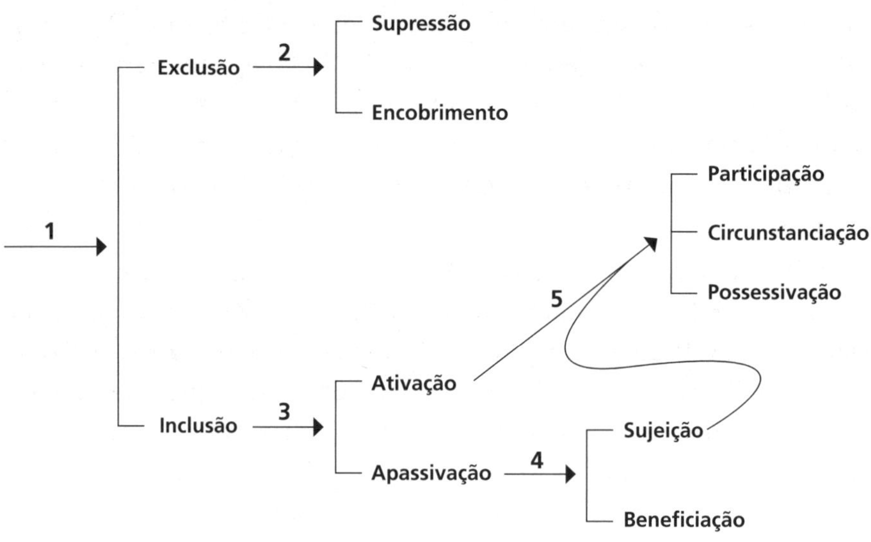

Durante os estudos e a aplicação do quadro de trabalho nas análises preliminares, observou-se a necessidade de alterar, na rede de sistemas tal como apresentada por Van Leeuwen (1996, p. 66), tanto a localização das categorias *Participação, Circunstanciação* e *Possessivação*, ligadas, no quadro original, diretamente à categoria de *Inclusão* com o número (4), como a ordem de sua aparição.

Essas categorias foram relacionadas, como se pode observar na Figura 1, à *Ativação* e à *Sujeição*, por serem as formas de manifestação dessas. Por exemplo, um ator incluído por *Apassivação* e *Sujeitado* pode ter sua ocorrência por *Circunstanciação*. Em função da sequência em que as categorias aparecem, então, houve também uma alteração no número dessa série, mudando de (4) para (5). Outra observação necessária, aqui, é que se adotou outra tradução para alguns termos da teoria de Van Leeuwen, em relação à tradução de Pedro (1997) feita para o português de Portugal.[8]

Segundo Van Leeuwen (1996, p. 38), "as representações incluem ou excluem atores sociais, para servir seus interesses e propósitos em relação aos leitores a que se dirigem".[9] Dessa maneira, se por um lado algumas exclusões poderiam ocorrer em função de um pressuposto conhecimento prévio do leitor, por outro lado, outras exclusões poderiam decorrer de estratégias e finalidades específicas. A única maneira de resgatar exclusões radicais, a ponto de não deixarem marcas na representação, segundo Van Leeuwen, é por meio da comparação crítica de diferentes representações de uma mesma prática social. Assim, a análise de publicações e a produção multilingue de orientações diversas e sobre um mesmo assunto proveem um material substancioso para a pesquisa crítica de um momento de mudança social e discursiva.

A *Exclusão* pode ocorrer por *Supressão* ou por *Encobrimento*. Se o que constitui o primeiro caso é a não referência em nenhuma parte do texto ao(s) ator(es), no outro caso, a referência aos participantes é pouco visível, encontrando-se num segundo plano. As realizações linguísticas dessas categorias, apontadas para a Língua Inglesa e que se aplicaram ao Português e ao Espanhol, são o apagamento do agente da passiva (exemplo 1), as orações infinitivas (exemplo 2), o apagamento dos beneficiários (exemplo 3), as nominalizações ou nomes processuais (exemplo 4), adjetivos indicadores de julgamento de valor (exemplo 5) e, pela perspectiva da ergatividade, a voz média (exemplo 6).[10]

---

8. Basicamente, dentro do recorte adotado para esta pesquisa, as diferenças com a tradução de 1997 consistiram em traduzir *Passivation* como *Apassivação*, em lugar de *Passivação*; *Circumstancialization* como *Circunstanciação*, em lugar de *Circunstancialização*; e *Beneficialization* como *Beneficiação*, em lugar de *Beneficialização*.

9. Tradução nossa de: "Representations include or exclude social actors to suit their interests and purposes in relation to the readers for whom they are intended".

10. Os exemplos foram retirados do próprio *corpus* da presente análise.

(1) O projeto *será sancionado* (transformado em lei).
(2) Políticas *a seguir para difundir* el castellano.
(3) Las expectativas que *abre* la histórica ley.
(4) Tras la *aprobación* por el Parlamento de aquel país de una ley.
(5) Abre un *enorme y atractivo* mercado laboral.
(6) Para *a medida* entrar em vigor, falta agora a sanção do presidente.

A *Inclusão* pode ocorrer por *Ativação* (exemplo 7) ou por *Apassivação* (exemplo 8), isto é, atores representados com papéis de *agentes*, ativos e dinâmicos, em função de uma dada atividade, ou como *pacientes*, submetendo-se ou recebendo uma dada ação.

(7) *A Câmara de Deputados* aprovou projeto de lei.
(8) El Instituto Cervantes formará *a más de 230.000 profesores.*

A *Apassivação* precisa de uma distinção entre *Sujeição*, ator social *sujeitado*, e *Beneficiação*, ator social *beneficiado*. No primeiro caso, os atores sociais são o alvo da ação, tratados como objetos intercambiáveis na representação; os segundos se beneficiam de algo, positiva ou negativamente. Tanto a *Ativação* quanto a *Sujeição* ocorrem por *Participação* (exemplos 9 e 10), *Circunstanciação* (exemplos 11 e 12) ou *Possessivação* (exemplos 13 e 14). A *Beneficiação* (exemplo 15) somente ocorre por *Participação*.

(9) *O projeto* obriga as escolas públicas (ativado por participação).
(10) Se contempla que los profesores extranjeros, entre ellos los argentinos, puedan formar allí *a sus pares brasileños* (sujeitado por participação).
(11) Tras la aprobación *por el Parlamento de aquel país* (ativado por circunstanciação).
(12) Informó que se abrirán siete centros *en el país brasileño* (sujeitado por circunstanciação).

(13) Falta agora a sanção *do presidente Luiz Inácio Lula da Silva* (ativado por possessivação).

(14) Pero los formadores en español *de esos maestros brasileños* (apassivado por possessivação).

(15) Será una materia optativa *para 10 millones de alumnos* (beneficiação).

Em relação aos exemplos (13) e (14), em que se ilustram tanto uma *Ativação* quanto uma *Apassivação*, ambas realizadas por *Possessivação*, Van Leeuwen (1996, p. 44) observa que a pré-modificação e a pós-modificação de nominalizações ou nomes processuais são recursos para *Ativar* ou *Apassivar* um ator social. O autor aponta que uma forma frequente dessa realização, na Língua Inglesa, é o uso de um pronome possessivo ou de uma frase preposicional com "de" (*of*) pós-modificando uma nominalização ou nome processual.

Perini (1996, p. 333-334) observa, numa abordagem descritiva da Língua Portuguesa, que um sintagma nominal não pode ser modificador, uma vez que "A palavra *de* tem a propriedade de converter um SN em SAdj, dando-lhe, assim, a possibilidade de funcionar como modificador", mas não aborda se uma frase preposicionada com *de* configuraria um caso de possessivação.

Neves (2000, p. 473-474), numa abordagem funcional da Língua Portuguesa e baseada em *corpus*, destaca que "a expressão da *relação possessiva* pode ser operada não apenas pelo elemento formalmente *possessivo*" (grifos da autora). A autora nota que as construções "*de + substantivo, de + pronome pessoal* e *de + pronome de tratamento*" também configuram relações possessivas. Seguindo, assim, os critérios observados e descritos por Van Leeuwen para a Língua Inglesa e por Neves para o Português, aplicamos tal embasamento nas análises dos textos nas Línguas Portuguesa e Espanhola.

Na próxima seção, será apresentada a análise do *corpus* linguístico, precedida de uma breve explicação sobre a escolha, preparação e leitura do *corpus* com as ferramentas do programa *WordSmith Tools.*

4. Análise do *corpus* linguístico

4.1 Escolha do corpus

Para a presente análise, foram utilizados três artigos publicados *on-line* pelos jornais *Folha de S.Paulo* (Brasil), *El País* (Espanha) e *La Nación* (Argentina). Na Tabela 1, apresentam-se os dados que identificam os textos utilizados nesta análise, referentes às manchetes, seção, data da publicação e quantidade de palavras de cada um, em número de ocorrências (*tokens*) e de tipos (*types*).

Tabela 1 *Corpus* de análise

JORNAL	MANCHETE	SEÇÃO	DATA DE PUBLICAÇÃO	OCORRÊNCIAS/ TIPOS
Folha On-line (Brasil)	Câmara obriga escolas a oferecer Espanhol	Educação	8/7/2005	359/187
El País (Espanha)	El Instituto Cervantes formará a más de 230.000 profesores para que enseñen Español en Brasil	Cultura	13/7/2005	426/200
La Nación (Argentina)	Brasil necesitará 230.000 docentes de Español	Cultura	23/7/2005	1.158/418

A análise se concentra na forma como está representada a experiência do mundo, tanto exterior quanto interior, nos textos, pela realização do componente experiencial da metafunção ideacional (Halliday e Matthiessen, 2004), numa abordagem crítica de base sistêmico-funcional. O referencial teórico utilizado segue a proposta de Van Leeuwen (1996) para a análise da representação dos atores sociais. O quadro de análise proposto por esse autor foi delimitado, neste trabalho, à observação das primeiras cinco categorias da rede de sistemas (ver Figura 1), uma vez que a aplicação da totalidade das categorias demandaria um espaço que não se possui neste capítulo.

Tal como apontado por Van Leeuwen (1996, p. 41), observou-se, também, a necessidade de agrupar, sob um mesmo denominador comum, as diversas referências feitas a um mesmo ator social. Os atores sociais observados nos textos, que se mostraram relevantes para esta análise, encontram-se agrupados nos seguintes denominadores: BRASIL, ESPANHA, ARGENTINA, AMÉRICA LATINA, IDIOMA, LEI e MERCOSUL. Durante o desenvolvimento deste trabalho, decidiu-se concentrar o foco de atenção, principalmente, nas ocorrências para os três primeiros grupos (BRASIL, ESPANHA e ARGENTINA), por serem os mais representados nos textos, portanto, os exemplos que serão apresentados somente correspondem a esses participantes.

4.2 Preparação e marcação do corpus

Os textos foram coletados via *Internet*, e se encontravam disponíveis, em sua versão *on-line*, no momento da escrita do presente capítulo. Um critério adotado e respeitado para a busca dos textos nos jornais foi que seu acesso fosse irrestrito, isto é, que não houvesse necessidade de possuir uma assinatura ou algo similar para conseguir os textos.

O primeiro procedimento com os textos, depois de coletados, lidos e selecionados em função da temática adotada, consistiu em transformá-los, tal como alojados na *Internet* (*.html*), em documentos do programa *Word* (*.doc*). O procedimento posterior correspondeu à anotação manual do *corpus* com etiquetas representativas das categorias sociossemânticas propostas por Van Leeuwen (1996) e adotadas para a presente análise.

A título de exemplo, no Quadro 1, são apresentadas as etiquetas (*tags*) utilizadas para anotar a representação do BRASIL nos textos. As etiquetas foram situadas imediatamente depois do termo analisado, ou em seu lugar (em caso de elipse, encobrimento ou supressão), dentro de parênteses angulares <>. A finalidade desse tipo de marcação consiste em preparar o *corpus* de análise para a leitura com o programa de computador *WordSmith Tools*.

Esse programa oferece, entre outros recursos, a ferramenta *Concord*, que permite estabelecer linhas de concordância para a observação de padrões de ocorrência, segundo os propósitos norteadores da pesquisa e critérios adotados. Para que o *corpus* se torne acessível ao programa, ainda é necessária a conversão dos textos em formato somente texto (*.txt*). Os elementos constituintes das etiquetas são, respectivamente, o ator social representado, a *Ativação* (AT) ou *Apassivação* (AP) e, no caso de apassivação, caracteriza-se *Sujeição* (SUJ) ou *Beneficiação* (BENEF). Nas etiquetas, ainda é especificado se a representação ocorre por *Participação* (PART), *Circunstanciação* (CIRC) ou *Possessivação* (POS).

Quadro 1 Etiquetas utilizadas para a marcação do *corpus* (exemplo)

<BRASIL: AT: PART>	<BRASIL: AP: SUJ: CIRC>
<BRASIL: AT: CIRC>	<BRASIL: AP: SUJ: POS>
<BRASIL: AT: POS>	<BRASIL: AP: BENEF>
<BRASIL: AP: SUJ: PART>	<BRASIL: ENCOBRIMENTO>
<SUPRESSÃO>	

4.3 Levantamento, apresentação e análise dos dados

Após a leitura minuciosa do *corpus* e a observação das instâncias de *Inclusão* e *Exclusão* dos atores sociais, procedeu-se ao levantamento dos dados. A seguir, os dados são apresentados quantitativamente na Tabela 2 e analisados, seguindo a sequência das categorias escolhidas para esta análise, conforme a Figura 1, e a ordem cronológica da publicação dos textos.

Na Tabela 2, utiliza-se: AT para *Ativação*; AP para *Apassivação*; e ENC para *Encobrimento*.

Tabela 2 Número de ocorrências dos atores sociais nos textos analisados

ATORES SOCIAIS	TEXTO 1 (BRASIL)			TEXTO 2 (ESPANHA)			TEXTO 3 (ARGENTINA)		
	AT	AP	ENC	AT	AP	ENC	AT	AP	ENC
Brasil	23	17	6	2	4	1	22	38	10
Argentina	—	—	—	24	11	14	5	4	1
América Latina	—	—	—	—	—	—	17	17	8
Idioma	2	11	—	—	—	—	—	5	—
Lei	9	7	—	1	1	—	7	4	—
Mercosul	—	1	—	—	—	—	—	—	—

4.3.1 Supressão *versus* Encobrimento

No Texto 1, não se observou nenhum caso de *Supressão*. Os casos de *Encobrimento* corresponderam ao BRASIL, em expressões como, por exemplo,

(16) O projeto será *sancionado* (*transformado* em lei).

em que o *Encobrimento* é realizado, linguisticamente, pelo apagamento do agente da passiva, não constituindo um caso de *Supressão*, uma vez que é possível retomar a agência de quem pode sancionar e transformar o projeto em lei.

No Texto 2, houve apenas uma *Supressão*:

(17) Al *ser preguntado* por el programa de las jornadas, que se desarrollarán en el Pazo de Mariñán hasta el viernes, Molina afirmó que se estudiarán "nuevas estructuras de trabajo y también de actuación".

Esse exemplo configura um caso de *Supressão*, pois não é possível retomar quem faz a pergunta a Molina. Em 14 dos casos de *Encobrimento*, as referências corresponderam ao grupo ESPANHA e, em 1 caso, ao BRASIL. Entre os exemplos observados estão:

(18) Molina asistió ayer en A Coruña a la inauguración de la reunión de los directores de los centros del Instituto Cervantes en el extranjero, en la que informó de que *se abrirán* siete centros en el país brasileño, así como otras inauguraciones como las previstas en Praga o en el continente asiático, tomando como punto de referencia el nuevo centro de Pekín.

(19) Con las nuevas *aperturas*, la institución pasará a contar con más de sesenta centros, lo que supone un *crecimiento* en más de veinte delegaciones. En este *proceso de expansión*, el director del Instituto ha señalado la importancia de los más de dos mil trabajadores com los que, en total, cuenta el Cervantes.

(20) En el seminario se analizarán también las políticas *a seguir para difundir* el castellano y las lenguas co-oficiales.

Além do apagamento do agente da passiva no exemplo (18), em "se abrirán", o Instituto Cervantes é o ator encoberto, ou seja, a quem cabe a abertura dos centros. O exemplo (19) ilustra a realização linguística do *Encobrimento*, por meio de nominalizações ou nomes processuais. Nesses exemplos, também é possível resgatar o Instituto Cervantes, ao qual se atribuem, na representação por *Encobrimento*, as aberturas dos novos centros, o crescimento e o processo de expansão.

Algo similar ocorre no exemplo (20), mas, dessa vez, a realização é feita por orações infinitivas. Poder-se-ia perguntar, quem irá seguir as políticas com o propósito de difundir o castelhano? E quais são essas políticas? O Texto 2, por outra parte, não fez nenhuma menção aos países vizinhos nem à América Latina, embora tenha *incluído* o comentário de que, além dos sete centros que se abrirão no Brasil, também haverá inaugurações em Praga e em Pequim. A representação que o Texto 2 fez do Brasil foi escassa e, principalmente, por *Apassivação* e *Circunstanciação*.

No Texto 3, os casos de *Supressão* observados foram caracterizados, entre outros, por avaliações que introduzem julgamentos de valor, mas sem especificar quem é que acha, por exemplo, "interesante" e "promisorio" o mercado editorial, ou que o crescimento seja "verosímil". Além desses exemplos, que ilustram a realização por meio de adjetivos, também se pode notar o apagamento de beneficiário em "Brasil también *abre* um interesante mercado editorial", em que o ator que se beneficia com isso não foi incluído. O Quadro 2, importado do programa *WordSmith Tools*, apresenta as linhas de concordância pelo nódulo SUPRESSÃO. A realização da *Supressão*, por meio de adjetivos, pode ser observada nas linhas de concordância 1, 8 e 11, e o apagamento de beneficiário na linha 3.

O Quadro 3, apresentado a seguir, também traz as linhas de concordância do programa *WordSmith Tools*, alinhadas com a categoria ENCOBRIMENTO, e precedida pelo denominador que identifica qual é o grupo encoberto.

Quadro 2 Linha de concordância com a categoria SUPRESSÃO (Texto 3)

N	CONCORDANCE
1	ART> también abre <SUPRESSÃO> un interesante <SUPRESSÃO> mercado editorial, pues -como dice F
2	IRC>, como ya se lo <LEI: AP: SUJ: PART> conoce <SUPRESSÃO> abre, según dijo el ministro Daniel Fi
3	ue ofrece Brasil <BRASIL: AT: PART> también abre <SUPRESSÃO> un interesante <SUPRESSÃO> mer
4	rofesores. Convenio ¿Cómo podrá capacitarse <SUPRESSÃO> a tantos educadores que ahora serán
5	tos escolares, es verosímil <SUPRESSÃO> esperar <SUPRESSÃO> un crecimiento de una demanda de o
6	untapié inicial sería a fin de mes? Porque se estima <SUPRESSÃO> que a partir de esa fecha el president
7	: SUJ: CIRC> y Europa. No es descabellado pensar <SUPRESSÃO> a mediano plazo, en un Brasil biling
8	RGENTINA: AP: SUJ: POS> se suma un promisorio <SUPRESSÃO> crecimiento para el mercado editorial
9	español <IDIOMA: AP: SUJ: PART> para satisfacer <SUPRESSÃO> la demanda de los 10 millones de est
10	nseñarlo <IDIOMA: AP: SUJ: PART>. Se calcula <SUPRESSÃO> en unos 230.000 los profesores de e
11	modo que además de textos escolares, es verosímil <SUPRESSÃO> esperar <SUPRESSÃO> un crecimie

Quadro 3 Linha de concordância com a categoria ENCOBRIMENTO (Texto 3)

N	CONCORDANCE			
1	iñuales. En un año lectivo se capacita	<ARGENTINA:	ENCOBRIMENTO >	un promedio de 250 estudiantes
2	) <ARGENTINA: AP: SUJ: CIRC>, para	<ESPANHA:	ENCOBRIMENTO >	unir voluntades en busca de un c
3	ION <ARGENTINA: AT: CIRC> se precisan	<BRASIL:	ENCOBRIMENTO >	aproximadamente 230.000 profeso
4	P: SUJ: PART>. Aún hay que articular	<ARGENTINA:	ENCOBRIMENTO >	los mecanismos. Hay que espera
5	RASIL: AP: BENEF> para la incorporación	<BRASIL:	ENCOBRIMENTO >	de profesores de español <IDIOM
6	BRASIL: AP: SUJ: CIRC>, y se contempla	<BRASIL:	ENCOBRIMENTO >	que los profesores extranjeros, e
7	tivo en marzo de 2006, se instrumente	<ARGENTINA:	ENCOBRIMENTO >	un sistema de enseñanza semipr
8	de español <IDIOMA: AP: SUJ: POS>.	<IDIOMA:	ENCOBRIMENTO >	Será una materia optativa para 10
9	: SUJ: CIRC> la obligatoriedad de enseñar	<BRASIL:	ENCOBRIMENTO >	el español <IDIOMA: AP: SUJ: P
10	>. La ley <LEI: AT: PART> sancionada	<BRASIL:	ENCOBRIMENTO >	en Brasil <BRASIL: AP: SUJ: CI
11	0> los mecanismos. Hay que esperar	<ARGENTINA:	ENCOBRIMENTO >	todavía. No olvidemos <ARGENTI
12	ño <BRASIL: AT: PART> prevé la creación	<BRASIL:	ENCOBRIMENTO >	de centros de enseñanza de esp
13	os educadores que ahora serán necesarios	<BRASIL:	ENCOBRIMENTO >?	Filmus <ARGENTINA: AT: PAR
14	teatro. En el segundo, sólo se enseña	<ARGENTINA:	ENCOBRIMENTO >	metodología y gramática. Seg
15	RASIL: AP: SUJ: CIRC>. Para formar	<ARGENTINA:	ENCOBRIMENTO >	a esos educadores <IDIOMA: AP
16	<BRASIL: AP: SUJ: CIRC> para satisfacer	<BRASIL:	ENCOBRIMENTO >	la demanda del castellano <IDIO
17	UJ: CIRC>, abre un enorme y atractivo	<ARGENTINA:	ENCOBRIMENTO >	mercado laboral para miles de pr

Entre os exemplos, pode-se citar a presença de processos existenciais em relação hipotática com orações infinitivas, denotando obrigação, mas sem deixar muito claro quem é que se encontra obrigado (linhas 4 e 11 do quadro 3):

(21) Aún *hay que articular* los mecanismos.

(22) *Hay que esperar*_todavía.

Observou-se, também, a realização por nominalizações (linhas 5 e 11 do Quadro 2) e por adjetivos (linha 17 do Quadro 3):

(23) No olvidemos que la ley concede un plazo de cinco años a las instituciones educativas para la *incorporación* de profesores de español.

(24) Según fuentes de la embajada del Brasil en nuestro país, el Ministerio de Educación brasileño prevé la *creación* de centros de enseñanza de español en ese país, y se contempla que los profesores extranjeros, entre ellos los argentinos, puedan formar allí a sus pares brasileños.

(25) La novedad, fruto de la decisión del Congreso de Brasil, que sancionó por ley la obligatoriedad de enseñar el español en todos los establecimientos primarios y secundarios, abre un *enorme* y *atractivo* mercado laboral para miles de profesores de español en América Latina y, especialmente, en la Argentina.

Nesses exemplos caberiam as seguintes perguntas: quem é que incorpora os professores e cria os centros de ensino, e quem é que avalia o mercado de trabalho como enorme e atrativo? Podem-se deduzir os agentes nesses processos, mas, pelos papéis gramaticais que lhes foram atribuídos, nos textos, eles se encontram como um pouco apagados, em segundo plano.

4.3.2 Ativação *versus* Apassivação

No Texto 1, as representações do BRASIL por *Ativação* ocorreram, em sua maioria, por *Participação* (21 vezes) e em apenas duas ocorrências por *Possessivação*. Os atores sociais ativados por Participação corresponderam, principalmente, a membros ou órgãos do governo: Câmara de Deputados, Ministro da Educação, deputados, presidentes de federações e de sindicatos de estabelecimentos de ensino.

(26) A *Câmara dos Deputados* aprovou projeto de lei que obriga as escolas públicas e privadas a oferecer a Língua Espanhola no Ensino Médio como disciplina optativa.

(27) O *ministro Tarso Genro* (Educação) disse ontem que a aprovação da medida reforça o projeto *das escolas bilíngues* implantadas nos Estados que fazem fronteira com países de Língua Espanhola, como os da região Sul do país.

Por *Apassivação* e *Sujeição* houve 17 ocorrências com o BRASIL, distribuídas em 6 referências por *Participação*, 9 por *Circunstanciação* e 2 por *Possessivação*. Entre os participantes apassivados sujeitados, os mais recorrentes foram as escolas, "obrigadas" a oferecer o ensino de Espanhol.

(28) José Antonio Teixeira elogiou a medida por "de certa forma tirar *o Brasil* do isolamento".

(29) O ministro Tarso Genro disse ontem que a aprovação da medida reforça o projeto *das escolas bilíngues* implantadas nos Estados que fazem fronteira com países de Língua Espanhola, como os da região Sul do país.

O presidente Luiz Inácio Lula da Silva teve duas ocorrências no texto, ambas por *Possessivação*. Na primeira encontra-se ativado, por ser pós-modificador da nominalização "sanção", com papel gramatical de agente, pois é o que falta, e, na segunda ocorrência, o presidente do Brasil encontra-se *apassivado*, funcionando como pós-modificador de "veto", com papel paciente enquanto existente de um processo existencial.

(30) Para a medida entrar em vigor, falta agora a sanção *do presidente Luiz Inácio Lula da Silva*. Se não houver veto *presidencial* em 15 dias, o projeto será sancionado (transformado em lei).

Ainda no Texto 1, cabe salientar que a AMÉRICA LATINA foi pouco representada e o MERCOSUL teve sua única ocorrência observada nos três textos.

(31) O ministro Tarso Genro disse ontem que a aprovação da medida reforça o projeto das escolas bilíngues implantadas nos Estados que fazem fronteira com *países de Língua Espanhola*, como os da região Sul do país.

(32) O deputado Átila Lira (PSDB-PI), autor do projeto, afirma que o Brasil "tornou-se uma ilha", já que é cercado por *países que falam Espanhol*.

(33) Para justificar a medida, ele [autor do projeto] cita também a "consolidação do *Mercosul*".

Em relação à Espanha, a única referência esteve associada a questões econômicas, de negociação de uma dívida que haveria com esse país, como se pode observar no exemplo abaixo:

(34) Para ele, a lei também pode facilitar as negociações com a *Espanha* para conversão de parte da dívida externa em investimentos em Educação, uma proposta que Tarso defende.

Ao comparar o modo como representaram o Brasil os Textos 2 e 3, observou-se uma discrepância, em primeiro lugar, pelo número de ocorrências. O jornal espanhol incluiu apenas seis vezes o Brasil, e principalmente *Apassivado* e por *Circunstanciação*. O jornal argentino *La Nación* chegou a representar o Brasil mais que a própria Argentina, atribuindo-lhe papéis *Ativados* e por *Participação*.

(35) La sanción de la ley del español en Brasil, como ya se lo conoce, abre, según dijo el ministro Daniel Filmus *a LA NACION*, "un panorama importante *para los docentes argentinos* que estén dispuestos a formar a docentes brasileños".

No exemplo anterior, observam-se 2 dos 3 exemplos de *Beneficiação* encontrados no Texto 3. No primeiro caso, *La Nación* é *Recebedor* num processo verbal, pois é a quem se dirige o Ministro da Educação argentino. Mais adiante, os docentes argentinos se beneficiam pelo "importante panorama que abre a sanção da lei".

(36) El *Instituto Cervantes* formará a más de 230.000 profesores para que enseñen Español en Brasil. [Texto 2]

(37) *Brasil* necesitará 230.000 docentes de español. [Texto 3]

Em relação aos exemplos anteriores (36 e 37), correspondentes às manchetes das notícias dos Textos 2 e 3, simultaneamente, pode-se observar que, enquanto no primeiro já é dada a formação dos professores ao Instituto Cervantes, no Texto 3 a informação é apresentada de outra maneira, sendo o Brasil aquele que precisa dos docentes. Outra observação importante, em relação à comparação desses exemplos, é que o jornal argentino cita o Instituto Cervantes como a fonte que forneceu a informação da quantidade de professores que o Brasil precisa; no jornal espanhol, esses dados são oferecidos sem nenhuma citação de procedência, como algo já dado e simplesmente inquestionável.

No Texto 2, os atores sociais *Ativados* por *Participação* e agrupados pelo denominador ESPANHA corresponderam, em sua totalidade (22 ocorrências), ao Instituto Cervantes e às declarações de seu diretor

César Antonio Molina. Outros atores sociais, tais como países vizinhos que falam Espanhol, Mercosul e América Latina foram *suprimidos* nos textos. No Texto 3, os atores sociais sob o rótulo ARGENTINA, que receberam papéis *Ativados* por *Participação*, corresponderam aos docentes e profissionais argentinos que quisessem trabalhar na formação de seus pares brasileiros, ao Ministério da Educação argentino e a seu ministro Daniel Filmus.

Por último, nos exemplos (38, 39 e 40), a atenção é focada nos modos como cada um dos três textos, respectivamente, registrou os momentos prévios à aprovação da lei sobre o ensino de Espanhol no Brasil. Cada jornal fez sua escolha na representação da experiência sobre o assunto, resultando em duas nominalizações nos Textos 1 e 2: a sanção do presidente é o que falta para que a medida entre em vigor, e a aprovação pelo Parlamento brasileiro de uma lei sobre a oferta do Espanhol, que ocorreu após o anúncio do diretor do Instituto Cervantes sobre os 230.000 professores que, teoricamente, essa instituição formaria. Esses papéis gramaticais reduzem a agência dos atores sociais envolvidos no processo de aprovar a lei, pois, embora *Ativados*, sua ocorrência realizou-se por *Possessivação* (38) e por *Circunstanciação* (39). O presidente brasileiro, no exemplo (40), configura um caso de *Ativação* por *Participação*, tendo, portanto, sua agência mantida, uma vez que configura o papel de ator no processo de promulgar a lei.

(38) Para a medida entrar em vigor, falta agora *a sanção do presidente Luiz Inácio Lula da Silva*. Se não houver veto presidencial em 15 dias, o projeto será sancionado (transformado em lei) (*Folha de S.Paulo*, Brasil, 8 jul. 2005).

(39) El director del Instituto Cervantes, César Antonio Molina, anunció ayer que la institución formará a más de 230.000 profesores que impartirán clase en Brasil, tras *la aprobación por el Parlamento de aquel país de una ley* que obliga a los centros de secundaria a ofrecer la enseñanza del español (*El País*, Espanha, 13 jul. 2005).

(40) ¿Por qué el puntapié inicial sería a fin de mes? Porque se estima que a partir de esa fecha *el presidente Luiz Inacio Lula da Silva promulgará la norma sancionada*, con la presencia en Brasil del ministro Filmus (*La Nación*, Argentina, 23 jul. 2005).

4.4 Discussão dos dados e conclusão

Os textos analisados, apesar da diferença quantitativa de ocorrências de palavras (359, 426 e 1.158, respectivamente), representaram equilibradamente os atores sociais correspondentes aos próprios países de origem dos jornais. Assim, o texto da *Folha de S.Paulo* contabilizou um total de 46 representações para o BRASIL, o texto do *El País* teve 49 registros para a ESPANHA e *La Nación* apresentou 42 ocorrências para a ARGENTINA. No entanto, houve uma diferença quantitativa ao comparar a representação que os jornais espanhol e argentino fizeram do BRASIL. Enquanto *La Nación* incluiu o Brasil 70 vezes, *El País* o fez somente sete vezes. Isso leva a concluir, a princípio, que a função do texto espanhol tenha sido discorrer sobre as ações de expansão do Instituto Cervantes no Brasil, legitimando essa instituição por meio de diversos argumentos de autoridade de seu diretor, haja vista que todas as ocorrências para ESPANHA corresponderam ao Cervantes, sempre *Ativado* e por *Participação*. Essas escolhas denotam a força que essa instituição detém, ou que se espera que venha a deter, no processo de inserção do Espanhol no Brasil.

Por outra parte, o jornal argentino representou o Brasil suficientemente, tanto com papéis *Ativados* como *Apassivados*, registrando o momento que vive esse país com a iniciativa de aprovar a lei sobre a obrigatoriedade do Espanhol, retratando a oportunidade que isso significa para os docentes argentinos, mas deixando claro que eles poderão atuar apenas na formação de seus pares brasileiros, pois o sistema educativo do Brasil exige que os professores sejam locais. Se, no caso do jornal espanhol, o Instituto Cervantes é legitimado como o órgão autorizado para a formação dos mais de duzentos mil professores de Espanhol para o Brasil, um número que simplesmente aparece no jornal *El País*, sem nenhuma indicação de fonte, nem tampouco aparece no artigo quem é que autoriza essa instituição para tal façanha, no jornal argentino, a principal instituição incluída desse país é o Ministério da Educação, além dos professores argentinos. Aliás, a oportunidade de trabalho, como reza no jornal *La Nación* e segundo as palavras do próprio Ministro da Educação argentino, é "un panorama importante para los docentes argentinos que estén dispuestos a formar docentes brasileños". Ao referir a quantidade de professores que o Brasil necessitará (230.000), o jornal atribui esse número aos cálculos do Instituto Cervantes.

Os exemplos apresentados nestas análises preliminares delineiam o que entendemos, aqui, juntamente com Del Valle e Villa (2005, p. 197), como um momento de promoção do Espanhol no Brasil, marcado por um discurso fortemente mercantilista. De certa maneira, as análises respondem às perguntas iniciais que motivaram esta pesquisa, denotando a existência de questões econômicas recorrentes e que sobressaem, frequentemente, às questões culturais ou da língua em si. Por exemplo, os professores e alunos potenciais foram representados como um dado estatístico, um número, sempre quantificados, configurando um caso de *Agregação*, segundo Van Leeuwen (1996, p. 49-50), pois a representação ocorre pela presença de quantificadores. Expressões como 230.000 professores, 10 milhões de alunos no Ensino Médio e 35 milhões no Ensino Fundamental dão conta disso. Segundo Van Leeuwen (1996, p. 49), essa prática tem um papel crucial em muitos contextos, sendo utilizada, muitas vezes, para produzir uma opinião de consenso.

Outro exemplo de *mercantilização* (Fairclough, 2001b) no discurso, sobre a importância da aprovação da lei no Brasil, está registrado no texto da *Folha de S.Paulo*, com os comentários do ministro da Educação na época, Tarso Genro, ao afirmar que "a lei pode facilitar as *negociações* com a Espanha para a conversão de parte da *dívida externa* em *investimentos* em Educação" (grifos nossos). Cabe ressaltar que essa foi a única inclusão observada do denominador ESPANHA no artigo do jornal brasileiro. Nesse texto, afirma-se sobre a necessidade de tirar o Brasil do isolamento, por ter-se tornado uma ilha cercada de países que falam a Língua Espanhola; mas resulta contraditório, a partir dessa justificativa, que haja uma intenção de negociar com a Espanha parte da dívida externa, com um registro no texto, e nenhuma referência aos países com quem o Brasil faz fronteira.

Em função do exposto, pode-se destacar a necessidade de um olhar mais atento e crítico diante das notícias entusiastas que chegam, principalmente, da Espanha. Pareceria ser que o momento se caracterizaria marcado por uma política linguística de promoção do Espanhol no Brasil, de cunho mercantilista, cabendo chamar a atenção sobre interesses de poder e econômicos que entram em jogo e permanecem opacos, às vezes, sob a máscara da linguagem.

Este capítulo proporcionou uma recontextualização da representação da experiência na inserção do Espanhol no Brasil. Mediante a análise de três textos publicados nos dias prévios à aprovação da lei, foi possível constatar tanto o foco e a pertinência desta pesquisa, como a aplicabilidade do referencial teórico apresentado. A análise realizada é apenas uma leitura crítica de um momento de mudança social e discursiva em torno do Espanhol no Brasil, não constituindo a única interpretação possível, nem se fechando a futuras contribuições.

Referências

BERBER SARDINHA, T. *Linguística de corpus*. Barueri: Manole, 2004.

DAHER, M. del C. F. G.; SANT'ANNA, V. L. de A. "¿Lo ajeno, más que lo propio parece bueno?" Um estudo das atitudes dos professores de espanhol como LE no Rio de Janeiro. *Linguagem & Ensino*, Pelotas, v. 1, n. 1, p. 105-114, 1998.

DEL VALLE, J.; VILLA, L. Lenguas, naciones y multinacionales: las políticas de promoción del español en Brasil. *Revista da Abralin*, v. 4, ns. 1 e 2, p. 197-230, dez. 2005.

FAIRCLOUGH, N. *Discurso e mudança social.* Coord. trad. I. Magalhães. Brasília: Ed. da Universidade de Brasília, 2001a.

______. A análise crítica do discurso e a mercantilização do discurso público: as universidades. In: MAGALHÃES, C. M. (Org.). *Reflexões sobre a análise crítica do discurso.* Belo Horizonte: Ed. da UFMG, 2001b. p. 31-82.

FOWLER, R. *Language in the news*: discourse and ideology in the press. London: Routledge, 1991.

HALLIDAY, M. A. K. *Language as social semiotics*: the social interpretation of language and meaning. London: Edgard Arnold, 1978.

______; HASAN, R. *Language, context and text*: aspects of language in a social-semiotic perspective. Australia: Deakin University Press, 1985.

______; MATTHIESSEN, C. M. I. M. *Construing experience through meaning*: a language-based approach to cognition. London: Continuum International, 1999.

______; ______. *An introduction to functional grammar.* 3. ed. London: Edgard Arnold, 2004.

IRALA, V. B. A opção da variedade de Espanhol por professores em serviço e pré-serviço. *Linguagem & Ensino*, Pelotas, v. 7, n. 2, p. 99-120, jul./dez. 2004.

MOITA LOPES, L. P. da. Fotografias da Linguística Aplicada no campo de línguas estrangeiras no Brasil. *D.E.L.T.A.*, v. 15, número especial, p. 419-435, 1999. Disponível em: <http://www.scielo.br/scielo.php?script=sci_arttext&pid=S0102-44501999000300016 &lng=en&nrm=iso>. Acesso em: 24 maio 2006.

MORENO FERNÁNDEZ, F. El español en Brasil. In: SEDYCIAS, J. (Org.). *O ensino do espanhol no Brasil*: passado, presente, futuro. São Paulo: Parábola Editorial, 2005. p. 14-34.

NEVES, M. H. de M. *Gramática de usos do português.* São Paulo: Ed. da Unesp, 2000.

PEDRO, E. R. (Org.). *Análise crítica do discurso*: uma perspectiva sociopolítica e funcional. Lisboa: Caminho, 1997.

PERINI, M. A. *Gramática descritiva do português.* São Paulo: Editora Ática, 1996.

VAN LEEUWEN, T. Genre and field in critical discourse analysis. *Discourse & Society*, v. 4, n. 2, p. 193-223, 1993a.

______. *Language and representation*: the recontextualisation of activities and reactions. Thesis, Department of Linguistics/University of Sydney, 1993b. Disponível em: <http://ses.library.usyd.edu.au/handle/2123/1615?mode=-simple&submit_simple=Show+simple+item+record>. Acesso em: 10 mar. 2008.

______. Representing social action. *Discourse & Society*, v. 6, n. 1, p. 81-106, 1995.

______. The representation of social actors. In: CALDAS-COULTHARD, C. R.; COULTHARD, M. (Eds.). *Texts and practices*: readings in Critical Discourse Analysis. London: Routledge, 1996. p. 32-70.

______. A representação dos actores sociais. In: PEDRO, Emília Ribeiro. (Org.). *Análise Crítica do Discurso*: uma perspectiva sociopolítica e funcional. Lisboa: Caminho, 1997. p. 169-222.

______. The construction of purpose in discourse. In: SARANGI, S.; COULTHARD, M. (Eds.). *Discourse and social life*. London: Longman, 2000. p. 66-81.

WODAK, R. Do que trata a ACD: um resumo de sua história, conceitos importantes e seus desenvolvimentos. *Revista Linguagem em (Dis)curso*, v. 4, número especial, 2004. Disponível em: <http://www3.unisul.br/paginas/ensino/pos/linguagem/revista/revista.htm>. Acesso em: 12 dez. 2007.

"Não deu no rádio, no jornal ou na televisão"

Análise discursiva crítica de textos do jornal *O Trecheiro*

María del Pilar Tobar Acosta
Viviane de Melo Resende

1. Introdução

Neste capítulo, apresentamos um recorte de uma pesquisa mais ampla, em que se investigam publicações voltadas para a situação de rua cujo principal objetivo é gerar renda e/ou abrir um canal de expressão para a população em situação de rua. Em Língua Portuguesa, localizamos cinco dessas publicações, entre revistas e jornais. Quatro delas são brasileiras: a *Revista Ocas* e o jornal *O Trecheiro*, de São Paulo, o jornal *Boca de Rua*, de Porto Alegre, e o jornal *Aurora da Rua*, de Salvador. A *Revista Cais* é publicada em Lisboa e distribuída em diversas cidades portuguesas. No projeto de pesquisa *Publicações em Língua Portuguesa sobre População em Situação de Rua: Análise de Discurso Crítica*, o objetivo é empreender uma pesquisa etnográfico-discursiva dessas cinco publicações (Resende, 2010a).

Parte dessas publicações funciona nos moldes da revista pioneira no gênero, a britânica *The Big Issue*. Nesses casos, cada vendedor/a administra a quantidade de jornais que pretende comercializar, pagando um valor entre um terço e a metade do preço de capa pela unidade, e ficando com todo o dinheiro da venda — os primeiros exemplares de cada vendedor/a costumam ser fornecidos gratuitamente. Assim, ao mesmo tempo em que as temáticas abordadas nos textos publicados tratam de humanizar as pessoas em situação de rua — o que é relevante nas sociedades contemporâneas, em que o problema se tornou invisível — esses jornais e revistas também têm o duplo mérito de possibilitar renda e de criar uma comunidade em torno de objetivos comuns.

No caso do jornal *O Trecheiro*, objeto deste capítulo, a dinâmica é diferente, já que o jornal tem distribuição gratuita, ou seja, não se trata de uma alternativa para geração de renda. Entretanto, ao contrário das revistas comercializadas, que além de tratar temas associados à precariedade social também abordam outros conteúdos, no caso de *O Trecheiro* a publicação é totalmente voltada para a temática da situação de rua. Além disso, trata-se de iniciativa associada à Rede Rua e ao Movimento Nacional da População de Rua (MNPR).

Tudo isso é relevante se compreendemos que a sociedade, tal como se constitui, configura-se a partir de formulações ideológicas que visam à manutenção de um *status quo* e à legitimação de seus processos. Os jogos de poder tomam palco neste contexto, havendo uma pluralidade de vozes ecoando, porém não necessariamente sendo ouvidas. Os grupos com maior poder simbólico (Bourdieu, 1998) consequentemente têm mais voz, no sentido de terem mais espaço e de seus enunciados terem maior penetração na sociedade. Já aos que não são dotados desse poder, os espaços para expressão são cerceados ao ponto de uma quase mudez social. Com base nesse panorama, entendemos a organização de entidades sociais ao redor da questão das pessoas que vivem em situação de rua, visando a uma modificação da estrutura social que permita a todos/as o amplo acesso aos direitos básicos. Para isso, elaboram-se estratégias que passam também pela ação discursiva mediada por suportes como jornais e *sites*, entre outros. Ao mesmo tempo, essa ação discursiva serve de base para a construção identitária dos/as participantes dessas entidades, permitindo uma via alternativa às identidades legitimadoras (Castells, 2001).

Do ponto de vista da Análise de Discurso Crítica (ADC), é relevante investigar a representação midiática de uma realidade para a qual a sociedade quer fechar os olhos (Pardo Abril, 2007). Ocorre, hoje, um aprofundamento das desigualdades sociais que vem a reboque do "desenvolvimento" capitalista, mesmo que isso pareça contraditório. Na base dessa estrutura social, estão formulações ideológicas que se dão também na esfera discursiva e que passam despercebidas ao senso comum, fato que garante sua eficácia (Fairclough, 1989). Cabe, então, ao/à pesquisador/a se posicionar frente a esse problema social e procurar investigar os traços ideológicos que legitimam o processo de apartação social (Buarque, 2001).

Dessa maneira, selecionamos um *corpus* de um jornal, que não faz parte da grande mídia e que trata da situação de rua, para proceder a essa investigação e, desse modo, estudar como é possível, em face de uma estrutura social tão engendrada, que a ação de um grupo de pessoas crie brechas para promover uma mudança concreta. Nossa proposta foi realizar um estudo documental no qual os dados foram analisados com base em métodos desenvolvidos na ADC (Fairclough, 2003; Resende e Ramalho, 2006). Coletamos trechos dos textos presentes na edição de junho de 2009 do jornal *O Trecheiro*, para a composição do *corpus*. Selecionamos, para a análise linguístico-discursiva, as categorias analíticas estrutura genérica, representação de atores sociais e intertextualidade.

2. Pobreza extrema, demissão do Estado e mobilização da sociedade: *O Trecheiro*

Vivemos em uma sociedade desigual em todas as suas esferas, comportando extremos em um mesmo complexo: algumas pessoas e grupos sociais desfrutam do conforto e dos benefícios que uma condição privilegiada pode garantir, e outras pessoas e grupos não têm acesso às mesmas oportunidades, em função de sua condição socioeconômica. Essa desigualdade é parte da estrutura do sistema capitalista, que precisa da oposição entre estratos sociais para se perenizar — para que seja possível o acúmulo por parte de alguns grupos, é necessário que falte para outros.

A disparidade encontra reforço na falta de ação dos governos, que deveriam ter como premissa o bem-estar dos/as cidadãos/ãs, mas que, seguindo os chamados "ajustes" neoliberais, minimizam-se deixando ao capital especulativo a condução da sociedade. Fairclough (2003, p. 4) utiliza o termo "novo capitalismo" para designar as reestruturações mais recentes do capitalismo na manutenção de sua continuidade como modelo dominante, de acordo com sua "capacidade de superar crises por meio da transformação radical de si mesmo, de modo que a expansão econômica possa continuar. (...) Essa transformação [na direção do novo capitalismo] envolve a reestruturação das relações entre os domínios econômico, político e social". Nessa perspectiva, o neoliberalismo é entendido como um projeto político facilitador dessa reestruturação, "em consonância com as demandas de um capitalismo global cujas consequências mais evidentes são o aumento da distância entre ricos(as) e pobres (seja no interior de um país ou entre países), da insegurança econômica para os(as) trabalhadores(as) e da exploração no trabalho" (Resende, 2005, p. 52).

Se o impacto do desmoronamento do Estado de Bem-Estar Social se fez sentir nos países centrais, naqueles onde um Estado de Bem-Estar Social não chegou a existir de modo efetivo o impacto foi muito maior, porque a situação social agravou-se ao mesmo tempo em que os já ineficientes mecanismos de proteção social definhavam. O Brasil, "monumento à negligência social", é um exemplo disso (Hobsbawm, 1995, p. 555). Se não é possível responsabilizar a globalização neoliberal pela pobreza no Terceiro Mundo, é lícito afirmar que houve uma precarização da situação social nesses países. Nesse sentido, Soares (2003, p. 59) aponta "um agravamento das condições estruturais da pobreza, bem como o surgimento de outros determinantes que passam a configurar um quadro de pobreza ampliada".

Como parte dos "ajustes" neoliberais, os países periféricos foram obrigados a reduzir seus "gastos" sociais em favor da lógica econômica, e os serviços básicos, conquistados como direito do/a cidadão/ã, voltaram ao mercado. Os/As que podem compram no mercado os serviços de educação, saúde, segurança; os/as que não podem pagar ficam dependentes dos serviços precariamente oferecidos pelo Estado "demitido". Sobre isso, Soares (2003, p. 11) argumenta que "retrocedemos historicamente à noção de que o bem-estar social pertence ao âmbito do privado, ou seja, as pessoas, as famílias e as 'comunidades' devem responsabilizar-se pelos seus problemas sociais, tanto pelas causas como pelas soluções".

Assim, o conceito de "demissão do Estado" refere-se ao abandono, por parte do poder público, de "sua missão primeira, que é a de sustentar a infraestrutura organizacional indispensável ao funcionamento de toda sociedade urbana complexa" (Wacquant, 1997, p. 168). As políticas de erosão das instituições públicas prejudicam principalmente as camadas sociais desprovidas de acesso aos recursos econômicos, culturais e políticos, e que dependem do Estado para exercer a cidadania: no momento em que a globalização neoliberal radicaliza as desigualdades e que a intervenção estatal é mais necessária que nunca para se enfrentar "as iniquidades do mercado", o Estado se demite de sua função regulatória em nome da primazia do mesmo mercado (Hobsbawm, 1995, p. 554).

Com a retirada do Estado do serviço social, as organizações não governamentais proliferam, na tentativa de suprir funções estatais. De acordo com Buarque (2001, p. 241), "as organizações não governamentais surgiram em decorrência da falência do Estado no que diz respeito à ausência de respostas aos problemas surgidos em face dos novos valores éticos da sociedade". Para além das organizações que tentam suprir a lacuna deixada pelo Estado no que se refere à oferta de serviços, há também organizações e movimentos sociais de papel reivindicatório que atuam como pressão sobre o Estado, exigindo-lhe a garantia de direitos assegurados e denunciando sua violação. Essas organizações comunitárias são de extrema importância para a formação do ator social coletivo, capaz de agir na direção de um objetivo comum (Archer, 2000).

É nessa conjuntura que surgem as publicações voltadas para a situação de rua, como parte das estratégias de luta pela promoção de mudanças no âmbito social. O jornal *O Trecheiro*, de São Paulo, produzido pela Rede Rua, é um exemplo disso. Ao criar uma publicação dessa natureza, pessoas em situação de rua, bem como outras pessoas mobilizadas pela mesma causa como os profissionais de comunicação que se envolvem nesses projetos, unem-se para construir uma via de comunicação que ligue essa realidade marginalizada ao todo da sociedade, com a mediação dos enunciados veiculados sobre o suporte impresso do jornal. Concomitantemente a essa via, abre-se um espaço para a formulação de identidades alternativas para as pessoas que estão em situação de rua, que transcenda o papel que lhes é tradicionalmente imposto (Castells, 2001; Resende, 2008).

O jornal *O Trecheiro* é uma publicação realizada a partir 1991, pela Rede Rua, que atua em São Paulo desde a década de 1980 promovendo iniciativas para a "comunicação a partir dos excluídos" (Rede Rua, 2010). A entidade pretende, como descrito em seu *site*, documentar e assessorar "a comunicação de movimentos, entidades e grupos sociais e populares", por meio de fotografias, vídeos e textos, tendo como objetivo reverter o processo de exclusão social.

3. Análise de Discurso Crítica

A ADC constitui modelo teórico-metodológico capaz de mapear a conexão entre aspectos discursivos e não discursivos de práticas sociais. Essa *interdisciplina* se estruturou no início da década de 1990 a partir da colaboração de pesquisadores como Teun van Dijk, Norman Fairclough, Gunter Kress, Theo Van Leeuwen e Ruth Wodak (Resende e Ramalho, 2006, p. 21). Destes, reconhece-se no linguista britânico Norman Fairclough o maior expoente da ADC: seus trabalhos, a partir da década de 1990, consolidaram um modelo teórico complexo, com base na Ciência Social Crítica (sobretudo em Chouliaraki e Fairclough, 1999), e um arcabouço metodológico para a investigação empírica de textos situados (especialmente em Fairclough, 2003).

Na América Latina também se identificam, nos últimos anos, avanços que precisam ser considerados quando se fala em ADC. Pesquisadores/as latino-americanos/as têm contribuído muito para a difusão da ADC como teoria e método de investigação e, mais que isso, têm gerado abordagens próprias, inclusive questionando abordagens já legitimadas (por exemplo, Meurer, 2004; Pardo Abril, 2008; Pardo, 2010; Resende, 2010b).

Em ADC, a atividade de produção de textos (em sentido amplo) é tanto um modo de representação da experiência no mundo quanto um modo de identificação e de ação do indivíduo em relação ao seu mundo e a outras pessoas. Para Fairclough (2001), a mudança social afeta dialeticamente a mudança na linguagem, e esta afeta aquela nas mesmas proporções. Isso porque o uso da linguagem é uma das facetas das práticas sociais — entendidas pela ADC como ações habituais da sociedade institucionalizada, traduzida em ações materiais, em modos habituais de ação historicamente situados (Resende, 2009).

As práticas sociais são compostas de várias formas de ação, de pessoas, de relações sociais e institucionais, tecnologias, tempos e espaços, linguagem e outras formas de semiose, sendo que esses elementos estão em relação de interiorização e articulação, e sua configuração num dado contexto resulta na prática específica (Fairclough, 2003). Por meio da análise de amostras discursivas historicamente situadas, pode-se perceber a internalização dos componentes das práticas sociais no discurso.

O discurso é entendido como palco de lutas pelo poder, pois no momento discursivo das práticas os embates sociais se materializam. É por meio dos atos de linguagem, ou seja, dos textos, que emergem os discursos como formas particulares de representação da sociedade.

Assim, os discursos se localizam no espaço das oposições, seguindo uma cadeia dialógica que põe em jogo atitudes responsivas entre atores sociais.

A versão de ADC com que trabalhamos entende as ideologias como formas simbólicas a serviço da instauração ou da manutenção de relações de poder, seguindo a definição de Thompson (2001). Assim, ideologias são "construções de práticas a partir de perspectivas particulares que suprimem contradições, antagonismos, dilemas em direção a interesses e projetos de dominação" (Chouliaraki e Fairclough, 1999, p. 26). A ordem social, então, tem como cadinho de sua legitimidade ideologias cujo sucesso pode ser medido no quanto participam na formulação de representações de práticas e eventos em variados tipos de textos. Os diferentes discursos se forjam com base na sociedade e, logicamente, com base em ideologias, seja para alinhar-se com elas, seja para refutá-las.

Além de sua interface com a Ciência Social Crítica, a ADC também estabelece diálogo com a Linguística Sistêmico-Funcional (LSF) de Halliday, que propõe, como característica geral da linguagem humana, "uma relação entre as funções sociais da linguagem e a organização do sistema linguístico" (Resende e Ramalho, 2006, p. 56-7). Assim sendo, a orientação da pesquisa em ADC se dá na direção do entendimento funcional da linguagem, e os elementos do sistema linguístico que definem as escolhas das quais se constituem os textos são analisados com base na sua significação. Resende e Ramalho (2006) observam que em ADC é imprescindível o/a pesquisador/a ter conhecimento das categorias linguísticas para proceder a uma investigação linguisticamente orientada.

A análise de discurso linguisticamente orientada vem, nessa perspectiva, preencher o espaço de conhecimento entre o processo social e sua faceta linguística, ao entender que existe uma "correlação entre a estrutura social e a estrutura linguística" (Silva, 2009, p. 66). Segundo Halliday (1985), existem três macrofunções da linguagem — ideacional (representação da experiência), interpessoal (interação social) e textual (caráter sistemático que permite a geração de significados sociais a partir de estruturas gramaticais) — que se inter-relacionam nos textos. Ao dialogar com a LSF, Fairclough (2001, 2003) propõe um novo arranjo para as funções de Halliday, mantendo a noção do caráter multifuncional da linguagem humana. Ele divide a função interpessoal em duas outras funções, identitária (forma como as identidades são constituídas e expressas no texto) e relacional (forma como as relações sociais são textualmente representadas e negociadas), e incorpora a função textual à relacional. Posteriormente, procurando um aprofundamento da relação entre LSF e ADC, Fairclough propõe três significados da linguagem relacionados a essas funções: significado acional (o texto como ação e interação social), significado representacional (o texto como representação) e significado identificacional (o texto como forma de constituição identitária). Em *Analysing discourse*, Fairclough (2003) ainda propõe uma correspondência entre os significados e estruturas discursivas relativamente estáveis. Assim, ele relaciona: significado acional e gêneros, significado representacional e discursos, e significado identificacional e estilos.

Segundo o entendimento das funções sociais da linguagem, foi possível à ADC formular categorias analíticas que permitem investigar questões sociais por meio de elementos linguísticos. Essas categorias são a instância de mediação entre a teoria, o método e o objeto de estudo: por meio delas, é possível para o/a analista apropriar-se dos elementos linguístico-discursivos presentes nos textos para analisá-los, tendo por foco problemas e questões de pesquisa que não são de cunho estritamente linguístico, mas social (Blommaert, 2005). Os textos midiáticos de que tratamos neste capítulo são dessa maneira conceituados, e assim balizaremos nossa análise sobre esse *background* teórico-prático. Para as análises que empreendemos na próxima seção, selecionamos as categorias analíticas *estrutura genérica, representação de atores sociais* e *intertextualidade*.

As práticas sociais criam estruturas para sua projeção discursiva, e é sobre essas estruturas — os gêneros — que repousam as formulações individuais — os textos. Os gêneros discursivos, diretamente relacionados a uma esfera de utilização da língua, são relativamente estáveis em função de sua estrutura temática, composicional e estilística (Bakhtin, 1992), sendo materializados (e possivelmente reconfigurados) nas interações sociais. Neste capítulo, focalizaremos gêneros midiáticos "tradicionais" em contraste com o que lemos na edição de junho de 2009 do jornal *O Trecheiro*, que podemos entender como exemplo de mídia "alternativa". Ressalte-se que todo jornal, "tradicional" ou "alternativo", é um suporte para vários textos que são estruturados sobre diversos gêneros. Sugerimos que, assim como os gêneros individuais, os suportes trazem esquemas de organização mais ou menos estáveis, e veremos como a mídia alternativa em foco reconfigura o potencial do suporte "jornal impresso".

Segundo Resende e Ramalho (2006), as escolhas lexicais em textos podem evidenciar os discursos a que se filiam. Nessa perspectiva, analisar a maneira como se dá textualmente a representação de atores sociais tem demonstrado ser bastante produtiva por permitir que se identifiquem "posicionamentos ideológicos em relação a eles, bem como a suas atividades" (Silva, 2009, p. 67). Essa categoria foi amplamente explorada por Van Leeuwen (2008), que elaborou "uma descrição sociossemântica minuciosa dos modos pelos quais atores sociais podem ser representados" (Resende e Ramalho, 2006, p. 72).

> Atores sociais podem ter uma agência ofuscada ou enfatizada em representações; podem ser representados por suas atividades ou enunciados; ou ainda podem ser referidos de modos que presumem julgamentos acerca do que são ou do que fazem. Uma dada representação pode incluir ou excluir atores sociais para servir a interesses e propósitos particulares, ou mesmo colocá-los em segundo plano no texto. A inclusão pode ser realizada de diversas maneiras tais como nomeação ou categorização. (...) A nomeação realiza-se tipicamente através de nomes próprios, ao passo que a categorização ocorre por funcionalização e identificação. A primeira escolha representacional ocorre quando os atores são referidos em termos de uma atividade, ocupação ou função à qual estão ligados (por exemplo, operários). No caso da identificação, são representados por aquilo que os caracteriza

> de maneira permanente, o que envolve sexo, idade, raça ou etnia (Silva, 2009, p. 67).

Já a respeito da categoria de intertextualidade, cabe relembrar o conceito bakhtiniano de dialogicidade da linguagem. Como vimos, os usos situados da linguagem repousam sobre processos de interação dentro de uma sociedade; assim, os atos de fala são entendidos como ações sociais por meio das quais os indivíduos podem operar sobre sua realidade. As ações discursivas individuais (textos) acabam desencadeando efeitos na sociedade, e é na esfera da linguagem que os atos sociais se interconectam. Nessa perspectiva, Bakhtin (1992) teoriza que os textos produzidos conectam-se em cadeias dialógicas, respondendo aos que os precederam e dando ensejo para a formulação de novos textos. Cada texto é entendido, dessa maneira, como um espaço simbólico onde várias vozes, e os discursos que as acompanham, dialogam entre si. Assim, todo o universo referencial sobre o qual o texto é construído reflete esse diálogo, o que resulta no fato de que todo texto é polifônico, e caracterizado por se construir a partir da intertextualidade que lhe é inerente.

Tendo isso em mente, podemos verificar que todo texto traz em seu bojo outros textos, articulando dessa maneira a voz de seu/sua produtor/a a outras vozes. Destarte, o conceito de intertextualidade (relação entre textos) associa-se ao de polifonia (presença de várias vozes em textos). O/A produtor/a do texto exerce poder sobre os modos de representação dessas várias vozes: é ele/a quem define se essas vozes serão trazidas ao texto por meio de citações diretas ou indiretas, se serão parafraseadas ou ecoadas sem atribuição de fonte, delimitando o espaço que lhes será cedido e a sequência de sua representação. Assim, a ADC propõe a possibilidade de se elaborar uma análise a partir do estudo dos processos pelos quais outros textos e vozes aparecem, pois isso evidencia diferentes cenários de dialogicidade (Fairclough, 2003). A forma como essas vozes se organizam, em sua pluralidade, dentro do texto é, portanto, objeto de reflexão para a ADC, pois sua presença (ou ausência) tem efeito sobre os jogos de poder em que os textos se engajam nas práticas sociais.

Assim, é possível observar, em textos, a legitimidade atribuída a determinadas vozes e a discursos particulares — como modos situados de representação —, o que revela o embate interdiscursivo em textos. Deixam-se ver, desse modo, os mecanismos de dominação por meio de negociações postas em jogo nos textos empiricamente analisados.

4. *O Trecheiro* — Estrutura genérica e mudança discursiva

O jornal *O Trecheiro* é um produto de mídia impressa, de distribuição gratuita, que se propõe tratar um tema central — a situação de rua. A esse respeito, podemos observar que o jornal não constitui uma fonte para informação geral: ele trata apenas questões que envolvem as pessoas em situação de rua e a causa em torno da qual a Rede Rua se organizou.

A edição de junho de 2009 explora um tema ainda mais específico — trata das consequências que o clima frio acarreta para a comunidade de pessoas em situação de rua, durante o inverno de São Paulo. O jornal aproxima-se, desse modo, à organização formal de algumas revistas especializadas, trazendo para cada edição um tema ao redor do qual orbitarão todos os textos que nela figurarem.

O jornal se apresenta visualmente de forma semelhante a jornais da grande mídia: seus textos são divididos em colunas, apresentam manchete e, em alguns casos, subtítulos que demarcam as seções de um mesmo texto. Os gêneros materializados no jornal são matéria de capa; editorial; transcrições de documentos; e notícias, escritas no formato canônico de narrativa jornalística. Assim, *O Trecheiro* atende à expectativa gerada pelo suporte jornal. As notícias são acompanhadas, na maioria dos casos, de imagens que ilustram a informação presente nos textos verbais, o que também é uma característica convencional para o suporte.

O Trecheiro apresenta um "editorial", gênero previsto na prática jornalística, na mesma posição habitual nos suportes tradicionais, ou seja, na segunda página. De forma geral, é nesse espaço que a opinião da equipe que produz um jornal ou revista (ou dos grupos que o financiam) aparece explicitada, e isso se reproduz no jornal em foco. A leitura integral do jornal permite constatar, também, que a opinião dos/as autores/as aparece, de forma mais ou menos evidente, em todos os demais textos da publicação. Esse fenômeno é conhecido, quando se trata da grande mídia, como "editorialização" das notícias, pois, em princípio, a opinião dos/as autores/as não deveria ser explicitada no corpo das notícias, para que se mantivesse a suposta "imparcialidade" de que tanto se fala na *práxis* jornalística. Entretanto, como sabemos — e há muitas pesquisas em ADC sobre isso (veja, por exemplo, Pardo Abril, 2008) —, textos jornalísticos frequentemente apresentam notícias carregadas de pontos de vista parciais, dos/as jornalistas responsáveis e, principalmente, das empresas que veiculam informações. No que concerne a *O Trecheiro*, devemos ponderar que por se tratar de um jornal que pretende divulgar as "notícias do povo da rua" (subtítulo do jornal, p. 1), um veículo que tem como objetivo ser uma arma na "luta" (p. 3) dessa população, um posicionamento mais ou menos explícito nos textos é esperado.

De acordo com o aparato da ADC, a atenção ao suporte físico representado pelo jornal e aos gêneros que nele se materializam possibilita uma investigação do significado acional, isto é, de como os materiais analisados "agem" sobre o mundo e sobre os/as potenciais leitores/as do jornal. Ponderamos, entretanto, que por este estudo ser baseado apenas em dados documentais, os resultados de nossas análises são necessariamente incompletos, pois não abordamos os estágios de produção e de recepção desses materiais. Por isso, não é possível saber exatamente como os textos agem no mundo, não sendo possível definir *a priori* os efeitos causais desse jornal sobre seus/suas leitores/as. Ainda assim, a análise da estrutura genérica se justifica, pois buscamos a compreensão das escolhas feitas para a constituição de um veículo alternativo de comunicação, especialmente por seu potencial para a mobilização de um grupo social extremamente desfavorecido na sociedade contemporânea.[1]

Em relação aos suportes midiáticos tradicionais no jornalismo impresso, o jornal *O Trecheiro* mantém algumas semelhanças, mas apresenta também várias diferenças. A extensão do jornal da Rede Rua é bastante reduzida — em termos do número de páginas, e não em termos de formato, como veremos — se comparada à extensão dos jornais da mídia tradicional. Isso possivelmente está relacionado ao fato de esse jornal ser fruto de uma iniciativa popular e, sobretudo, de não ter espaços vendidos para propaganda (o que, sabidamente, é o motor financeiro que sustenta a dita "grande mídia"), além de ser *O Trecheiro* um periódico de distribuição gratuita. Nesse espaço restrito, aparecem textos verbais que se filiam aos gêneros jornalísticos tradicionais pelo formato de sua apresentação. Observa-se, a esse respeito, uma estrutura de manchetes seguidas dos textos verbais acompanhados de fotografias, que se relacionam de forma meramente ilustrativa e não complementando o teor dos textos verbais. Essa estrutura genérica também se observa, de forma geral, na chamada "grande mídia".

A primeira página do jornal também apresenta um formato bastante semelhante ao padrão desse tipo de suporte, contendo uma manchete seguida de matéria de capa, com notícia de grande relevância para a comunidade de pessoas em situação de rua. Na primeira capa há, ainda, um espaço reservado para informações sobre eventos que possam interessar às pessoas em situação de rua, o que não costuma aparecer nas primeiras capas de jornais — pode-se encontrar um possível equivalente nos cadernos de cultura e nos classificados dos jornais tradicionais.

O título do jornal é uma remissão direta a um modo de referência a pessoas em situação de rua em São Paulo. No estado, essas

---

1. O projeto de que este estudo é um recorte inicial (Resende, 2010a) prevê a realização de etapas etnográficas nos contextos das cinco publicações voltadas para a situação de rua em Língua Portuguesa.

pessoas são referidas como "trecheiros" e "pardais" (Martinez, 2009). O mesmo modo de referência não se observa em outras localidades, como Brasília por exemplo. O título sendo o primeiro elemento verbal sobre o qual um/a leitor/a lança os olhos, é nele que está contido o conceito do jornal, transmitindo de forma imediata uma ideia acerca do objeto da publicação. Desse modo, o título de *O Trecheiro* desempenha um papel fundamental como instrumento que permite que se coloque em pauta a vida de pessoas em situação de rua, além de ser um chamariz para que esse grupo social tenha interesse pela leitura e se veja representado na publicação.

A diagramação do nome do jornal apresenta uma novidade em relação aos jornais tradicionais: há um subtítulo explicativo e uma imagem que completa o seu significado. Vejamos a Figura 1:

Figura 1 Título, com imagem e diagramação, tal como aparece na primeira página de *O Trecheiro*

O subtítulo "Notícias do Povo da Rua" complementa o (já direcionado) título, tornando ainda mais explícita a temática central desse jornal e esclarecendo o público-alvo da publicação. Assim, o jornal traz, logo de início, uma afirmação da identidade do grupo de pessoas que vivem nas ruas. O uso do termo "povo" alude a um conjunto de pessoas organizadas ao redor de algo em comum. A representação desse grupo social como "povo" conclama à união, à configuração de um grupo coeso, reunido em torno de objetivos comuns. A mesma lexia, "povo da rua", é utilizada, por exemplo, pelo Movimento Nacional da População de Rua (MNPR, 2010).

Na Figura 2, temos uma ampliação da imagem que aparece agregada ao título do jornal:

Figura 2 Desenho de um andarilho, que podemos entender como a representação do "trecheiro"

O segundo elemento de criatividade genérica no título do jornal é a imagem figurativa de um andarilho que leva consigo bagagem composta por um saco ou sacola e um rolo, que pode ser um cobertor, um saco de dormir ou até mesmo um colchonete. Ele está representado de costas, descalço, e seus membros estão desenhados dando a ideia de movimento, de caminhada. Esse caminhar se dá por uma estrada — o que se percebe pelas linhas tracejadas — em direção a um horizonte onde figura um sol nascente ou poente, representado graficamente com grandes raios. Essa imagem trabalha com a condensação de vários níveis de significado; ela complementa o sentido do título do jornal, retratando iconicamente as pessoas em situação de rua e representando o movimento pretendido pela Rede Rua, que busca a conquista, para a comunidade em situação de rua, de igualdades de oportunidade, que podem ser traduzidas pela expressão "lugar ao sol".

Na gramática do *design* visual, Kress e Van Leeuwen (1996) distinguem, para a análise de imagens, as representações narrativas e as representações conceituais. Segundo os autores, uma imagem é narrativa quando os atores sociais representados envolvem-se em ações ou eventos; e é conceitual quando os atores são representados como membros de uma categoria ou com base em atributos que servem a uma classificação. No caso da imagem que temos em foco, entretanto, essa distinção parece pouco produtiva, já que deparamos com uma imagem que é, a um só tempo, narrativa e conceitual. É narrativa pelo movimento, pela representação do *ator* de costas, inclinado para a estrada, tendo o sol, ao fim, como *meta*; mas não deixa de ser conceitual com processo analítico, porque o indivíduo é representante de um grupo maior de pessoas na mesma situação e aparece segurando uma bagagem — o homem é um *portador* com seus poucos *atributos* possuídos. Assim, podemos dizer que a imagem agregada ao título do jornal constrói uma classificação para pessoas em situação de rua, com base em atributos compartilhados, mas o grupo representado na figura do indivíduo é dinâmico, e segue em direção a uma meta.

Voltando à diagramação total do título do jornal, temos ainda, no canto direito, o número da edição e o período de publicação — elementos que também constam das primeiras páginas de jornais tradicionais — e, abaixo, os dados da organização responsável pela publicação: "Rede Rua de Comunicação – Rua Sampaio Moreira, 110 – Casa 9 – Brás – 03008-010 São Paulo/SP – Fone 3227-8683 – 3311-6642". Estes últimos dados não são, em geral, disponibilizados de maneira tão explícita e acessível nos jornais da mídia tradicional. Temos, então, mais uma diferença na estrutura composicional, pois os jornais impressos de grande circulação não apresentam essas informações acerca dos grupos que os produzem, sendo necessário ao/à leitor/a pesquisar em outras fontes caso deseje informar-se a esse respeito. Vale lembrar que em jornais televisivos essa informação está contida nos créditos que vêm ao final, porém não se costuma informar o telefone de contato, o que pode representar um posicionamento avesso ao diálogo aberto com o público, por parte das instituições responsáveis pelas publicações da grande mídia. No caso de *O Trecheiro*, ao contrário, essas informações estão disponíveis na primeira página, junto ao título, já que a proposta da Rede Rua é travar contato com a sociedade. A presença dessas informações representa, portanto, mais uma faceta de mudança discursiva em relação à mídia impressa tradicional.

5. Intertextualidade e representação: a "luta" de *O Trecheiro*

Como vimos, já no título do jornal aparece a expressão generalizante "O Povo da Rua", que se refere a toda uma comunidade de pessoas que se relacionam de alguma forma com a realidade das ruas, seja por terem uma trajetória de situação de rua ou por integrarem grupos de apoio e organizações da sociedade civil. Essa constituição simbólica de comunidade é retomada em outras expressões, por exemplo no título "Quem somos", locução presente na sessão "Trecheirinhas" (p. 3), que informa sobre a implementação do censo de pessoas em situação de rua em São Paulo. A expressão vale-se do pronome de primeira pessoa do plural, que posiciona a produtora do texto — Renata Bessi — como membro integrante do grupo recenseado. Presumindo que a autora fale por toda a equipe editorial do jornal, esse recurso denota a solidariedade dessa equipe às pessoas em situação de rua, bem como pode indicar uma tentativa de transmitir a ideia de que pessoas efetivamente em situação de rua colaboram para a produção do jornal.

O uso de termos generalizantes — "pobres" ou "moradores de rua", por exemplo, comuns como modo de representação em textos midiáticos — de certa maneira reifica as situações que representa, reduzindo as pessoas representadas à sua condição econômica (no caso de "pobres") ou à sua situação de moradia (no caso de "moradores de rua"). Já no jornal *O Trecheiro* utilizam-se outros termos, igualmente generalizantes mas que operam de forma diferente, em termos simbólicos, por construírem um sentido de unidade ao grupo que se organiza em torno da situação de rua. Nesse sentido, a escolha de palavras agregadoras valoriza a identidade de todo o grupo, apontando dessa maneira outra orientação para a diferença, nos termos de Fairclough (2003). Assim, temos que mesmo pessoas que não vivem nas ruas posicionam-se ao lado das que experimentam essa condição, prestando-lhes um reforço na constituição do grupo articulado na "luta do povo da rua".

Ao mesmo tempo em que os termos generalizantes, como vimos, aparecem, há um esforço, por parte dos/as autores/as do jornal, em mostrar quem são as pessoas em situação de rua: expondo seus rostos, seus nomes, suas histórias individuais e seus relatos. Isso pode ser verificado nos trechos recortados da matéria de capa:

(1) Geraldo Arsênio Lopes, 48 anos, morador de rua há três (...) Sidney Roberto do Nascimento, 40 anos, paulistano, está na rua há mais de oito anos, também sofre com o frio.

Nesse e em muitos outros exemplos, o autor faz referência individualizada a pessoas em situação de rua no texto que trata de problemas que as afligem — o frio e a falta de assistência por parte das autoridades governamentais —, não só por meio da nomeação, mas também por informações de sua biografia. A idade sinaliza suas histórias de vida, e o tempo de rua mostra que a condição em que se encontram — a situação de rua — é transitória e não define toda a sua biografia. Essas escolhas na materialização do texto opõem-se à forma como tradicionalmente são representadas pessoas em situação de rua pela mídia tradicional, que em geral focaliza apenas a condição econômica que tem sua consequência no lugar onde vivem — as ruas.

A individualização de homens e mulheres que se encontram em situação de rua é evidenciada também na montagem composta pela fotografia e pelo texto que figuram logo abaixo da manchete da matéria de capa:

Figura 3 Montagem de fotografia e texto, na matéria de capa da edição de junho de 2009 de *O Trecheiro* (Charles Fernandes da Silva, foto de Alderón Costa)

Nessa montagem, vemos a fotografia de um homem jovem, negro, de barba, cuja cabeça está coberta com um cobertor. Com base nas categorias de Kress e Van Leeuwen (1996), podemos dizer que a imagem é conceitual de processo analítico — o participante é um *portador* associado a seus *atributos* possuídos; é representado por meio de classificação, e não há ação envolvida. Charles da Silva é representado em uma imagem de demanda, "aquela em que o participante representado (aquele presente na imagem) se coloca olhando diretamente para o leitor. Ao fazer isso, o produtor dessa imagem quer criar um vínculo direto com o leitor, endereçando-lhe um 'você' visual" (Brito e Pimenta, 2009, p. 96). Para a criação desse vínculo entre o ator representado na imagem e o/a leitor/a, colabora também o enquadramento, já que a imagem de Charles aparece com alta proximidade, o que, somado à natureza de demanda da imagem, contribui para a criação de um vínculo, de um "nós" que inclui o ator representado e o/a leitor/a da imagem (Kress e Van Leeuwen, 1996).

Há, na imagem, a sobreposição do seguinte texto verbal:

(2) Charles Fernandes da Silva, nasceu em Santos e disse que veio a São Paulo tentar a sorte. Espera encontrar um trabalho.

O texto opera tanto como legenda, na medida em que traz o nome da pessoa que aparece na fotografia, quanto como acréscimo, na medida em que informa sua origem — "nasceu em Santos" —, o motivo por que ele está nas ruas de São Paulo — "veio a São Paulo tentar a sorte" — e sua expectativa em relação à cidade — "Espera encontrar um trabalho". Até aqui, a articulação da voz de Charles se dá por discurso indireto, com o uso de verbo *dicendi* e as transformações discursivas utilizadas na formação desse tipo de relato de fala (Fairclough, 1995). Na sequência, há uma virada para o discurso direto, evidenciada pelo uso das aspas: "Neste frio está muito difícil, como senhor está vendo" (p. 1). Na citação direta da voz de Charles da Silva, podemos ler a expressão "o senhor", usada por Charles como pronome de tratamento para se referir a seu interlocutor direto — Alderón Costa, que assina a fotografia e a matéria. Entretanto, na apropriação da fala de Charles pelo autor, em sua montagem, a mesma expressão passa a se referir também ao leitor do jornal, que pode ver, na fotografia, a situação em que Charles se encontra. Pela articulação entre texto e imagem, os/as leitores/as podem inferir a dificuldade de sua situação (e o frio, mencionado no texto verbal, está bem representado pelo cobertor que cobre a cabeça de Charles).

Nesse jogo simbólico, a transitividade do termo "o senhor" é deslocada do interlocutor na interação face a face para o/a interlocutor/a na interação mediada. O efeito do uso do discurso direto para a articulação da voz de Charles no texto é, então, uma aproximação desses atores — a pessoa em situação de rua representada e o conjunto de leitores/as que passam a ser diretamente interpelados/as, provocados/as a empreender um esforço de compreensão da situação representada. Esse processo, portanto, remete o/a leitor/a do texto midiático à situação de rua, aproximando-o/a dessa realidade. Além disso, a articulação direta dessa voz no objeto impresso garante-lhe legitimidade e maior duração no tempo, permitindo que atinja um maior número de pessoas.

Nos exemplos (1) e (2), as escolhas para a construção do texto ilustram modos de inserção de atores sociais de forma explícita, por sua nomeação (Van Leeuwen, 2008). Isso pode estar associado ao interesse da Rede Rua em constituir uma identidade que seja reconhecida e respeitada, o que se opõe à representação padronizada na mídia tradicional, que apaga o problema da situação de rua, objetivando pessoas nessa condição. A exclusão operada pela grande mídia (re)constitui, em textos, o processo de apartação social que sofrem as pessoas em situação de rua. Ao não representarem a individualidade de pessoas que se encontram em situações precárias, textos da grande mídia naturalizam a desigualdade social, a demissão do Estado e o desrespeito a direitos sociais básicos.

N'*O Trecheiro*, ao contrário, a representação do grupo e dos indivíduos atua na busca de uma identidade alternativa à legitimadora (nos termos de Castells, 2001); uma construção identitária e uma consciência comunitária que aglutinem projetos de mudança e, em última instância, que possibilitem (a luta por) acesso a direitos básicos e às almejadas oportunidades de transformação social. Desse modo, temos que a representação coletiva, em termos de luta e mobilização, pode favorecer a construção de identidade para o grupo; e a representação individual, com ênfase em histórias de vida e trajetórias individuais, humaniza o problema e o delimita com contornos mais concretos (Resende, 2010c).

Ampliando a análise da representação de atores sociais nos textos da edição de junho de 2009 para os modos de representação de outros atores e grupos, nota-se que os textos trabalham com uma dicotomia entre os/as que se alinham com a causa das pessoas em situação de rua e os/as que não se alinham. É, grosso modo, uma divisão entre "nós" — como em "Quem somos" — e "eles" — como em "eles não param", no exemplo (3), a seguir:

> (3) Geraldo Arsênio Lopes, 48 anos, morador de rua há três anos reclamou da Central Atendimento Permanente de Emergência. "Se uma pessoa sinaliza eles não param e quando param levam as pessoas para longe", afirma Lopes.

Nessa oposição, o grupo "nós" constitui-se de pessoas em situação de rua, integrantes de movimentos, os/as próprios/as editores/as do jornal, pessoas que já estiveram em situação de rua — como o "ex-morador de rua Sebastião Nicomedes" (p. 3) — e também pessoas que trabalham em benefício das pessoas que vivem nas ruas — como o "Padre Júlio Lancellotti, vigário do povo da rua" (p. 4). Do outro lado, no grupo "eles", encontram-se as pessoas que não estão inseridas nesse grupo, como a equipe da "Central Atendimento Permanente de Emergência", representada por meio do pronome de terceira pessoa do plural no exemplo anterior. Também fazem parte do grupo "eles" pessoas ligadas ao governo que, de alguma forma, são postas em questão, por não haver políticas públicas eficazes para acabar ou, ao menos, minimizar os efeitos devastadores da falta de oportunidades que leva pessoas a viverem nas ruas. A exemplo disso, podemos citar a "secretária da Assistência e Desenvolvimento Social", cuja administração é acusada de não cumprir suas atribuições e recebe até mesmo a "pecha" de "higienista" (p. 2). A oposição entre os dois grupos representados é evidenciada no exemplo que segue:

(4) Muitas das 3.200 pessoas ganham até R$ 1 mil, informa a secretária. Elas devem ser desligadas, com exceção dos idosos, sem nenhum tipo de encaminhamento, segundo o jornal *O Estado de S. Paulo*. Para o mesmo jornal a secretária fez a seguinte afirmação: "Tem muita gente que ganha R$ 1 mil e continua morando nos albergues por comodismo. Ficam três, quatro anos". Se as pesquisas da Prefeitura dizem que todas estas pessoas ganham até R$ 1 mil, as mesmas pesquisas não podem garantir que elas consigam sair da situação de rua apenas com os valores que ganham. O ex-morador de rua Sebastião Nicomedes deu seu testemunho. "Morei nas ruas. Se estas pessoas estão nos albergues é porque não têm condições de morar sozinhas com R$ 300 ou R$ 1 mil, como a senhora supõe", disse Nicomedes. "Demorei quatro anos para conseguir sair das ruas".

Nesse excerto, em que se questiona a eficácia de políticas de retirada da população em situação de rua por meio de transferência de renda desvinculada de outros encaminhamentos, temos uma estrutura de dupla articulação intertextual: a voz de Sebastião Nicomedes, articulada em discurso direto, traz por sua vez uma alusão a outro texto, formulado pela representante do governo em entrevista a *O Estado de S. Paulo*. O modo de representação da voz da secretária por Sebastião Nicomedes opera uma avaliação sobre o texto articulado: ao afirmar que a secretária da Assistência e Desenvolvimento Social "supõe", o "ex-morador de rua" denuncia o desconhecimento da secretária acerca das dificuldades encontradas por pessoas que tentam deixar as ruas.

O que se denuncia aqui é o distanciamento entre as instâncias governamentais e a situação de rua, a falta de identificação entre as pessoas que gerenciam a sociedade e as pessoas que demandam ações políticas emergenciais. Entretanto, essa identificação é necessária para que ocorra o entendimento da condição em que as pessoas em situação de rua se encontram. Só assim o ônus de estar em uma situação de miséria não recairá nos ombros das pessoas que padecem dessa situação, mas na realidade de desigualdade social extrema, contrariando a perversa lógica da sociodiceia da competência (Bourdieu, 1997).

Mais um indício da representação de grupos em oposição, nos textos em foco, é a recorrência da palavra "luta" — que aparece em "Dia da luta", "esperança na luta", "lutas populares", "luta do povo", "luta de quem está na situação de rua" (p. 4). Essas expressões são imbuídas de um conteúdo semântico ligado a embate, recorrendo a uma metáfora de guerra na representação das dificuldades enfrentadas por quem tenta promover mudança. A mesma metáfora de oposição está na base da constituição do seguinte trecho:

> (5) É verdade, também, que esses espaços não estão sendo construídos sem conflitos, sem divergências, sem disputa de posições. Mas, é uma evidência da capacidade de organização das pessoas em situação de rua que vêm provar à sociedade uma outra realidade a seu respeito: eles se organizam, pensam e sabem traçar com clareza suas reivindicações e sabem onde querem chegar.

Esse trecho também evidencia lucidez no que concerne às estruturas sociais fixadas e legitimadas pela ideologia dominante, que nega espaço a esse grupo de pessoas e que lhes define uma identidade degradada. A transformação dessas estruturas, de acordo com a metáfora empregada, só se dá mediante embate. Parte dessa "luta", no caso da Rede Rua, é travada no e pelo discurso — com a criação de uma publicação com esse objetivo específico, o que demonstra a necessidade de ação pelo uso da linguagem, sendo a instância discursiva um dos instrumentos para a conquista das mudanças almejadas pelas pessoas em situação de rua e pelas pessoas que lutam ao seu lado.

A consciência sobre o ato de linguagem, por parte dos/as autores/as do jornal, é evidenciada também no excerto a seguir, em que há uma oposição explícita à grande mídia, quando se lança uma campanha no jornal:

(6) Tendo em vista posições assumidas pela mídia conservadora que insiste em desqualificar ainda mais as pessoas que moram nas ruas e nos albergues, chamando-os de mendigos, pedintes ou desocupados, quando não de ladrões ou delinquentes, lançamos uma campanha:

"Somos cidadãos, mendigo é a... a grande imprensa, os que dependem de publicidade governamental, os que exploram os trabalhadores, os investidores da Bolsa de Valores, os que criam gado na Amazônia etc. Não queremos nem esmola nem futuro. Queremos justiça e dignidade agora. Somos cidadãos, mendigo é a..."

Nesse exemplo também se faz presente a oposição "nós"/"eles", notadamente pela repetição da estrutura "os que". No grupo de oposição, estão incluídos aqueles que exercem domínio sobre as pessoas que se organizam ao redor da causa daqueles que vivem em situação de rua, bem como todos/as os/as que se encontram em uma posição de poder/prestígio. A alteridade dá-se, em última instância, em relação aos grupos que detêm o poder hegemônico, e que, portanto, estão interessados na manutenção das estruturas sociais.

A campanha promovida pela Rede Rua tem como foco uma mudança na forma como são representadas as pessoas em situação de rua em textos; e, com base nessa mudança discursiva, a percepção dessas pessoas como sujeitos de direitos sistematicamente desrespeitados. Desse modo, a Rede Rua, por meio de *O Trecheiro*, mostra consciência do poder da classificação no discurso: a utilização de um campo lexical composto por expressões de teor pejorativo para classificar as pessoas em situação de rua, por parte da mídia tradicional, configura, na esfera do uso da linguagem, a prática de exclusão, discriminação e apartação social. Ao contrário do que quer fazer crer o discurso da ideologia dominante, as pessoas em situação de rua encontram-se nessa condição não por serem "desocupadas" ou "delinquentes", mas como consequência de uma sociedade capitalista baseada em um sistema que não as reconhece como detentoras de direitos de cidadania, pelos quais, portanto, precisam lutar.

6. Considerações finais

O espaço que *O Trecheiro* viabiliza para a discussão de questões relacionadas à situação de rua vai muito além do suporte físico: representa uma abertura na rígida estrutura social. Por meio dessa brecha, que rompe pressupostos da representação da pobreza extrema pela mídia tradicional, vozes que clamam por direitos assegurados em lei podem ecoar e ser ouvidas. Ainda que os textos de *O Trecheiro* apresentem apenas fragmentos de vozes de pessoas em situação de rua, articulados por seus/suas editores/as, em face de uma total surdez social, essa iniciativa representa muito.

Por meio de nossas análises, mostramos que o jornal *O Trecheiro*, na edição de junho de 2009, apresenta manutenção de formas canônicas dos gêneros midiáticos, bem como do suporte jornal impresso, mas também apresenta, no uso criativo dos gêneros, mudanças em relação aos produtos da mídia tradicional, assim constituindo-se como uma forma de mídia alternativa.

Entre as principais diferenças que constatamos estão o fato de o jornal ser inteiramente orientado para a divulgação de informações pertinentes ao contexto da rua, sendo explícito, em todos os textos, o posicionamento alinhado à causa das pessoas em situação de rua. Esse posicionamento do jornal já é esclarecido em seu título, que traz uma estrutura multimodal, caracterizada pelo uso articulado de diferentes semioses. No título do jornal estão representadas as pessoas em situação de rua, bem como a Rede Rua, que promove sua publicação, e principalmente o objetivo do jornal: a veiculação das "Notícias do Povo da Rua". Assim, o maior contraste entre produtos da mídia tradicional e *O Trecheiro* está no tratamento dado à informação veiculada: em relação aos temas abordados, os jornais tradicionais, em geral, tentam ser mais universais, transmitindo informações de caráter variado; já *O Trecheiro* apresenta a temática central do contexto de rua, sobre a qual versam todos os textos. No caso da edição de junho de 2009, há uma especificidade ainda maior do tema central — os prejuízos causados pelo frio à comunidade em situação de rua, no inverno de São Paulo.

Associadas a essa especificidade temática, encontram-se nos textos outras opções na texturização da informação, que têm efeitos na elaboração de identidades alternativas para as pessoas que se encontram em situação de rua. Exemplo disso é a seleção lexical — como a preferência por termos como "povo da rua", "pessoas em situação de rua", que não trazem o teor pejorativo dos termos com os quais são, via de regra, referidas as mulheres e os homens que se encontram no contexto da rua. Além disso, nos textos analisados são representadas experiências individuais de situação de rua, o que se opera textualmente (1) pela intertextualidade, por meio de citações diretas e indiretas; (2) pela nomeação e pela referência a histórias e vida; e (3) pela presença de fotografias ilustrativas no corpo do jornal.

As mudanças que observamos na estrutura genérica de nosso objeto de estudo vêm a reboque das mudanças em relação ao tratamento da informação no jornal *O Trecheiro*, sendo todas elas fruto da diferença de propósito do ato linguístico — a produção de um jornal — por parte dos/as editores/as de *O Trecheiro*, já que este constitui uma das ações da Rede Rua no esforço de promover o respeito aos direitos das pessoas em situação de rua. Desse modo, podemos afirmar que essas mudanças são, em certa medida, adequações do suporte e dos gêneros já consagrados pelo uso tradicional, operadas na formulação de um espaço discursivo alternativo. Dessa maneira, ao promover outra forma de retratar a realidade das ruas, na produção textual de informações n'*O Trecheiro*, a Rede Rua busca a mudança social por meio da mudança discursiva.

A Rede Rua promove, em última instância, a visibilidade de pessoas que se encontram em situação de rua e propõe um diálogo com a sociedade para discutir as questões e os problemas que geram essa realidade: a desigualdade basilar da estrutura social capitalista intensificada pelo neoliberalismo, que minimiza o Estado e transfere o ônus do estado de direitos para os indivíduos. Ações como essa colaboram para que as pessoas em situação de rua e sua realidade, que é sintomática da conjuntura estrutural de nossa sociedade, sejam enxergadas e ouvidas pela sociedade como um todo. Isso é de extrema relevância na resistência ao discurso hegemônico, da sociodiceia da competência, que vem ditando as regras do jogo social e normalizando a desumanidade que reside na falta de acesso aos direitos básicos por uma parcela significativa da humanidade.

Referências

ARCHER, M. *Being human*: the problem of agency. Cambridge: Cambridge University Press, 2000.

BAKHTIN, M. M. *Estética da criação verbal.* São Paulo: Martins Fontes, 1992.

BLOMMAERT, Jan. *Discourse*: a critical introduction. Cambridge: Cambridge University Press, 2005.

BOURDIEU, P. (Org.). *A miséria do mundo.*Trad. M. S. Azevedo et al. Petrópolis: Vozes, 1997.

______. *O poder simbólico.* Rio de Janeiro: Bertrand Brasil, 1998.

BRITO, R. C. L.; PIMENTA, S. M. O. A gramática do design visual. In: LIMA, C. H. P. et al. (Org.). *Incursões semióticas.* Rio de Janeiro: Livre Expressão, 2009.

BUARQUE, C. *Admirável mundo atual*: dicionário pessoal dos horrores e esperanças do mundo globalizado. São Paulo: Geração Editorial, 2001.

CASTELLS, M. *O poder da identidade.* Trad. K. B. Gerhardt. São Paulo: Paz e Terra, 2001.

CHOULIARAKI, L.; FAIRCLOUGH, N. *Discourse in late modernity*: rethinking critical discourse analysis. Edinburgh: Edinburgh University Press, 1999.

FAIRCLOUGH, N. *Language and power*. London: Longman, 1989.

______. *Critical discourse analysis*: papers in the critical study of language. New York: Longman, 1995.

______. *Discurso e mudança social*. Trad. I. Magalhães (Org.). Brasília: Ed. da UnB, 2001.

______. *Analysing discourse*: textual analysis for social research. London/New York: Routledge, 2003.

HALLIDAY, M. A. K. *Introduction to functional grammar*. London: Edward Arnold, 1985.

HOBSBAWM, E. *Era dos extremos*. São Paulo: Companhia das Letras, 1995.

KRESS, G.; VAN LEEUWEN, T. *Reading images*: the grammar of visual design. London/New York: Routledge, 1996.

MARTINEZ, M. M. O corpo em movimento: uma etnografia da corporalidade dos trecheiros de São Carlos. In: ENCONTRO ANUAL DA ASSOCIAÇÃO NACIONAL DE PÓS-GRADUAÇÃO E PESQUISA EM CIÊNCIAS SOCIAIS, 33., *Anais...*, Caxambu, Anpocs, 2009.

MEURER, J. L. Ampliando a noção de contexto na Linguística Sistêmico-Funcional e na Análise Crítica do Discurso. *Linguagem em (Dis)curso*, v. 4, número especial, p. 133-157, 2004.

MNPR (Movimento Nacional da População de Rua). *O Movimento*. Disponível em: <http://www.falarua.org/index.php?option=com_content&view=article&id=62&Itemid=80>. Acesso em: out. 2010.

PARDO, L. (Org.). Especial issue on Critical and Cultural Discourse Analysis from a Latin-American perspective. *Journal of Multicultural Discourses*, v. 5, n. 3, 2010.

PARDO ABRIL, N. *Como hacer análisis crítico del discurso*: una perspectiva latinoamericana. Santiago: Frasis, 2007.

______. *¿Que nos dicen? ¿Que vemos? ¿Que és... pobreza?* Bogotá: Universidad Nacional de Colombia, 2008.

REDE RUA. *Rede rua comunicação*. Disponível em: <http://www.rederua.org.br/index.php?option=com_content&task=view&id=3&Itemid=24>. Acesso em: jun. 2010.

RESENDE, V. M. *Literatura de cordel no contexto do novo capitalismo*: o discurso sobre a infância nas ruas. Dissertação (Mestrado em Linguística) — Universidade de Brasília, Brasília, 2005.

______. *Análise de Discurso Crítica e Etnografia*: o Movimento Nacional de Meninos e Meninas de Rua, sua crise e o protagonismo juvenil. Tese (Doutorado em Linguística) — Universidade de Brasília, Brasília, 2008.

______. "It's not a matter of inhumanity": a Critical Discourse Analysis of an apartment building circular on "homeless people". *Discourse & Society*, v. 20, n. 3, p. 363-379, 2009.

______. Publicações em língua portuguesa sobre população em situação de rua: Análise de Discurso Crítica. Projeto de pesquisa (em andamento) — Universidade de Brasília, Brasília, 2010a.

______. Between the European legacy and critical daring: epistemological reflections for Critical Discourse Analysis. *Journal of Multicultural Discourses* (special issue on Critical and Cultural Discourse Analysis from a Latin-American perspective), v. 5, n. 3, p. 193-212, 2010b.

______. The reports of *Correio Braziliense* on sexual exploitation of children and the National Street Children's Movement in Brasília: an analysis of texts' social effects. In: INTERNATIONAL ASSOCIATION FOR MEDIA AND COMMUNICATION RESEARCH CONFERENCE. Braga, IAMCR, 2010c.

RESENDE, V. M.; RAMALHO, V. *Análise do Discurso Crítica*. São Paulo: Contexto, 2006.

SILVA, D. E. G. Representações discursivas da pobreza e discriminação na mídia. In: SILVA, D. E. G. et al. (Org.). *Discurso em questão*: representação, gênero, identidade, discriminação. Goiânia: Cânone Editorial, 2009. p. 63-74.

SOARES, L. T. *O desastre social*. Rio de Janeiro: Record, 2003.

THOMPSON, J. B. *Ideologia e cultura moderna*: teoria social crítica na era dos meios de comunicação. Petrópolis: Vozes, 2001.

VAN LEEUWEN, T. *Discourse and practice*: new tools for critical discourse analysis. Oxford: Oxford University Press, 2008.

WACQUANT, L. Da América como utopia às avessas. In: BOURDIEU, P. (Org.). *A miséria do mundo*. Petrópolis: Vozes, 1997. p. 167-176.

PARTE 2

Discurso, letramentos e identidades docentes

Ensino de língua materna, letramento e identidades no campo da Educação

Guilherme Veiga Rios

1. Introdução

Este trabalho procura discutir a identidade no contexto do ensino de Língua Portuguesa e do letramento, na fala de professoras da educação básica, durante sua participação em um curso de extensão universitária. Os contextos de ensino dessas professoras são a periferia do centro urbano e a cidade de Brasília.

O curso de extensão referido — Letramento e Ensino de Leitura e Produção de Textos — foi organizado como parte do projeto de pesquisa e extensão Reflexividade no Processo de Ensino-Aprendizagem do Português: uma Aplicação da Análise de Discurso Crítica (ADC) e da Teoria Social do Letramento. O objetivo central do projeto é trazer para a prática pedagógica as reflexões desenvolvidas sobre a linguagem na Teoria Social do Discurso, cujo maior expoente é Norman Fairclough (1989, 1992a, 1995, 2001), na teoria de Consciência Linguística Crítica (Fairclough, 1992b; 1999; Clark et al., 1990, 1991;

Clark e Ivanič, 1999), que se pode considerar propriamente uma aplicação da Análise de Discurso Crítica faircloughiana à teoria e prática pedagógica, nas versões mais recentes da Teoria Social do Discurso (Chouliaraki e Fairclough, 1999; Fairclough, 2003) e na Teoria Social do Letramento (Barton, 1994; Barton e Hamilton, 1998, 2000).

O campo de pesquisa inicial do projeto foi uma escola pública de Ensino Fundamental nas séries iniciais, no Plano Piloto, região central de Brasília. A opção por essas séries foi orientada por uma indagação do coordenador do projeto, a partir de sua experiência em alfabetização de jovens e adultos de iniciativa comunitária (Rios, 2010b), sob a perspectiva da teoria e prática da Consciência Linguística Crítica (CLC). Uma consequência importante da discussão nessa perspectiva é a necessidade de desmitificar a CLC de uma determinada visão reducionista: a de que se trata unicamente de um instrumental de fortalecimento de setores oprimidos no contexto societário mais amplo, de maneira que seria somente aplicável em educação não formal desses setores. Conforme algumas tendências atuais (em Clark e Ivanič, 1999), tal visão é somente em parte justificável, uma vez que o sistema de ensino oficial ficaria, em última análise, eximido de uma responsabilidade pelo desenvolvimento de uma sociedade mais justa. É preciso reconhecer entre nós pesquisadores(as) e professores(as) simpatizantes dos setores referidos acima o quanto não reforçamos a exclusão de uma perspectiva crítica sobre a linguagem no sistema de ensino formal. A questão que se põe hoje no debate sobre CLC e ensino é que as transformações ocorridas dentro do processo de globalização trazem demandas a indivíduos de quaisquer grupos sociais, de tal modo que mais do que nunca uma abordagem crítica da linguagem nos currículos de educação formal faz-se urgente e necessária (ver também Fairclough, 1999; Wallace, 1999). Na esteira dessa discussão, por que crianças nas séries iniciais do Ensino Fundamental deveriam estar excluídas dessas intervenções?

Como a alta rotatividade de professoras na escola selecionada inviabilizava o início da condução da pesquisa, o coordenador do projeto optou por ministrar o curso de extensão na Universidade de Brasília e, assim, trazer professores(as) da rede pública para essa proposta pedagógica de ensino de linguagem. Frequentaram o curso dez professoras, nos primeiros encontros, e oito concluíram. O curso abordou as diferentes acepções teórico-práticas do letramento; o letramento como processo na vida social; discursos sobre o letramento; a relação entre o letramento como processo na vida social e a escolarização; o letramento escolar, suas práticas tradicionais e inovadoras; a construção de atividades pedagógicas na abordagem ecológica e social do letramento (Barton, 1994; Barton e Hamilton, 1998, 2000; Rios, 2010a); e a implementação de pesquisa e projeto pedagógico na sala de aula com essa abordagem, conforme Kleiman (2007). Os projetos implementados pelas professoras versaram sobre a percepção de estudantes do ensino superior sobre as mudanças em suas práticas de leitura e escrita decorrentes da apropriação da abordagem ecológica e social do letramento; sobre a formação no letramento científico de estudantes de Ensino Médio de um colégio mantido pelo Ministério da Defesa; sobre o conhecimento acerca das normas escolares quanto ao uso do telefone celular pelos estudantes de uma escola pública de Ensino Fundamental no Recanto das Emas, cidade-satélite de Brasília; sobre usos do letramento e estágio como espaço formativo; e sobre o desenvolvimento na socialização de uma criança autista de menor nível por meio de atividades de letramento.[1] Como nos importa a relação prática pedagógica e identidade docente, na próxima seção trataremos deste tópico, associando-o aos conceitos de discurso e letramento.

2. Letramento, discurso e identidade no campo da Educação

Letramento ou, para ser mais preciso, letramentos são atos socioculturais concretos constituídos por pelo menos uma das seguin-

1. Nesta edição do curso, optou-se por não trabalhar com a teoria de Consciência Linguística Crítica, por uma razão prática: o modelo teórico de letramento integrado à ADC, que adotamos, poderia parecer demasiado denso aos(às) participantes. No entanto, na sessão sobre discursos do letramento houve a menção à CLC, que pretendemos incorporar na próxima edição do curso, contemplando, assim, a abrangência do projeto de pesquisa.

tes atividades — escrita, leitura e fala em volta de/sobre texto escrito[2] (Rios, 2009). Esse conceito aparentemente poderia não contemplar a fala que se relaciona em menor escala a materiais escritos. Entretanto, há argumentos pelos quais uma considerável parte da aprendizagem da escrita na infância está relacionada à fala (ver Teale e Sulzby, 1986; Schieffelin e Gilmore, 1986), o que evidencia o papel da linguagem oral nas práticas sociais de letramento. Nesse sentido, a concepção de letramento aqui proposta é tal que os usos das linguagens oral e escrita estão frequentemente entretecidos nas atividades diárias das pessoas.

De acordo com Barton (1994), as práticas de letramento são os modos culturais gerais pelos quais as pessoas usam o letramento. As práticas de letramento envolvem eventos de letramento, que são as ocasiões empíricas em que ocorrem as atividades de leitura, escrita ou fala. No evento de letramento, os papéis dos participantes, suas identidades sociais e os sentidos dos textos são dinâmicos, isto é, os sentidos dos materiais escritos e as identidades sociais são negociados e reestruturados pelos participantes no curso mesmo do evento.

As práticas de letramento, por sua vez, são a face abstrata dos eventos de letramento, pois veiculam pré-concepções dos participantes, tais como atitudes, valores e ideologias[3] (ver Street, 1993). Para Barton, uma maneira de compreender tais pré-concepções sobre o letramento é a observação das metáforas utilizadas pelas pessoas no dia a dia para falar sobre a linguagem escrita, além das versões científicas.

Mais ainda, conforme Barton e Hamilton (2000), as práticas de letramento se constituem ao mesmo tempo nas dimensões individual

---

2. A expressão "fala em volta de texto escrito" foi cunhada por Heath (1983) e a distinção entre "fala em volta de" e "fala sobre" texto escrito pode ser observada em Moss (1996), conforme Barton e Hamilton (1998).

3. Nessa frase o termo ideologia tem um sentido específico de pré-concepção sobre a realidade, conforme o autor citado, mas em outras partes deste texto seu sentido está ancorado no referencial teórico de Thompson (1995) e Fairclough (1992a), em resumo, como sentidos mobilizados no texto para privilegiar determinada perspectiva da realidade e a luta hegemônica entre esses sentidos e suas correspondentes perspectivas da realidade, respectivamente.

e social. Elas dizem respeito a histórias de vidas particulares, que trazem compreensões relativas sobre o letramento, e ocorrem em interações cujos contextos podem ser institucionalmente complexos, onde questões de poder e ideologia estão presentes.

Essas ideias desenvolvidas ao longo do trabalho sobre o letramento em uma comunidade da cidade de Lancaster (Barton e Hamilton, 1998) foram atualizadas para o que os autores chamam de Teoria Social do Letramento, que se entende pelas seguintes proposições:

> 1) O letramento é mais bem compreendido como um conjunto de práticas sociais: estas podem ser inferidas de eventos que são mediados por textos escritos.
> 2) Existem diferentes letramentos associados a diferentes domínios da vida.
> 3) As práticas de letramento são padronizadas pelas instituições sociais e relações de poder, e alguns letramentos são mais dominantes, visíveis e influentes do que outros.
> 4) As práticas de letramento têm um propósito e estão firmadas em metas sociais mais amplas e nas práticas culturais.
> 5) O letramento é historicamente situado.
> 6) As práticas de letramento mudam e novas práticas são frequentemente adquiridas por meio de processos de aprendizagem informal e de produção de sentido (Barton e Hamilton, 2000, p. 8).

Em correspondência ao conceito de "prática de letramento", utilizamos o de "discurso" do referencial teórico da ADC, na versão de Norman Fairclough (1989/2001, 1992a, 1995, 2003), e Chouliaraki e Fairclough (1999). Ambas as abordagens podem ser articuladas na relação entre texto e prática social.

Discurso aqui é conceituado como o uso da linguagem em práticas sociais, o qual pode ocorrer tanto como parte das atividades nas práticas ou como sua representação. Fairclough sugere uma relação dialética entre discurso e estrutura social, mediada pelas práticas sociais. Com base no pensamento de Foucault (1972), Fairclough

(1992a) discute a natureza constitutiva do discurso na prática social e seu papel nas lutas sociais.

Por sua vez, Chouliaraki e Fairclough (1999) desenvolveram a parte da teoria social crítica que fundamenta a ADC em sua abordagem e propuseram que a ADC complementa e estende a Linguística Sistêmico-Funcional (Halliday, 1994). Nessa perspectiva, discurso (que inclui linguagem e semiótica e é composto de gêneros, discursos e vozes) é mais bem conceituado como um elemento da prática social (Harvey, 1996), que se articula de maneira complexa com os outros elementos — atividade material, processos e relações sociais, e fenômeno mental. O discurso interioriza (contém) os outros elementos e é interiorizado (é contido) por eles sem que seja redutível a eles, e vice-versa. Tal irredutibilidade deve-se a que cada elemento da prática social é um mecanismo particular (um "poder gerador", ver Bhaskar, 1986) que surge simultaneamente numa prática específica, de um modo em que não há efeitos predeterminados de um sobre os outros. O discurso contém características dos outros elementos e estes podem se manifestar discursivamente. Por exemplo, uma carícia pode ser realizada com ou sem palavras, mas pode conter um sorriso, que tanto se manifesta como ação material quanto como um ato semiótico (Chouliaraki e Fairclough, 1999, p. 51), além da característica de desejo (fenômeno mental) e da relação interpessoal.

Uma dimensão crucial do que o discurso constitui na prática social é a identidade. As identidades, sejam pessoais ou sociais, são marcadas por "projetos reflexivos", a busca por narrativas biográficas, que são ao mesmo tempo coerentes e abertas a revisões, no contexto de múltiplas escolhas filtradas por sistemas abstratos, como os sistemas peritos — o conhecimento técnico e humanístico (ver Giddens, 1991, p. 5).

As relações sociais estão cada vez menos sendo determinadas pelas normas da tradição do que pelo interesse, à medida que ocorre uma dominação da vida cotidiana pelos sistemas peritos, o que faz com que as pessoas procurem controlar reflexivamente, por meio de cálculos e assimilação de conhecimentos, como elas devem viver, que estilo de vida ou política de vida devem trilhar na modernidade tardia. Conforme Chouliaraki e Fairclough (1999, p. 81-82), o processo de globalização une efeitos contraditórios, pois abre sem precedentes as bases para um sujeito verdadeiramente universal, onde as pessoas compartilham experiências em diversas partes do mundo, ao mesmo tempo em que oferece recursos para a diferenciação e fragmentação da subjetividade. Esse processo de construção identitária, que envolve uma relação dialética entre o que é universalmente proposto e o que é individualmente fragmentado, tem lugar tanto no enunciado como na enunciação, ou seja, na configuração formal da linguagem e no desempenho específico de uma atividade referenciada em um tempo e local particulares.

Embora essa formulação seja extensivamente aceita na academia, cabe aqui a crítica de Lash (1997, p. 146), reforçada por Resende e Ramalho (2006, p. 33-34), acerca do controle reflexivo sobre a escolha de estilos ou política de vida em determinados extratos sociais: no contexto europeu, como é possível para uma mãe solteira, que vive em um gueto urbano, ser "reflexiva"? No contexto brasileiro, como podem moradores de rua, que precisam se preocupar com sua sobrevivência diária, ocupar-se da escolha autorreflexiva de estilos de vida? Que estilos de vida têm disponíveis para escolha pessoas que vivem à margem dos bens produzidos pela modernidade? Portanto, a reflexividade é mais bem compreendida como uma possibilidade de construção autorreflexiva do sujeito nas práticas sociais, uma vez que as restrições às escolhas reflexivas, na realidade, impõem-se a todas as pessoas.

Assim, o discurso pode ser tanto parte da atividade (quando esta envolve o uso de linguagem) como reflexividade (representação discursiva) da prática, que por sua vez contribui para uma ação constitutiva de práticas e identidades futuras.

Nesse propósito de integrar a Teoria Social do Letramento e a ADC, vimos utilizando um quadro referencial mais amplo no qual leitura, linguagem escrita e oral são parte do elemento discursivo das práticas sociais (Rios, 2010c), que incluem os outros elementos que são "atividade material"; "processos e relações sociais"; e "fenômeno mental" (crenças, valores, desejos). Como foi dito anteriormente, esses elementos estão dialeticamente relacionados entre si, à medida que um interioriza e é interiorizado pelos outros, sem que nenhum deles seja redutível aos outros. Em consequência, o letramento, nesse quadro, pode fazer parte das atividades materiais, bem como das representações, das relações sociais e dos processos identitários, dos valores e crenças específicos numa dada comunidade, assim como contém características de cada um deles. Nas práticas educacionais, a identidade docente se associa amplamente às identidades pedagógicas e locais, conforme a discussão do sociólogo da linguagem e da educação, Basil Bernstein (1999).

3. Identidades pedagógicas e locais no discurso das professoras

Bernstein (1999) expõe que, na luta pela hegemonia da posição pedagógica na arena oficial das políticas públicas educacionais, há diferentes grupos referenciados nas carreiras e nos currículos, que por sua vez estão associados às mudanças tecnológicas, econômicas e culturais contemporâneas.

No caso do Reino Unido e assemelhados, as identidades construídas sobre a base coletiva da educação oficial no período de reformas do governo laborista (as identidades pedagógicas) tendem, no processo de recentralização estatal, por um lado, a um retorno ao passado — as identidades retrospectivas — e a uma seleção de ideias e práticas do passado com vistas a uma nova construção — as identidades prospectivas. Pelo lado da descentralização frente ao Estado, e aí se incluem diversos campos autônomos da sociedade civil, como o mercado e outros entes sociais, tem-se a identidade pedagógica de mercado e a identidade que o autor designa por "terapêutica", por ser produzida a partir de teorias complexas de desenvolvimento pessoal, cognitivo e social, frequentemente chamadas de progressistas, e que nas lutas pela fixação dessa posição nas políticas públicas tem pouco poder.

Externas a essas posições oficiais estão as identidades "locais", que afetam as identidades pedagógicas e por elas são afetadas. Tais identidades não têm procedência no Estado, mas em grupos e comunidades. Bernstein mapeia o que ele chama de campo emergente das identidades locais, procurando traduzir a complexidade existente com a reorganização do capitalismo na modernidade tardia. Há dois tipos opostos de identidade local: a retrospectiva descentralizada, com recursos no passado e no presente, e a prospectiva recentralizante, com recurso no futuro. A identidade retrospectiva no passado possui os modos elitista (cultural) e fundamentalista, que por sua vez se subdivide em populista nacionalista e religiosa. A identidade retrospectiva no presente possui os modos instrumental e terapêutico. E, por fim, a identidade prospectiva possui os modos com base no gênero social, na raça e na região.

Passo então à aplicação desta teoria aos dados que obtive das professoras no curso de extensão. No primeiro encontro, foi solicitado às participantes o preenchimento de um questionário de pesquisa com perguntas sobre os conceitos de linguagem, texto, fala, escrita e leitura; o que é e como se deve ensinar a Língua Portuguesa e a leitura e a produção escrita; e como a participante se via na profissão de professora. Esse questionário buscava resposta ao primeiro dos cinco objetivos do projeto de pesquisa: identificar discursos prevalecentes sobre conceitos como linguagem, texto, fala e escrita, dos(as) participantes voluntários(as), professores(as) de Ensino Fundamental de escolas da rede oficial de ensino do Distrito Federal.[4] Também, parcialmente, ao quarto: investigar os textos, a intertextualidade e as identidades sociais constituídas nestes, como elementos indissociáveis de práticas sociais. Foram devolvidos quatro questionários preenchidos: o de uma professora de uma universidade privada, de uma professora de uma escola pública de Ensino Fundamental, de uma servidora pública de uma autarquia do Ministério da Educação e de

4. O perfil dos(as) participantes da pesquisa foi modificado após o início do curso de extensão, uma vez que estavam nele matriculadas professoras de Ensino Fundamental, Médio e Superior.

uma professora de Ensino Médio de uma escola mantida pelo Ministério das Forças Armadas.

As participantes foram orientadas a escreverem de maneira espontânea, sem consultar livros, teóricos ou qualquer abordagem sistematizada em uma teoria. A razão para isso era conhecer os conceitos portados pelas participantes que se sedimentaram ao longo de sua formação. A participante professora do Ensino Superior demonstra ter um conceito de linguagem informado tanto por teorias linguísticas estruturalistas como por teorias do discurso:

> Inicialmente, vem à minha mente, que é a capacidade que tem o ser humano de exteriorizar seus pensamentos, sentimentos, ideias, utilizando a língua, os movimentos corporais e outras formas de expressão. Em um segundo momento, todas essas formas de linguagem e/ou expressão estão intrinsecamente ligados a fatores sociais, históricos e culturais que as moldam e restringem.

Sua resposta à pergunta sobre como se via na profissão de professora favorece sobremaneira a concepção de linguagem constituinte da vida social, bem como a visão segundo a qual os recursos discursivos são de grande importância "para uma participação mais ativa e consciente nas práticas sociais":

> Meu papel como professor é criar condições para que os alunos, na prática constante da leitura e da escrita, aprendam a produzir e consumir os gêneros textuais que circulam na vida diária, em todos os domínios; se conscientizem da heterogeneidade própria da língua; e enriqueçam seu repertório de recursos lexicais, gramaticais e estilísticos, para uma participação mais ativa e consciente nas práticas sociais. Essa tarefa não é fácil e exige muito empenho e dedicação do professor, bem como interesse e motivação em aprender, por parte dos alunos.

A professora do Ensino Fundamental e Médio de uma escola pública deu respostas pontuais aos conceitos, as quais parecem ter pouca relação com teorias linguísticas modernas, ou seja, forneceu explanações menos elaboradas em relação a estas e mais de senso comum, além de fazer certa referência ao discurso religioso em "a linguagem é o dom supremo da humanidade" e a um embasamento sociocultural:

> a) linguagem — a linguagem é o dom supremo da humanidade, por meio dela nos localizamos em uma determinada sociedade e nos enxergamos como seres de cultura e aculturados.
> b) texto — é a representação da linguagem, pode ser escrito ou oral. É o pensamento externado.
> c) fala — ato intrínseco do homem, é na fala que externamos a linguagem e todas as suas nuances.
> d) escrita — é o desempenho sistemático e mecânico da aquisição e representação dos "signos" gráficos.
> e) leitura — é também um desempenho sistemático que se subdivide em *performances* mais ou menos elaboradas, como: decodificação, apreensão, interpretação, compreensão.

Em sua resposta à pergunta sobre como se via na profissão de professora, a participante apresenta uma postura de reversibilidade da interação professor(a) e estudante, qualificando-a com a empatia que se deve ter em relação ao outro e com o projeto transformador da sociedade de Paulo Freire: "Parafraseando Paulo Freire, 'sou aquela que ensinando de repente aprende'. Esse aprender se refere a respeitar os limites do educando e a partir deles planejar as mudanças".

A participante servidora pública de uma autarquia do Ministério da Educação faz referência a Bakhtin e a Fairclough:[5]

> a) linguagem
> Entendo linguagem, a partir do que preconiza Bakhtin, ou seja, como forma de interação, como um trabalho coletivo, o que implica conside-

5. Nesse caso, sua resposta não foi livre de interferência de uma teoria ou de uma abordagem sistematizada em uma teoria, conforme foi solicitado às professoras que preenchessem o questionário. Em conversa com a professora, esta declarou que fez consulta aos textos dos autores referidos. Assim, não se pode afirmar que essa compreensão dos conceitos tenha sido sedimentada na formação universitária.

> rar seu aspecto social e histórico. Linguagem é, assim, nessa perspectiva, dialógica, uma ação orientada para determinada finalidade entre sujeitos — falante/escritor e ouvinte/leitor — produtores de sentidos, que se realiza nas práticas sociais dos mais diversos contextos sociais e históricos.
>
> Nessa concepção, discurso — modo de ação historicamente situado (segundo Fairclough) — manifesta-se, concretiza-se, por meio de textos e estes se organizam a partir de gêneros discursivos. Por isso o texto, ou melhor, os textos que circulam na sociedade, e não mais a frase, é a "concretude" da linguagem considerada. Desse modo, a artificialidade de frases e de textos "fabricados" dá lugar à complexidade dos discursos manifestos por meio de textos "reais", cujo corpo se dá a partir de estruturas com relativa estabilidade, os gêneros discursivos, num dado contexto.

Sua resposta à pergunta sobre como se via na profissão de professora é coerente com a concepção de linguagem reportada e problematizadora quanto a sua prática orientada por concepções diversas. Faz uma reflexão acerca da constituição identitária institucional escolar, ao lado da constituição identitária local orientada por "práticas emancipadoras, no dizer de Foucault, provocadoras de 'pequenas revoluções diárias' e por isso fomentadoras do sujeito produtor competente de textos e leitor de múltiplas leituras":

> Embora eu não esteja no momento em sala de aula, me vejo como professora-mediadora. Ao fazer uma retrospectiva de minha atuação como mediadora da construção do processo de ensino-aprendizagem de Língua Portuguesa, preciso admitir que, muito embora eu conceba linguagem como interação — e por isso me coloco como mediadora do processo, muitas vezes me vi conduzindo em sala de aula práticas conservadoras fundamentadas na concepção de linguagem como expressão do pensamento ou como mero instrumento de comunicação. Contudo, sem querer amenizar minha responsabilidade, é preciso assinalar que a liberdade de atuação do sujeito-professor é limitada pela instituição-escola, que, por sua vez, ainda que dialogicamente, reflete o sistema. Mas, felizmente, há muitas memórias de práticas emancipa-

doras, no dizer de Foucault, provocadoras de "pequenas revoluções diárias" e por isso fomentadoras do sujeito produtor competente de textos e leitor de múltiplas leituras.

A participante professora da escola mantida pelo Ministério da Defesa, assim como a professora da escola pública de Ensino Fundamental, também dá respostas pontuais, de senso comum, sem recurso a abordagens teóricas, e numa perspectiva bastante conservadora em relação a estas, ao mesmo tempo em que demonstra inovação ao ver a linguagem como modo de ação no mundo:

> a) Linguagem: é o meio pelo qual todos os seres humanos se comunicam. Por meio dela agimos no mundo.
> b) Texto: é a forma pelo qual nos comunicamos, materializada por meio da escrita.
> c) Fala: é a materialização da comunicação oral.
> d) Escrita: é a materialização de um texto, de uma frase, de um período etc.
> e) Leitura: forma pelo qual conhecemos o mundo e nos deixamos conhecer.

No entanto, sua resposta à pergunta sobre como se via na profissão de professora parece afastar-se de uma postura conservadora sobre o ensino de linguagem, orientado também por concepções conservadoras. Nota-se, também, a relação de afetividade entre professor(a) e estudante, o poder persuasivo do(a) professor(a) e um indício de concepção de linguagem constituinte da vida social:

> Vejo-me como agente, como alguém que tem voz e que por meio dela posso mudar as perspectivas do ensino tradicional. Nesse sentido, tento, por meio da afetividade, estimular o gosto pela leitura e produção de textos. Tenho consciência de que só aprendemos quando somos estimulados e quando a matéria que está sendo ministrada é importante para se alcançar determinado objetivo. Assim, o ensino da língua na

> minha perspectiva de ensino passa pelo poder que eu tenho de convencer meu aluno, por meio de várias estratégias, da importância da Língua Portuguesa na vida em geral.

É possível classificar essas falas das professoras com base nas identidades pedagógicas e locais propostas por Bernstein, porém de modo adaptado para a realidade brasileira. Nesse sentido, utilizo-me das reflexões de Maria Bernadete de Oliveira (2006), que aponta como alguns currículos nos cursos de licenciatura em Letras tendem para a construção de processos identitários docentes do tipo retrospectivo, relacionados a modos identitários locais fundamentalistas e elitistas (Oliveira, 2004), focalizados, respectivamente, na manutenção de valores culturais, nacionalistas ou religiosos e na "alta cultura", ou seja, o cânone, a cultura de prestígio. Assim, algumas falas como "a linguagem é o meio pelo qual todos os seres humanos se comunicam" e "a linguagem é o dom supremo da humanidade" se alinham com as identidades pedagógicas retrospectivas e identidades locais elitistas e fundamentalistas, por representarem conteúdos tradicionais do currículo, defendidos por grupos resistentes a mudanças na organização das disciplinas e grades curriculares. Por outro lado, as falas das professoras que trazem à baila a natureza sócio-histórica da linguagem e a visão dialógica bakhtiniana se relacionam com a identidade pedagógica prospectiva e a identidade local prospectiva recentralizante, embora sem as implicações do contexto político-econômico mais amplo relacionadas à mercantilização e ao controle estatal.

Em suma, este trabalho trata-se de uma aproximação do discurso docente sobre os conceitos de linguagem, texto, fala, leitura e escrita e as identidades sociais docentes associadas às identidades pedagógicas e locais, conforme Bernstein (1999). Esperamos dar continuidade a esta pesquisa em novas edições do curso de extensão para professores da educação básica e poder, assim, obter uma base de dados cada vez mais ampla que permita mapear as identidades no campo da educação.

Referências

BARTON, D. *Literacy*: an introduction to the ecology of written language. Oxford/Cambridge: Blackwell, 1994.

______; HAMILTON, M. *Local literacies*. London: Routledge, 1998.

______; ______. Literacy practices. In: BARTON, D.; HAMILTON, M.; IVANIČ, R. (Eds.). *Situated literacies*. London: Routledge, 2000. p. 7-15.

BERNSTEIN, B. Official knowledge and pedagogic identities. In: CHRISTIE, F. *Pedagogy and the shaping of consciousness*. London/New York: Continuum, 1999. p. 246-261.

BHASKAR, R. *Scientific realism and human emancipation*. London: Verso, 1986.

CHOULIARAKI, L.; FAIRCLOUGH, N. *Discourse in late modernity*. Edinburgh: Edinburgh University Press, 1999.

CLARK, R. et al. Critical language awareness part 1: a critical review of three current approaches. *Language and Education*, v. 4, n. 4, p. 249-260, 1990.

______. Critical language awareness part 2: towards critical alternatives. *Language and Education*, v. 5, n. 1, p. 41-54, 1991.

______.; IVANIČ, R. (Eds.) Special edition on critical language awareness. *Language Awareness*, v. 8, n. 2, 1999.

FAIRCLOUGH, N. *Language and power*. London: Longman, 1989.

______. *Discourse and social change*. Cambridge: Polity Press, 1992a.

______ (Ed.). *Critical language awareness*. London/New York: Longman, 1992b.

______. *Critical Discourse Analysis*. London: Longman, 1995.

______. Global capitalism and critical awareness of language. *Language Awareness*, v. 8, n. 2, p. 71-83, 1999.

______. *Language and power*. 2. ed. London: Longman, 2001.

______. *Analysing discourse and text*: text analysis for social research. London: Routledge, 2003.

FOUCAULT, M. *Archaeology of knowledge*. London: Tavistock Publications, 1972.

GIDDENS, A. *Modernity and self-reflexivity*. Cambridge: Polity Press, 1991.

HALLIDAY, M. A. K. *Introduction to functional grammar*. 2. ed. London: Edward Arnold, 1994.

HARVEY, D. *Justice, nature and the geography of difference*. London: Blackwell, 1996.

HEATH, S. B. *Ways with words*: language, life and work in communities and classrooms. Cambridge: Cambridge University Press, 1983.

KLEIMAN, A. Letramento e suas implicações para o ensino de língua materna. *Signo*, v. 32, n. 53, p. 1-25, 2007.

LASH, S. A. A refexividade e seus duplos: estrutura, estética, comunidade. In: GIDDENS, A.; ULRICH, G.; LASH, S. *Modernização reflexiva*: política, tradição e estética na ordem social moderna. São Paulo: Ed. da Unesp, 1997. p. 135-206.

MOSS, G. *Negotiated literacies*. Dissertation (Ph.D) — Open University, 1996.

OLIVEIRA, M. B. F. Discutindo a formação inicial de professores de língua materna: o processo de disciplinarização dos saberes de referência. In: CONGRESSO BRASILEIRO DE LINGUÍSTICA APLICADA, 7., *Anais...*, Pontifícia Universidade Católica, São Paulo, 2004.

______. Alteridade e construção de identidades pedagógicas: (re)visitando teorias dialógicas. In: MAGALHÃES, I.; GRIGOLETTO, M.; CORACINI, M. J. (Orgs.). *Práticas identitárias*: língua e discurso. São Carlos: Claraluz, 2006. p. 27-44.

RESENDE, V.; RAMALHO, V. *Análise de Discurso Crítica*. São Paulo: Contexto, 2006

RIOS, G. *Literacy discourses*: a sociocultural critique in Brazilian communities. Saarbrücken: Verlag Dr. Müller, 2009.

______. Considerações sobre letramento, escolarização e avaliação educacional. In: RESENDE, V.; PEREIRA, F. (Orgs.). *Práticas socioculturais e discurso*. Covilhã: Labcom Books, 2010a.

______. *Linguagem e alfabetização de adultos*: uma perspectiva crítico-ideológica. Covilhã: Biblioteca On-line de Ciências da Comunicação, Universidade de Covilhã, 2010b. Disponível em: <http://bocc.ubi.pt/pag/rios-guilherme-linguagem-e-alfabetizacao de adultos.pdf>.

RIOS, G. Letramento, discurso e gramática funcional. *Cadernos de Linguagem e Sociedade*, Brasília, v. 11, n. 2, p. 167-183, 2010c.

SCHIEFFELIN, B.; GILMORE, P. (Eds.) *The acquisition of literacy*: ethnographic perspectives. New Jersey: Ablex, 1986.

STREET, B. (Ed.). *Cross-cultural approaches to literacy*. Cambridge: Cambridge University Press, 1993.

TEALE, W.; SULZBY, E. (Eds.) *Emergent literacy*: writing and reading. New Jersey: Ablex, 1986.

THOMPSON, J. B. *Ideologia e cultura moderna*: teoria social crítica na era dos meios de comunicação de massa. 2. ed. Petrópolis: Vozes, 1995.

WALLACE, C. Critical language awareness: key principles for a course in critical reading. *Language Awareness*, v. 8, n. 2, p. 98-110, 1999.

Discursos, identidades docentes e letramentos na inclusão de pessoas com deficiência

José Ribamar Lopes Batista Júnior
Denise Tamaê Borges Sato

1. Introdução

Este trabalho, vinculado ao Projeto Integrado Discurso, Identidade e Práticas de Letramento no Ensino Especial, sob a coordenação da professora doutora Izabel Magalhães, investigou os discursos sobre a inclusão de alunos(as) surdos(as) ou com Síndrome de Down, bem como as práticas de letramento e as identidades docentes no Ensino Regular.

A motivação para esta pesquisa estava na transformação social ocorrida a partir desse novo contexto de inclusão, promovido, principalmente, a partir da Declaração de Salamanca (1994). Com o processo de inclusão, observamos algumas lacunas, entre elas a falta de profissionais qualificados no Ensino Regular, o que suscitou muitas dúvidas e preocupações das famílias.

O presente estudo abordou os conceitos de "identidade", "letramentos" e "discurso" — à luz do arcabouço teórico-metodológico da

Análise de Discurso Crítica (ADC) e da Teoria Social do Letramento (TSL) (Street, 1984, 2001; Barton, 1994; Prinsloo e Breier, 1996; Barton e Hamilton, 1998; Barton e Hamilton e Ivanič, 2000; Rios, 2009). Os conceitos adotados são aqueles alinhados com a proposta de Fairclough (2003), em que o discurso (como um dos elementos da prática social) é visto como forma de ação, representação e identificação. Os discursos e as identidades docentes estão situados em práticas de letramento (Street, 1984; Magalhães, 2008). Logo, o foco centrou-se na investigação das identidades docentes, por entendermos que elas são construídas nos discursos, nas práticas sociais e nas interações com os demais atores sociais nos contextos em que se encontram.

Adotamos como metodologia a pesquisa etnográfico-discursiva, combinada com o estudo de narrativas (Magalhães, 2006).

2. Análise de Discurso Crítica

A Análise de Discurso Crítica (ADC) ou Critical Discourse Analisys (CDA) é uma forma analítica de estudo que tem como objetivo demonstrar os modos pelos quais o abuso de poder, a dominação e as desigualdades são sustentados ou combatidos por meio de textos (visuais ou multimodais) em contextos específicos (sociais e políticos) (Van Dijk, 1999). Ainda que não percebamos, materialmente, em que momento o poder é iniciado ou de que maneira ele é promulgado, sabemos que ele se estabelece por meio da força de instituições como o Estado e a Igreja, e de formas de manipulação ideológica (Magalhães, 2008).

Blommaert (2005) mostra-nos que dessas instituições centralizadoras emanam juízos de valor, que ligam o signo ao seu contexto, formando ordens indexicais. As ordens indexicais mantêm-se por meio do discurso. O agrupamento das ordens indexicais constitui as ordens de indexicalidade que orientam a prática linguística dos indivíduos. Assim, a partir das muitas ordens de indexicalidade, o valor construído vincula-se ao contexto e é disseminado no discurso, tornando-se parte do processo de produzir sentidos dentro do sistema de uso.

A contextualização do discurso torna-se um desafio aos estudiosos e analistas para que se consiga alcançar a prática discursiva. Os textos não surgem de forma aleatória. Sua produção, o discurso que os veiculam e a recepção atendem a demandas geradas pelas instituições centralizadoras, num sistema de poder policêntrico. Esse poder descentralizado compartilha de alguns discursos, comuns à mesma prática, formando uma rede, em que esses discursos se reforçam na medida em que se naturalizam.

As instituições centralizadoras teriam, para o autor, a legitimidade de estabelecer o valor ou a norma, desenhando o modelo de pai, filho, funcionário, fiel religioso, mulher, e assim por diante, em um apagamento ideológico da diferença. Contudo, tais sistemas refletem marcas da exclusão pela homogeneização de estereótipos. O poder em si não é algo ruim, porque é parte integrante e organizadora da sociedade. Os mecanismos de poder utilizados para mascarar situações hegemônicas em que a exclusão é o objetivo são situações a serem desveladas e que, uma vez esclarecidas, podem gerar a mudança em formato de novas configurações das práticas sociais.

Um dos aspectos a serem buscados nas análises linguísticas é a voz. A voz, segundo Blommaert (2005), é a capacidade de um indivíduo de mobilizar recursos linguísticos em estratégias consideradas apropriadas para o contexto de uso. Essa capacidade demonstraria o grau de inserção de uma pessoa ou grupo nas zonas de prestígio. Ao analisar um texto, devemos buscá-lo como objeto situado em práticas sociais, que são modos relativamente estáveis de atuação social. Sem a moldura social que permite seu surgimento e sua circulação, os estudiosos acabam permanecendo na imanência do texto, restringindo seus significados, que são socialmente constituídos.

O significado depende do discurso e dos demais elementos da prática. O discurso predispõe os atores sociais a determinadas ações, direcionando-os a assumir comportamentos consoantes com a prática social a que pertençam. Os sujeitos que incorporam as ideias e significados de uma prática tomam esse espaço como sua realidade (Sato, 2008). Nesse sentido, o conjunto de conhecimentos representa formas de interagir com o espaço e ao mesmo tempo faz com que os atores se sintam parte desse ambiente, e é o que torna significativa cada vivência.

Por meio do discurso, instituições transformam ou mantêm modos de ver, veiculam ideias, inclusive as ideológicas, que são repetidas e incorporadas às identidades. O discurso assume nas práticas sociais seus três significados (acional, representacional e identificacional), sendo, portanto, ação, representação e identificação. Os modos de ver e compreender determinados fenômenos sociais são, dessa forma, construções sociais complexas, que envolvem também outros elementos da prática, inclusive os não discursivos.

As formas pelas quais os grupos operam o poder definem a inclusão de uns ou a exclusão de outros. A inclusão ou a exclusão ocorre a partir da seleção de conhecimentos e crenças tomados como legítimos e, por consequência, de prestígio. Tais conhecimentos ou crenças são pilares que sustentam o *modus operandi* de instituições ou pessoas poderosas, na medida em que tais crenças se tornam parte da sociedade e "domesticam" as pessoas nos dois lados do poder. Tanto dominadores(as) como dominados(as), tendo incorporado as ideologias do poder, não percebem a dominação em si. Agem em consonância com o discurso e a prática.

Parte da ação social se dá pela linguagem. Para compreender a prática social, a análise de discurso deve incluir em seu objeto de pesquisa tanto a linguagem como ação como o social que a estabelece (Blommaert, 2005). Se o estudo da estrutura do código linguístico não alcançava o social, os teóricos da linguagem foram buscar em outros campos as ferramentas de estudo, como a Crítica Literária e a Sociologia, a Filosofia, a Antropologia, a Semiótica, entre outros. Mas essa proposta de situar a linguagem em seu contexto de uso não é nova. Segundo Gouveia (2002), a percepção de que o foco dos estudos linguísticos não deveria situar-se apenas no código, mas no uso desse código, foi inaugurada com a Linguística Crítica, a partir dos livros *Language and control* (Fowler et al., 1979) e *Language as ideology* (Kress e Hodge, 1979; Hodge e Kress, 1993).

Os desmembramentos a partir da Linguística Crítica deram ao estudo do discurso como prática social um perfil complexo. Para analistas críticos(as) do discurso, uma questão é pacífica: a visão de que o discurso é uma prática social e que os estudos linguísticos baseados no discurso poderiam constituir uma ferramenta eficiente para estudos atuais. Fairclough (2003) define o discurso como campo fértil para a análise dos mecanismos da globalização e dos fenômenos sociais da modernidade tardia.

Discurso, assim, conecta-se a um conjunto de articulações, pelas quais a linguagem cruza fronteiras, estabelecendo configurações com diferentes discursos, que, por sua vez, influenciam ou constrangem a atividade de atores sociais nos eventos. Os discursos de uma prática em sua totalidade constituem as "ordens do discurso" (Foucault, 2001; Fairclough, 2003). Ordens do discurso são formações sociais de linguagem, relativamente duráveis, que em si mesmas são parte de estruturas de um conjunto de práticas sociais. Por fim, as ordens do discurso são a totalidade de práticas discursivas dentro de uma instituição, ou sociedade, e o relacionamento entre elas é, para Fairclough (2001), decisivo, porque define o cerne de qualquer formação discursiva.

Entender o discurso como parte das práticas sociais implica reconhecer que além da análise de vocabulário, gramática, coesão e estrutura textual, por exemplo, o(a) analista deve dedicar sua atenção a aspectos como atos de fala, coerência e intertextualidade — que são aspectos que ligam o texto ao contexto (Fairclough, 2003) e às estruturas de distribuição, consumo e produção discursiva.

Contudo, faltam à ADC mecanismos de investigação *in locus*, os quais Fairclough (2003) reconhece e como medida recomenda a triangulação com métodos etnográficos, sem se ater a maiores detalhamentos de como tais estudos se processariam.

Essa noção elementar e sucinta da ADC foi necessária para uma reflexão sobre aspectos supratextuais que concorrem na formação das ordens do discurso. Com isso, advogamos uma articulação possível entre a ADC e a Teoria Social do Letramento, cujo foco está nos usos da leitura e da escrita e sua produção, distribuição e consumo; relação que passaremos a descrever na próxima seção.

3. Letramentos

Gee (2000) discorre sobre letramento como um tipo de prática construída a partir de uma linguagem distinta, formas linguísticas elaboradas para a mediação em atividades situadas, também construídas socialmente. Para o autor, os textos escritos veiculam discursos que determinados grupos de pessoas utilizam para interagir, valorizar, fazer acreditar e até mesmo falar (p. 413). Esses textos formam um conjunto de semioses, que incluem todas as formas de construção de significados (Fairclough, 2001, p. 122) e que constituem formas de conhecimento, formas de ser, de estar no mundo. Tais conhecimentos influem no significado pessoal, na identidade, transparecendo em linguagem corporal, imagens visuais que refletem os modos de ser, enfim, a própria identidade.

De acordo com a relação maior ou menor com textos de uma determinada prática específica, os valores contidos e veiculados passam a ocupar maior ou menor importância na mente e no imaginário dos atores. O valor, o poder e o destaque serão determinados por esses letramentos, com a saturação no próprio ser, que transparece nos modos de ser, de falar e de agir no mundo em consonância com o que é veiculado nos textos, bem como com a capacidade de leitura e, principalmente, de escrita.

As diferenças, segundo Silva (2000), participam do processo de aceitação e negação de identidades, de inclusão e de exclusão, compondo parte do que somos. Assim, as lutas pelas identidades são lutas pelo poder e pela posse de representações de prestígio. Nesse sentido, o acesso aos letramentos pode ser visto como uma forma de aquisição dessas representações e dos modos de agir com a língua. Por meio do acesso aos letramentos de prestígio, novos atores podem ser inseridos em práticas constituídas, bem como, por meio da exposição de atributos relacionados aos letramentos de prestígio, pelos atores sociais, novas propostas de mudança podem ocorrer, via processos de identificação.

Em outras palavras, as instituições centralizadoras detentoras de um discurso de autoridade podem intervir nas práticas, mesclando novos discursos, em processo de realocação de significados. Esse processo, denominado por Blommaert (2005) de reentextualização, se dá ao retirar um discurso de seu contexto e realocá-lo em novo contexto, dando-lhe novas nuanças de sentido. Essas propostas de novas formas de significado para um mesmo fenômeno possibilitam a colonização de um discurso por outro, ou a domesticação por meio da ideologia linguística, em que o texto material é tomado para diferentes fins. Atores que conhecem tais práticas podem atuar de forma reflexiva, alternando a configuração de algumas práticas, em resistência à dominação.

Gêneros discursivos diferem em graus de poder e ideologia (Street, 1998). Textos com maior prestígio interferem na prática ou no conjunto de práticas de um número maior de pessoas do que outros. Textos governamentais regem atividades. Textos publicitários influenciam comportamentos. Textos cotidianos operacionalizam dinâmicas. Práticas domésticas de letramento determinam o quanto esses outros textos adentram o lar e de que forma uma família está inserida em diferentes contextos sociais. Os textos lidos em um ambiente familiar dizem sobre a posição social de seus leitores. Quem os produz demonstra a posição social que ocupa. De igual sorte, a leitura e a escrita vão ser carregadas desses sentidos, e têm uma forma "situada", ou seja, uma forma de ler e de escrever correspondente ao mundo social em que o discurso foi gerado.

Assim como a concepção de discurso crítico, o letramento crítico permite uma ação libertadora, poderosa, em que os atores tomam os textos como metadiscursos, compreendendo as práticas sociais a que esses textos se filiam e, assim, construindo novas formas de situar-se em sociedade (Gee, 1996). Gee, em sua obra de 1999, ainda advoga que os estudos com letramento devem centrar-se no trabalho de percepção de como as pessoas conseguem reconstruir, manter, negociar, resistir a identidades ou situações impostas. Relações assimétricas de poder tendem a constranger pessoas a falar, pensar, agir e posicionar-se de uma forma particular, a aceitar certas maneiras de ver-se e encarar o mundo, mas os diferentes letramentos, e entre eles os letramentos críticos, são poderosas ferramentas de atuação que atores locais podem utilizar para romper barreiras impostas pelas estruturas, e alçar-se em busca de novas configurações sociais.

Um dos aspectos inerentes a ambas as teorias, ADC e TSL, é o foco nas identidades como forma explanatória das operacionalidades do poder e da ideologia. Na articulação proposta, temos em *Adult Literacy, Numeracy and Language*, das autoras Lyn Tett, Mary Hamilton e Yvone Hillier a relação entre letramento e inclusão como fatores políticos. A ADC (Fairclough, 2003) relaciona o uso da linguagem a significados identificacionais, sendo, neste caso, o uso da linguagem escrita (letramento) uma forma de interação pela qual pessoas são envolvidas.

No alargamento da compreensão sobre eventos de letramento, compreendemos eventos como espaços onde pessoas, concertadamente, criam significados, na interação com os outros, a partir de suas histórias individuais e coletivas, em situações pertinentes (Bloome et al., 2005, p. 6). Esse alargamento permite a articulação entre a TSL e a ADC, uma vez que, ao produzir significados nos eventos de letramento, as identidades se constroem, recriam seus espaços e possibilitam a manutenção ou transformação das práticas. Cabe, então, ao(à) analista a tarefa de desvelar as articulações que sustentam práticas ou ainda buscar a compreensão de mecanismos de poder nelas engendrados.

4. Metodologia

O presente estudo caracteriza-se como uma pesquisa qualitativa (Bauer e Gaskell, 2002; Flick, 2004, 2009; Denzin e Lincoln, 2006) que consiste na escolha correta de métodos e teorias oportunos, no reconhecimento e na análise de diferentes perspectivas, nas reflexões dos pesquisadores a respeito de sua pesquisa como parte do processo de produção de conhecimento e na variedade de abordagens e métodos.

A abordagem qualitativa é "indicada quando se pretende focar representações de mundo, relações sociais, identidades, opiniões, atitudes, crenças ligadas a um meio social" (Resende, 2009, p. 57). Essa abordagem tem o ambiente natural como sua fonte direta de dados e o(a) pesquisador(a) como seu principal instrumento, isto é, supõe o contato direto e prolongado desse(a) com o ambiente e a situação que está sendo investigada.

Em um primeiro momento, fizemos uma observação em que pretendíamos conhecer os locais selecionados para a realização da pesquisa, bem como estabelecer contato com os(as) participantes. Em seguida, realizamos o trabalho de campo com base nos pressupostos da etnografia, "a arte e a ciência de descrever um grupo humano — suas instituições, seus comportamentos interpessoais, suas produções materiais e suas crenças" (Angrosino, 2009, p. 30). Em outras palavras, a etnografia envolve a participação do(a) pesquisador(a), aberta ou veladamente, na vida diária das pessoas, com as quais vive por um período prolongado de tempo, observando o que acontece, ouvindo o que é dito, e/ou fazendo perguntas através de entrevistas formais e informais, recolhendo documentos e artefatos — na realidade, reunindo todos os dados que estão disponíveis para jogar luz sobre as questões que são o foco emergente no inquérito (da pesquisa). De um modo geral, etnógrafos recorrem a uma variedade de fontes de dados, embora possa, por vezes, basear-se principalmente em um (Hammersley e Atkinson, 2007, p. 3).[1]

Nessa etapa da pesquisa, utilizamos entrevistas, narrativas e registros de diários como instrumentos para geração/coleta dos dados. Os locais escolhidos foram duas escolas públicas[2] da Secretaria de Educação do Distrito Federal, no período de outubro a dezembro de 2007 e fevereiro a maio de 2008.

1. Tradução nossa de: "ethnography usually involves the researcher participating, overtly or covertly, in people's daily lives for an extended period of time, watching what happens, listening to what is said, and/or asking questions through informal and formal interviews, collecting documents and artefacts — in fact, gathering whatever data are available to throw light on the issues that are the emerging focus in inquiry. Generally speaking ethnographers draw on a range of sources of data, though they may sometimes rely primarily on one".

2. Escola A (localizada em Taguatinga) e Escola B (localizada em Sobradinho).

Os(as) participantes deste estudo (ver Quadro 1) eram professores(as) da segunda fase do Ensino Fundamental (6º ao 9º anos). Os dois critérios utilizados para selecionar os(as) professores(as) foram: a) atender alunos e alunas surdos(as) ou com Síndrome de Down; b) aceitação, com a assinatura do Termo de Consentimento Livre e Esclarecido (em conformidade com a Resolução n. 196, de 10 de outubro de 1996, do Conselho Nacional de Saúde, que dispõe sobre pesquisas que envolvem seres humanos, e após aprovação da pesquisa no Conselho de Ética).

Quadro 1 Caracterização dos(as) participantes

NOME[3]	ATUAÇÃO NA EDUCAÇÃO (ANOS)	ATUAÇÃO NO ENSINO ESPECIAL (ANOS)	ÁREA/DISCIPLINA
Leidiane	10	4	Matemática
Mariana	11	4	Filosofia
Warley	24	4	Ciências e Matemática
Emerson	10	4	Português e Inglês
Silvia (professora itinerante)[4]	Não informado	Não informado	Deficiência Mental
Ana Kalyne	17	3	Ciências Biológicas
Mara	17	8	História
Rosa	23	4	Estudos Sociais/Geografia
Cleia	11	2	Letras Inglês e Português
Goreth	19	1	Letras
Teresa	23	3	Ciências Biológicas
Batista	21	Não informado	Ciências

3. Todos os nomes registrados, de professores(as), são pseudônimos.

4. Professoras itinerantes são profissionais ligados a Secretaria de Educação que orientam, apoiam e fiscalizam a atuação escolar e docente no atendimento às pessoas com deficiência. São, em grande parte, oriundos das escolas especiais. Por fim, cada itinerante é responsável por um conjunto de escolas, as quais visita periodicamente.

Como empregamos métodos diferentes de geração e análise dos dados e comparamos os resultados, usamos o princípio da triangulação (Flick, 2004; Denzin e Lincoln, 2006), apoiando-nos na etnografia, na TSL e na ADC. Segundo Denzin e Lincoln (2006, p. 19):

> O uso de múltiplos métodos (ou da triangulação) reflete uma tentativa de assegurar uma compreensão em profundidade do fenômeno em questão. A triangulação não é uma ferramenta ou uma estratégia de validação, mas uma alternativa para a validação. A melhor maneira então de compreendermos a combinação de uma multiplicidade de práticas metodológicas, materiais empíricos, perspectivas e observadores em um único estudo é como uma estratégia que acrescenta rigor, fôlego, complexidade, riqueza e profundidade a qualquer investigação.

Ao articularmos a etnografia e a ADC, com o objetivo de investigar as práticas de letramento e as identidades docentes, pretendemos, então, contribuir para a compreensão das implicações que representam essa nova rearticulação dos elementos da prática social de inclusão (Batista Jr., 2008, 2009; Sato, 2008).

5. Resultados e discussões

Nesta seção buscaremos a análise das práticas de letramento inclusivo, dos discursos e de como ambos operam na construção das identidades docentes. Para tanto, vamos nos deter na análise dos textos de entrevistas e narrativas, bem como dos textos indicados pelos(as) professores(as) e de textos institucionais que permeiam as atividades escolares.

5.1 O cotidiano escolar e os letramentos

Os letramentos diários são usos da leitura e da escrita que integram a rotina das pessoas em diferentes contextos. No ambiente das escolas pesquisadas eles estão presentes nos murais, corredores, salas de aula, sala dos(as) professores(as), em solenidades, sendo que em cada ambiente o uso da leitura e da escrita assume configurações específicas e atende a objetivos específicos, conforme o Quadro 2:

Quadro 2 O cotidiano escolar e os letramentos

LETRAMENTOS	DESCRIÇÃO
Acadêmico	Fixação de diversos cartazes no mural com informações de cursos para atualização, aperfeiçoamento.
Institucional	Contato direto entre administração escolar, professores(as), alunos(as), visitantes e a entrega de circulares, comunicados vindo da Secretaria de Educação (SEDF).
Informal	Presença do quadro de aniversário dos(as) professores(as), frases, mensagens de reflexão e incentivo.
Pedagógico	Quando os(as) professores(as) preparam suas aulas, discutem as atividades e os conteúdos a serem ministrados, bem como a leitura e produção escrita, na maioria das vezes, individual.
Comercial	No momento em que um(a) professor(a) recolhe as contribuições para o lanche dos docentes, a compra e a venda de bijuterias, roupas.
Digital	Quando o(a) professor(a) produz uma atividade, entretanto, está presente de maneira tímida, pois há 1 (um) único computador, porém é pouco utilizado pela falta, principalmente, de acesso à *Internet*.
Religioso	Mural com a figura de Jesus e uma mensagem bíblica.

Os usos diários, principalmente aqueles a que temos acesso em nossa infância, são como pontes de significado para os demais letramentos, ou como janelas pelas quais percebemos o que há ao nosso redor. Por meio dos letramentos, podemos assimilar crenças, princípios e valores relacionados à atividade e ao papel em que nos situamos.

Por meio dos letramentos diários, percebemos que o discurso da escola tradicional permeia as práticas educacionais nas escolas, o que nos leva a pressupor que as identidades docentes, inclusive de gênero, serão igualmente atravessadas pela concepção de ensino presente no discurso tradicional.

5.2 Práticas de letramento inclusivo: discursos e identidades

Consideramos como práticas de letramento inclusivo as práticas nas quais os textos exercem influência direta ou indireta no processo de tornar a pessoa com necessidades educacionais especiais incluída na vida social (Sato, 2008; Batista Jr., 2008). Dentro das práticas escolares encontraremos as práticas de letramento inclusivo burocrático-administrativo na ação da professora itinerante[5] e na prática de letramento inclusivo pedagógico, promovido pela atividade docente, no processo de inclusão de alunos(as) com Síndrome de Down ou com surdez.

5.2.1 A inclusão de alunos(as) com Síndrome de Down

Dentro do processo de inclusão vivenciado por Brasília, as itinerantes eram profissionais altamente capacitadas, com larga experiência no Ensino Especial em escolas exclusivamente especiais. Com o movimento conhecido como *mainstreaming*[6] (Voivodic, 2007),

---

5. Ver nota de rodapé 4.

6. No Brasil, convencionou-se o uso do termo integração como equivalente a *mainstreaming*, termo referente aos programas nascidos na década de 1970 nos Estados Unidos que propunham

salas exclusivas do Ensino Especial foram esvaziadas e as profissionais foram deslocadas para o atendimento aos(as) professores(as) do Ensino Regular, que passariam a atender aos(as) alunos(as) da inclusão.

Nesse novo contexto surge o profissional itinerante,[7] como a professora Silvia, designada para auxiliar os(as) professores(as) desde o início do processo de inclusão (*mainstreaming*), em 2004, e por isso seu relato é considerado peça-chave, já que seu papel era integrar a prática político-educacional da Secretaria de Educação e a prática docente no ambiente investigado.

> (...) Eu estou no Ensino Especial há dez anos, sou especialista em Educação Inclusiva, minha pós-graduação foi na área, a minha monografia foi sobre deficiência mental e perspectivas neurocientistas (...) então hoje eu tenho 12 [alunos(as)] do Bia 1 — Bloco Inicial de Alfabetização, o Bia 1, do bloco do Bia 1 até o Ensino Médio, então tem aluno de todos os níveis, tem alunos concluindo o Ensino Médio esse ano, tem de tudo é muito bacana. (...) Então existe o curso de capacitação, a gente vê esse curso, quando a gente diz capacitação, com uma reserva porque a gente não acredita que em seis encontros a gente possa capacitar ninguém. (...) esse curso é também uma parceria com a Secretaria de Educação promovido pelo MEC: Educação Inclusiva, direito à diversidade. (...) Somos nós da itinerância que proporcionamos esse curso. (...) E é muito legal você estar visitando essas famílias, esses alunos a história deles pra chegarem aqui.

Silvia teve seu papel construído em um cenário de intensas transformações. A prática de letramento inclusivo proposta pelo Plano Nacional de Educação (PNE) previa a inserção da pessoa com

---

uma série de ações educacionais para deficientes, com o objetivo de incluí-los no Ensino Regular, com o apoio de serviços complementares.

7. A partir de 2008, com a implantação das salas de recursos (hoje denominadas de Atendimento Educacional Especializado — AEE), as professoras itinerantes retornaram às atividades de regência.

deficiência no contexto do Ensino Regular, e esse processo nas escolas do Distrito Federal foi percorrido, em grande parte, sob influência dessas educadoras. Neste primeiro recorte da fala de Sílvia, temos uma demonstração da figura da itinerante. Quando ela diz que "está" no Ensino Especial demonstra que sua identificação é como educadora, portanto está apta tanto para o Ensino Especial como para o Ensino Regular Inclusivo. Há, igualmente, uma relação identificacional mais estreita com o papel de itinerante demonstrada pelo uso de "Nós, da itinerância", que confere *status* à função, reconhecida pelo Ministério. O *status* oferece a Sílvia uma condição híbrida: ao mesmo tempo em que é professora, ela pertence ao quadro administrativo da Secretaria Estadual de Educação e é treinadora do MEC.

Seu letramento institucional não ofusca sua percepção quanto ao discurso veiculado nos próprios cursos que oferece. Pela experiência no letramento do Ensino Especial, mantém-se crítica quanto aos treinamentos. A oferta dos cursos pela itinerância é avaliada como algo positivo à sua posição de itinerante, porém sua visão de especialista no Ensino Especial lhe diz que isso não é suficiente. Seus papéis são conflitantes e são reflexos de uma estrutura ainda em construção, que é o ensino inclusivo.

Sílvia iniciou seu trabalho na escola A em 2004, época em que o processo de transposição das crianças foi intensificado pela nova diretriz da LDB/1996. Àquela época o Ensino Especial estava concentrado nos Centros de Ensino Especial e em escolas conveniadas com a Secretaria Estadual de Educação, como a Escola Pestalozzi e a Associação de Pais e Amigos dos Excepcionais — Apaes. A escola A, assim como as demais escolas da rede regular estadual, havia iniciado a prática inclusiva de forma incipiente, principalmente para a pessoa com Síndrome de Down.

Segundo Sílvia, houve então fortes resistências do corpo docente da escola, que culminaram na desistência de uma aluna com Síndrome de Down em 2005. A permanência de uma pessoa com a

Síndrome na sala de aula envolve uma mudança tanto na perspectiva do que "deve" ser trabalhado, em termos de conteúdo e estratégia, como coloca em pauta os valores e resultados a serem buscados por estes(as) professores(as).[8]

Conforme a descrição do processo de implantação das práticas de letramento inclusivo, houve um preparo burocrático, com treinamentos rápidos (6 encontros) para alguns(algumas) professores(as), mas não para a maioria. Igualmente, a presença de uma itinerante daria o suporte técnico, pedagógico e ideológico para o trabalho da inclusão. Esse aparato foi proposto pela política da Secretaria de Estado da Educação, em cumprimento às metas do plano de erradicação do analfabetismo. Além do aparato na escola houve uma reorganização administrativa para que na Secretaria de Educação houvesse igualmente o ordenamento público (normas, recursos orçamentários, recursos humanos, documentações etc.).

O poder de Sílvia sobre os(as) demais professores(as) era manifestado por meio da hierarquia na posição — representava a Secretaria de Educação e o controle do conhecimento no Ensino Especial que não existia por parte dos(as) professores(as). As interações entre Sílvia e os(as) professores(as) que compunham as estratégias de "sensibilização" permitiam o acesso ao discurso da Educação Especial e ao discurso institucional.

> (...) e aí a gente, normalmente, a gente tenta pelo bom senso, né, por uma pedagogia do amor, se não a gente vai pela legislação, quando você mostra pra ele a legislação, que ele não está fazendo favor em aceitar esse aluno na escola, é um direito do aluno estar aqui, hoje nem mesmo a matrícula desse aluno pode ser negada, a lei garante a matrícula dele, e aí quando você mostra a adequação curricular, como ela

8. A escola não se mostra um local neutro (Bourdieu, 2005, p. 84). A diferença, segundo Silva (2000), está na forma como as identidades são imaginadas, no caso a identidade docente e discente.

deve ser feita, documentada na forma da lei, aí eles fazem, não fazem sorrindo, fazem por fazer (...).

A pedagogia do amor, termo utilizado pela itinerante, compreende a tentativa de convencimento pelos argumentos ideológicos relacionados à Educação Especial e aos valores humanos. Silvia pretendia que a ideologia fosse aceita, mas a prática educacional que ela oferecia aos(as) professores(as) não correspondia aos usos do letramento a que eles(elas) tiveram acesso. A falta de acesso dos(as) professores(as) ao letramento da Educação Especial foi um obstáculo vencido pela força, pelo poder dominante institucional "se não a gente vai pela legislação". Porém, o discurso legal teria força por si mesmo se ela não estivesse imbuída da vontade de que eles(elas) percebessem os(as) alunos(as) da inclusão como capazes e merecedores de crédito, como em sua fala inicial: "Porque aqui é o lugar dele, se não chegar hoje, como é que vai ser daqui a um tempo?". Outros discursos são então mobilizados, como o discurso da "Educação para Todos" materializado em "é um direito do aluno estar aqui".

A operacionalização ideológica está na universalização, processo em que pessoas com diferentes características são colocadas no mesmo grupo. Assim, um único modelo educacional chamado "escola" é considerado apto pra receber um único tipo de público "aluno". Todas as questões de adaptação física, material, de formação são silenciadas em prol de um ideal que é o desenvolvimento social. Igualmente questões políticas, macroeconômicas, hegemonias internacionais são ideologicamente apagadas por trás do termo "direito".

Para aproximar da vivência dos(as) professores(as) o discurso do "direito", Sílvia traz para a interação uma prova de que este direito está consolidado e que o processo de inclusão não foi apenas iniciado. Esta prova está ao afirmar "a lei garante a matrícula dele" bem como a forma em que esta lei define o procedimento, "a adequação curricular como ela deve ser feita, documentada na forma da lei", o que torna seu argumento legítimo.

Ao dizer que "ele não está fazendo favor em aceitar esse aluno na escola" há um pressuposto de que os(as) docentes em algum momento teriam tido o poder, seriam detentores da escolha. Esse poder foi então questionado e transferido para outras instâncias, como a política e a jurídica, que passam a definir o *modus operandi* da escola. Daí não estarem fazendo favor, mas no estrito cumprimento do que lhes foi determinado, ou seja, inclusão na forma da lei.

Os discursos atuam sobre as práticas modificando-as, envolvendo seus atores e constituindo novas identidades (Fairclough, 2003). No processo de inclusão no letramento inclusivo burocrático-administrativo, com o fim claro de convencimento, Sílvia utiliza estratégias de diálogo, pelo lado mais flexível, para ganhar a simpatia do grupo, que pela assimilação da proposta atua sobre os demais. Por meio do letramento inclusivo burocrático-administrativo, o letramento inclusivo pedagógico[9] foi sendo construído no interior dos discursos e das práticas.

Fábio, o aluno com Síndrome de Down, chegou à escola em 2006, para cursar o 8º ano, antiga sétima série, vindo de outra unidade, em busca de adaptação ao contexto escolar. Uma outra aluna com Síndrome de Down havia tentado integrar-se à escola, mas não houve adaptação. Encontramos, assim, um quadro desafiador, tanto para o Fábio, como para a família, para a escola e para o corpo docente. Interesses, expectativas e valores estavam sendo reposicionados, porque uma nova prática estava sendo construída.

A identidade docente não havia sido formada nas práticas de letramento inclusivo, como vemos nos trechos a seguir:

---

9. Adotamos o termo práticas de letramento inclusivo como uma prática mais ampla, na qual os letramentos podem ser utilizados para o fim da inclusão. O letramento burocrático-administrativo é considerado como oriundo dos órgãos administrativos e políticos, e os letramentos pedagógicos aqueles propostos por professores(as) no contexto da escola-modelo.

Quadro 3 Início das práticas de letramento inclusivo

Leidiane	(...) Eu não conhecia, assim, ouvia falar, mas não sabia o que era lidar, né? Quando eu vim aqui pro (...) nós tínhamos alunos do Bandeirante e nós tínhamos alunos já especiais também, e, então, assim, o primeiro impacto foi difícil, pra você olhar pra esse aluno de forma diferente, né?
Mariana	(...) Olha no início eu estranhei, né? Não sabia realmente como cuidar, como lidar com esses alunos (...) mais na realidade em sala de aula assim eu realmente achei... eu estranhei. (...) no início só que e o que te falei não sabia mais ou menos como lidar, né? como lidar, né? Eu acho que apanhei um pouquinho, de repente eu e eles sofreram um pouquinho né?
Warley	(...) Agora os DM, Síndrome de Down, a gente não tinha nada prévio para preparar a gente a lidar com a situação. Uma coisa é a gente saber que existe essa necessidade, né, especial, a gente ouve falar, vê e tal, mas cê tá lidando com a situação, é outra, né? Você ter um filho, ter um aluno, é diferente. Estar convivendo com eles. (...) Essa adaptação à situação, ela vai acontecendo na medida em que você vai sentindo a necessidade não tem nada assim que te diz "olha" antes. (...) foi como eu te falei, fui colocado a trabalhar com eles... nem... nenhuma... nenhum curso, nada assim, que pudesse ajudar a estar lidando com eles não. (...) "Executa! Faça! Inclua! Faça inclusão!"
Emerson	(...) No dia que eu cheguei aqui nesta escola, eu nem sabia que existia alunos especiais, a questão é essa a gente... (...) Mas no começo foi muito difícil. (...) mas o problema é que a gente não recebe um preparo para lidar com esses alunos, é muito complicado mesmo, eu estou aqui desde 2001, eu venho mais ou menos, aprendendo com o tempo, quero dizer a inclusão assim, sair, você... agora vamos ver, eles não preparam professor para isso, então tem o aluno DA, tem um aluno com Síndrome de Down, aluno com deficiência, é complicado...

Quando os(as) colaboradores(as) falam do começo da inclusão na escola A, temos como recorrentes os verbos de processos mentais (saber, sabia, conhecia) e os verbos de processos materiais (lidar, olhar, ouvir e falar). A preocupação central dos(as) docentes referia-se ao domínio do conhecimento, manifesta através dos processos mentais. A falta de conhecimento demonstra que não é suficiente dominar as disciplinas tampouco ter plena interação com os textos.

Textos enquanto gêneros discursivos são situados (Fairclough, 2001) dentro de uma prática específica. A prática de letramento inclusivo a que os(as) professores(as) foram incluídos(as) refere-se à prática de letramento inclusivo burocrático-administrativo. Seus gêneros são as leis, as normas, os termos de adequação curricular, as estratégias de matrícula e o formulário *deprove* (questionário de matrícula com a característica da deficiência, quando diagnosticada).

Os gêneros da prática de letramento inclusivo pedagógico seriam desenvolvidos por eles/elas mesmos(as). Para isso, os(as) professores(as) questionam que não foram preparados, que não foram consultados se desejavam estar naquela posição ou não "eu nem sabia que existia alunos especiais". Informam, igualmente, que há diferentes modalidades de necessidades especiais, "tem o aluno DA, tem um aluno com Síndrome de Down, aluno com deficiência" e percebem que para cada um há a indicação de modos diferentes de abordagens pedagógicas. Mas relacionam a condição de não conhecedores da prática às deficiências neles próprios, que precisavam aprender a ver, olhar, cuidar, sentir, lidar.

A identidade docente dos(as) professores(as) no Ensino Regular é tradicional, no sentido de que se percebem como responsáveis integrais pela aquisição dos conhecimentos escolares. Se a aprendizagem não ocorre, eles(elas) não conquistaram qualidades pessoais sensitivas (ver, olhar). A metáfora de cego/cegueira (Magalhães, 1995) é atribuída, normalmente, pelas pessoas que estão na condição de iletradas à sua autoidentidade. É assim que professores(as) altamente letrados(as) no letramento escolar se veem ante uma prática de letramento que ainda não lhes foi permitida: são cegos e surdos, porque não sabem como agir, como incluir, como desenvolver os gêneros discursivos da prática de letramento inclusivo.

Por outro lado o termo "lidar" tem, segundo o *Dicionário eletrônico Houaiss*, as seguintes acepções: 1. lutar em batalha, duelo; pelejar (transitivo direto); 2. sofrer, suportar (fadiga, trabalho) (transitivo indireto e intransitivo); 3. lutar com afã; trabalhar, batalhar (transitivo indireto); 4. ter trato, conviver, tratar com, ocupar-se de; operar costumeiramente com; manipular, manobrar (transitivo direto); 5. dar combate a; reptar (transitivo indireto); 6. sustentar combate moral (transitivo direto). Temos que, no significado da palavra, o termo foi utilizado em três sentidos: convívio, habilidade e combate moral no sentido de lidar com os próprios sentimentos.

Os(as) professores(as) passam, então, a uma reavaliação de suas práticas, dos valores cultivados até aquele momento, dos princípios profissionais que até então nortearam suas práticas docentes.

Mariana e Leidiane trabalham com jogos, primam pelo desenvolvimento dos valores humanos, e ambas compreendem que ao abordar conceitos de civilidade, respeito e autoestima estão preparando seus(suas) alunos(as) e que este tipo de atuação faz parte de seu trabalho em suas disciplinas. Na motivação, estão o profissionalismo e o desejo de ver seus(suas) alunos(as) bem, interagindo como todos(as) na escola.

Emerson e Warley falam que não são de muitas técnicas, seu foco está na interação, tanto entre os(as) próprios(as) alunos(as) como entre professores(as) e alunos(as). As motivações, em Warley, cruzam o profissionalismo com a religiosidade e a paternidade; em Emerson o afeto dedicado pelos(as) alunos(as) e o profissionalismo são constantes.

Quanto ao gênero discursivo, as rearticulações das práticas incorrem em mudanças nos textos dessas mesmas práticas. Percebemos que houve não uma mudança nos gêneros textuais utilizados (pensamento, jogos e *slides*), mas uma realocação desses gêneros no contexto da escola. Entendemos que a prática escolar ganhou novos gêneros e, com isso, ficou marcada a tentativa de se trabalhar a inclusão. Porém a ética trabalhada com técnicas foi maior com as mulheres, enquanto que os homens se dedicaram ao trabalho de gêneros visando o conteúdo.

Talvez esta percepção do fazer pedagógico seja diferenciada nas experiências narradas, sendo que para as mulheres a ética está incorporada às disciplinas, e por isso dedicaram tempo e recursos simbólicos na elaboração de gêneros discursivos na abordagem destes temas, enquanto para os homens, apesar de trabalharem a ética em suas interações e agirem segundo tais princípios, no modo de ministrarem suas aulas, as disciplinas ou conteúdos são elementos separados. Daí os priorizarem em suas atividades pedagógicas.

A prática de letramento inclusivo na escola A era um trabalho docente. As estratégias, princípios e mecanismos baseavam-se no saber docente, e os resultados dessa atuação dependeriam, necessariamente, de suas disposições íntimas para um trabalho profícuo. Os discursos hegemônicos como o do letramento autônomo tendem a se sobrepor aos demais, em um processo de expurgo dos letramentos de menor prestígio (Crowther, Hamilton e Tett, 2006). No entanto, o poder que é parcialmente estabelecido nos discursos é objeto de questionamento. Vemos na fala dos(as) colaboradores(as):

> Mariana: Os incentivos ahh... eu acho que a inclusão, tudo bem, tá dentro, né? Então a gente tinha que tá fazendo algum preparatório.
>
> Warley: (...) Mas o sistema, ele tinha que já oferecer esse... Por que que você que tem que ir atrás de construir tudo isso?
>
> Leidiane: (...) Se não mudar o sistema, se não houver um processo sério mesmo de desenvolver... É nesse sentido, sabe? De mudar, de você integrar mesmo o aluno, incluir mesmo.
>
> Emerson: Porque infelizmente o sistema coloca você nessa situação, entendeu?

No item lexical "sistema" estão apagadas as instituições jurídicas, governamentais e administrativas, bem como toda a organização entre países, que estimularam a lei da inclusão. O uso dessa metáfora corresponde ao processo de dissimulação. Quando os processos políticos, econômicos e administrativos são nomeados pelo único item "sistema" atribui-se à realidade um aspecto duradouro e nesse caso indefinível porque os agentes estão apagados. Os(as) participantes, no entanto, como vimos, questionam posicionando-se contrariamente ao modelo de inclusão. Desempenharam seus papéis focados no profissionalismo e, principalmente, em suas concepções sobre os valores humanos, vendo-se como responsáveis, ainda que temporariamente, pelo desenvolvimento pessoal desses(as) jovens. Mas em suas práticas não se mostraram acríticos, não concordaram com o que está sendo imposto e se manifestaram de acordo com sua consciência, independentemente do modo como as coisas ocorrem. Vimos, na fala de Sílvia, quea escola ainda não está adequada, faltando-lhe muitos recursos e atuando na tentativa de suprimir tais deficiências. Conforme nos fala Warley:

> Aí eu já te falei isso também e vou repetir. Eu acho que essa inclusão infelizmente ela não é planejada, mas ela foi feita, assim como muitas coisas têm sido feitas no processo educacional, a toque de caixa, né? "Executa! Faça! Inclua! Faça inclusão". Então a escola, ela precisa ter um preparo para receber esses meninos, para eles estarem inclusos, né? Eu acho que a inclusão é uma coisa importante na questão social, do relacionamento, né? Mas você tem que ter situações assim para eles diferenciadas. (...) o normal seria de vinte e cinco a trinta alunos no máximo. Agora quando você tem um aluno incluído aí, com uma situação de necessidade especial, aí sim, você tem que ter uma redução maior. Porque você precisa dar uma atenção maior. Porque pega um profissional com ele uma sala de quarenta alunos, de adolescentes, junto com os meninos inclusos, aí é complicado. E o sistema tem feito isso. Então, eu acho que o pessoal que está nesse comando, digamos assim, educacional, eles não estão tendo uma visão de educador, de pai, de mãe. Porque eu fico me questionado: Os filhos deles estariam em um processo desses, dessa forma? Se eles tiverem um filho em uma situação de necessidade especial eles colocariam assim? Numa escola, vai lá, e mistura com quarenta alunos, sem condições nenhuma? "Professor, trabalha aí como der, como você puder. Faça o que for possível fazer." Eu acho que esse processo, ele é bom, mas a maneira como ele está sendo aplicado é errado, é errôneo, equivocado. Acho que tem que ter essas condições.

Warley utiliza a expressão "a toque de caixa", uma metáfora para explicar tudo o que não é planejado, que é feito para cumprir uma meta em um tempo reduzido. A percepção do professor não é gratuita. A intensificação do processo de inclusão começou em 2004 e na estratégia de matrícula 2008 já havia extinguido a modulação inversa para deficiência mental (que era de 18 alunos(as) por turma), a modulação passou para 40 alunos por turma. Houve a extinção das educadoras itinerantes para esta modalidade, não havia mais observação de indicação de matrícula para as escolas que estavam preparadas, já que toda escola se tornou inclusiva, e o mais difícil de ser compreendido: a redução das turmas especiais a partir da estratégia 2007, em observação à Lei Distrital n. 3.218/2003. Pela referida lei, o prazo para o projeto de inclusão acabou em 2008. Tudo isso em quatro anos "na forma da lei".

Há o pressuposto de que o processo construído é desvantajoso para a população de um modo geral em "Os filhos deles estariam em um processo desses, dessa forma?". O sistema obriga a ser assim e o professor ironiza "Professor, trabalha aí como der, como você puder. Faça o que for possível fazer". Ao argumentar: "Então, eu acho que o pessoal que está nesse comando, digamos assim, educacional, eles não estão tendo uma visão de educador, de pai, de mãe", podemos interpretar que se fossem pais e mães de família teriam tomado outra decisão, e que se fazem desta forma é porque não são políticas para a elite ou para os próprios filhos(as), mas para a massa.

Sendo assim, os discursos da superação encontram campo fértil na ideologia do letramento autônomo promovido pelo discurso neoliberal. Temos a vontade de ver pessoas integradas, rompendo fronteiras sociais e econômicas pelo seu mérito, pelo esforço abraçado ante uma oportunidade. Assim, a proposta foi compreendida porque o valor emancipatório da educação formal faz parte de nosso sistema de crenças. Ante a representação construída na Educação Especial de segregação e as propostas apresentadas, os discursos hegemônicos se perpetuam, silenciando interesses, fortalecidos no desejo justo de igualdade de oportunidades.

Essa construção é tão forte que a percebemos interiorizada em Mariana:

> Mariana: Olha no início eu estranhei, né? Não sabia realmente como cuidar, como lidar com esses alunos (...)... eu estranhei. Mas hoje em dia não, eu trato eles como outro aluno qualquer, eles né? E claro que tem a diferença em relação à cobrança (...), mais eles tem o direito, é um direito deles na avaliação diferenciada, né? Mais é um aluno como qualquer outro aluno que diga que é normal, né? Todos pra mim realmente, assim, principalmente os quatro da oitava A, trato eles como alunos assim, realmente não vejo nenhuma diferença entre eles, né?.

Nessa fala encontramos a ideia de que o que torna os(as) alunos(as) diferentes é o local onde eles(elas) estão inseridos e os meios em que se dá a interação. Se localizados nos Centros Especiais são alunos(as) deficientes, mas se os transpõem para a escola regular eles se tornam como outros alunos quaisquer e a deficiência é apagada. A "unificação", estratégia ideológica que toma numa classificação coletiva indivíduos diferentes (Thompson, 1995), é utilizada quando direciona o Ensino Regular. Percebemos que pela igualdade não há porque reivindicar melhores condições, nem tratamento adequado, já que são todos iguais. A preocupação principal é com a prática pedagógica.

O discurso da inclusão veiculado pelos administradores é firmado na representação do(a) aluno(a) especial como excluído (em oposição à inclusão) do Sistema Regular de Ensino. Uma vez oportunizado seu acesso, ele(ela) teria plenas condições de "superação da deficiência", e estaria apto ao exercício de sua cidadania. A indiferença quanto às deficiências graves são estratégias argumentativas. A ideologia da superação naturaliza a prática da inclusão nos moldes neoliberais, concorrendo para a manutenção do domínio em relações assimétricas de poder.

Na base do processo, a metáfora da flexibilidade. A flexibilidade é entendida de duas formas diferentes. Do ponto de vista da educadora itinerante, flexibilizar significa tratar conteúdos e avaliações de forma compatível com as necessidades do(a) aluno(a) incluído(a). A outra face da flexibilização ocorre na voz dos gestores que exigem estratégias flexíveis para superar a falta de recursos.

Por fim, sendo o plano decenal uma ferramenta estratégica, temos que os próximos passos serão assumidos no sentido da manutenção do acesso visto como superação em si mesmo. Porém, nos relatos dos(as) participantes vimos marcas da valorização dos(as) alunos(as) como pessoas, no sentimento comum de acolhimento em relação aos(às) alunos(as) especiais. O direito à avaliação diferenciada, à cobrança de rendimentos diferenciada e ao acolhimento é entendido por professores e professoras como os pilares de uma inclusão viável, felizmente.

5.2.2 A inclusão de alunos(as) surdos(as)

Nesta seção, analisaremos os eventos de letramento pelos quais buscamos enxergar as práticas de letramento no processo de inclusão de alunos(as) surdos(as), bem como gêneros discursivos que permeiam essa prática e, consequentemente, o processo de construção das identidades docentes.

A. Gêneros discursivos nas práticas de letramento inclusivo

Como dissemos, no letramento inclusivo, as práticas com os textos auxilia na inclusão da pessoa com necessidades educativas especiais. Nesta pesquisa, percebemos a reconfiguração, a adaptação dos gêneros discursivos em sala de aula com relação à estrutura funcional, à estrutura composicional e às escolhas lexicais para facilitar as práticas de sala de aula. Dessa forma, percebe-se uma mudança, tímida, das práticas de letramento. No Quadro 4, apresentamos os gêneros discursivos (significados acionais — Fairclough, 2003) evidenciados nos discursos dos(as) professores(as) e nos diversos eventos de letramento observados.

Quadro 4 Gêneros discursivos nos eventos

PARTICIPANTE	EVENTOS DE LETRAMENTO	GÊNEROS DISCURSIVOS
Ana Kalyne	Aula de Matemática (Lab. de Informática)	Cartazes
Ana Kalyne	Aula de Ciências (teoria)	Cartazes
Mara	Aula de História (teoria)	Desenhos/Questionários/Exercícios
Rosa	Aula de Geografia (teoria e prática)	Desenhos/Maquete/Mapas Relatos/Narrativas
Teresa	Aula de Ciências (teoria)	Resumos/Questionários/Exercícios
Teresa	Aula de Ciências (prática)	Relatórios/Desenhos
Cleia	Aula de português brasileiro como segunda língua	Crônicas
Goreth	Aula de Português brasileiro como segunda língua	Reportagens Notícias
Batista	Aula de Ciências	Resumos/Exercícios

O desenho é citado pela maioria dos(as) professores(as), principalmente nas falas daqueles(as) que trabalham com Ciências, Geografia e História. Esse gênero discursivo está presente sempre nas aulas e atividades não simplesmente com a intenção de preencher espaço da aula ou para passar o tempo, mas, principalmente, para a avaliação, na maneira de os(as) professores(as) observarem até que ponto determinado conteúdo foi realmente compreendido pelo(a) aluno(a).

Outro aspecto observado é que os(as) professores(as) (de qualquer área, inclusive Língua Portuguesa) não têm conhecimento sobre a noção de gêneros discursivos, apesar de utilizarem-nos em suas aulas, pois sempre comentam, nas entrevistas, que usam textos, porém não especificam quais:

> Cleia: Eu trabalho Português, mas para eles, por exemplo, um **texto** desses do jornal e compreenderem, mesmo buscando o que eles já conhecem de outras disciplinas, é dificílimo, mas no momento em que eles se interessarem, eu trouxe a página de jornal, coloquei no quadro, e aí a gente começou a trabalhar. (...) mas vamos supor que, a partir **desse texto**: eu preparei as gravuras, preparei o conhecimento, por exemplo, a significação de palavras-chave. (...) **peguei um texto** de... nós tínhamos que trabalhar em um projeto da escola, as doenças da atualidade.
>
> Goreth: Digamos assim, **um texto**... uma crônica, por exemplo, e que (...) você trabalha vocabulário, você trabalha a vivência deles, o dia a dia deles dentro daquele texto. Primeiramente, por exemplo, **se você trabalhou um texto, do texto** você faz a explicação do vocabulário, você trabalha as palavras que eles não conhecem.

Durante toda a pesquisa, somente as professoras Teresa e Goreth especificaram o gênero discursivo utilizado em determinado evento:

> Teresa: Olha, quase sempre a minha aula é expositiva, então tem o **resumo** que eu passo pra ele, faço a interpretação em libras, então escrevo no quadro primeiro, né, aí faço a interpretação daquele **resumo**, e depois a gente faz um questionário, faz ou um exercício de qualquer tipo, né. (...) a aula prática deles é sempre muito boa. Eles gostam, participam e entendem bem e dessa aula sempre sai um **relatório**. E quando tem aula prática, eu avalio a aula com um **relatório** ou eu levo

o **relatório** semipronto e eles preenchem ou eu faço o **relatório** aqui no laboratório com eles.

Goreth: Digamos assim, um texto... uma **crônica**, por exemplo.

Entretanto, acredito que os(as) professores(as) não têm compreensão do que são gêneros discursivos. Penso que um maior conhecimento desse assunto por parte dos(as) participantes facilitaria ainda mais as suas práticas com os textos, pois podem selecionar de maneira objetiva quais gêneros podem ser trabalhados com as alunas e os alunos surdos, bem como a forma de utilizá-los em sala de aula, com uma metodologia diferenciada.

A articulação dos exemplos da prática social, nesses contextos (escolas pesquisadas), situados no tempo e no espaço, foi fator desencadeador para a emergência de novos gêneros discursivos. Com o cruzamento do discurso de Ensino Regular (que prioriza os conteúdos) com o discurso da Educação Especial (que prioriza a adequação), surgem os gêneros híbridos, como nos exemplos do Quadro 5. Os gêneros emergem a partir de gêneros preexistentes. Essas mudanças acontecem no âmbito da linguagem, estrutura genérica, seleção vocabular e objetivos, transformando os gêneros já conhecidos em gêneros das práticas de letramento inclusivo.

B. Os discursos e as identidades docentes

Para que o(a) aluno(a) surdo(a) possa ser efetivamente incluso(a) nesse novo processo educacional, faz-se necessária uma mudança desde o ambiente familiar até o escolar. Vejamos os relatos dos(as) professores(as):

Quadro 5 Narrativas docentes sobre a inclusão de alunos(os) surdos(as)

<table>
<tr><th>PARTICIPANTES</th><th>DISCURSOS</th><th>IDENTIDADES DOCENTES</th></tr>
<tr><td rowspan="3">Ana Kalyne</td><td>(...) Olha! A família vem na escola, nas reuniões bimestrais (...) muitos pais vêm trazer e conversam com a gente, então, a relação com os professores é boa, e sempre tem um ou outro sentado aí esperando o filho, né, porque muitas mães têm uma preocupação maior com eles.</td><td rowspan="3">(...) Profissão que é quase um sacerdócio (risos), é igual eu falo, é, eu nasci pra isso, não daria pra ser outra coisa, mas é uma profissão bem difícil. (...) eu já tô no barco... tem que tentar fazer o melhor, porque eu vou ser professora sempre, então, eu tenho que tentar fazer o melhor dentro daquilo que eu tô me propondo, é só isso, a minha expectativa é fazer o melhor.</td></tr>
<tr><td>(...) eles têm uma sexualidade sem censura, então a gente pensa, às vezes, que eles tão mais aflorados sexualmente do que os outros (...) eles não têm a censura (...) pra eles beijar em qualquer lugar é normal.</td></tr>
<tr><td>(...) a mulher é mais maternal.</td></tr>
<tr><td rowspan="3">Rosa</td><td>(...) não são todos [os pais] que não são presentes, muitos são presentes (...) eu falei dessa dificuldade que tem dos pais de ajudarem a fazer o trabalho, eles acham que a responsabilidade é toda de quem? Da escola e do professor.</td><td>(...) eu acho que deve ser bem reconhecida a profissão de professor, deveria ser bem mais remunerada.</td></tr>
<tr><td>(...) no Ensino Especial tem o sexo aflorado (...) então eles vão descobrindo e vão querendo tudo de uma vez.</td><td rowspan="2">(...) eu, professora Rosa, tem dias que eu chego e sinto que estou numa coisa velha (...) então, eu, a professora Rosa, se eu sinto que está retrógrado, que preciso de algo novo, de algo que mude mesmo, imagine os nossos alunos...</td></tr>
<tr><td>(...) eu acho que o homem é, falta um pouco de sutileza, e você como mulher está mais aberta, talvez tenha mais paciência, talvez tem mais essa facilidade de interagir.</td></tr>
<tr><td>Teresa</td><td>(...) em maneira geral, dentro da escola, tem aquele aluno que está abandonado, porque a família vem muito pouco, você chama e não consegue falar, o pai não comparece, ele deixa um telefone que depois não tem contato.</td><td>(...) olha, hoje ela é bem idealista, né, quando eu entrei, eu me atentei para o salário e eu ganhava muito bem como professora (...) hoje quem é professor é porque gosta dessa atividade e eu acho que eu gosto também.</td></tr>
</table>

	(...) eu sempre ouvi falar que aluno com qualquer problema né, mental, cego, surdo, tem a sexualidade aflorada, a gente ouve falar isso.	(...) ser professor foi bom porque eu **tinha tempo para minha família, as férias é junto com a família**, então tem umas coisas assim que combina bem com a profissão, eu não sei se é por isso que as mulheres também fazem essa opção.
	(...) eu penso que não é todo homem que tem essa paciência (...) trabalhar com aluno surdo, um dos critérios que a direção usa é a flexibilidade do professor, um professor muito rígido, ele não pode trabalhar com um aluno surdo (...) então eu vejo que as mulheres têm mais disso.	
Batista	(...) nós não temos a presença do pai aqui na escola (...) então, a coisa é difícil, né?	Olha, eu gosto da profissão de **professor**, apesar dela ser muito desvalorizada.
	(...) Primeiro, a quantidade de professores homens na Fundação Educacional é muito pequena, muito.	Hoje você não tem respeito dos pais, de praticamente mais ninguém. Já tive algumas oportunidades já de sair da Fundação. Mas, acabei não saindo porque eu gosto, gosto mesmo (...) eu gosto de ser professor, por isso que estou aqui até hoje.
	(...) O Estado tem que dar pelo menos a condição mínima para você trabalhar. Vamos fazer uma parceria com a Rede Globo, aí **as parcerias é sempre visando lucro**, porque foi feito agora uma parceria aí para a aceleração. Quantos milhões será que está rolando? (Eu não ouvi falar), **de graça isso aí não é**.	
Cleia		Porque, se a gente avaliar, tem **professor** que é **professor** e **professor** que está **professor**.

Legenda:

- Discurso da família tradicional
- Referência genérica
- Discurso da sexualidade
- Representação de identidade
- Discurso da diferença de gênero
- Discurso do novo capitalismo

No quadro 5, constatamos a forma como os(as) professores(as) representam os pais dos(as) seus(suas) alunos(as) por meio do *discurso da família tradicional*. Segundo esse discurso, há uma definição em relação aos papéis de mãe, pai e filho(a), em que se pressupõe entrosamento, afinidade e cuidados mútuos, em que o homem detém o poder e a responsabilidade de prover o lar. Entretanto, os(as) professores(as) trazem uma representação de família atravessada pelo distanciamento dos pais em relação à educação dos(as) filhos(as), sua pouca participação na educação dos(as) filhos(as) e baixo envolvimento nas atividades escolares, sendo os(as) filhos(as) surdos(as) ou não.

Nas falas dos(as) participantes, observamos um silenciamento em relação ao papel da mãe na educação escolar dos(as) filhos(as), pois utilizam os termos "família", "os pais" ou "pai". A mãe tem o papel de educar e o pai, de instruir. Logo, se o assunto da escola é instrução, quem tem autoridade para resolver é o pai. No senso comum, todos os problemas são, obrigatoriamente, resolvidos pelo homem, pelo marido, pelo pai.

Outra representação da família na fala dos(as) professores(as) é a de que toda a responsabilidade educacional é competência da escola e do(a) professor(a), conforme apontou Rosa. Por outro lado, os professores concebem a escola como uma das agências de letramento que influem na formação de crianças e jovens, cujo caráter principal é o pedagógico.

Um efeito dessa representação da família ausente pode ser percebido na fala dos professores ao atribuir à criança ou a jovens surdos a pecha de serem sexualmente mais aflorados e terem um comportamento sexual atípico em relação aos outros jovens de mesma idade (o *discurso da sexualidade*). Contudo, pela própria falta de comunicação causada pela não aceitação, por parte dos pais, para que as crianças aprendam a Língua Brasileira de Sinais (LIBRAS), faltam a esses jovens a orientação adequada e mesmo a compreensão da prática escolar que influenciaria no seu comportamento.

Na prática educacional inclusiva vivenciada pelos professores, a ausência da família no processo educacional resulta no acúmulo de funções e papéis por parte desses profissionais, o que justifica, de certa forma, o questionamento sobre a família mencionada pelos professores. Para cobrir o déficit educacional familiar os(as) professores(as) assumem novas posturas como maior atenção e cuidados para com os(as) surdos(as). No entanto, percebemos que esse desmembramento na prática influencia na percepção dos papéis relacionados ao gênero social.

Nas suas falas, as professoras deixam claro que há características que são próprias dos homens e outras, exclusivas das mulheres, por isso a predominância das mulheres no Ensino Especial, principalmente, quando se referem às mulheres como "mais maternal", "vão atrás", "mais curiosa", "mais agitada", "está mais aberta", "mais paciência", "mais facilidade de interagir, de integrar-se", "mais engajada". Enquanto que o homem é caracterizado como "ficam mais no canto", "mais na dele", "falta um pouco de sutileza", não é todo homem que tem essa paciência", "não sejam dedicados".

A nova dinâmica educacional para a Educação Especial (contexto familiar, escolar, metodologias, avaliação) requer mais do que boa vontade dos professores em fazer adaptações de conteúdo, estratégias e avaliação. É preciso mais instrumentos, artefatos mínimos e, principalmente, preparação para os docentes em cursos especializados. Para isso, Teresa questiona *o discurso de políticas públicas* em sua fala:

> (...) essa parte da escola, da atividade do professor, eu penso que vai melhorar, eu acredito num futuro (risos), né, a gente depende de uma política, agora eu nesse ponto eu sou muito realista, depende de uma política que, assim, venha na escola, venha nas salas ver o que é que tá acontecendo e o que tem que ser feito e não é eles lá dizerem pra gente o que é que tem que ser feito, porque o que eles falam pra gente fazer é tudo errado, pelo menos, ele não está adequado à realidade, ele não visa melhorar, pelo contrário, é para dar uma aparência, uma maquiagem no ensino e não é isso que a gente quer, a gente quer uma escola que realmente ensine, que melhore o aluno.

O termo mais frequente nas narrativas dos(as) professores(as) que trabalham com alunas e alunos surdos é "professor" (empregado na forma masculina genérica). Ainda que as mulheres sejam a maioria, elas referenciam a atividade docente de prestígio como algo atribuído ao homem, que detém no discurso da família tradicional o poder, a capacidade e o direito à voz. O emprego do masculino genérico evidencia o apagamento do papel feminino na Educação, especialmente, em relação à Educação Inclusiva, de predominância feminina. Ideologicamente, esse apagamento contribui para o estabelecimento da política educacional para a Educação Especial, uma vez que o papel gestor cabe, basicamente, aos homens detentores de cargos públicos, prática maciçamente masculina.

Ana Kalyne compara a sua atividade com a de um sacerdote (no masculino) que, tradicionalmente na sociedade, é vista como uma missão nobre, por renunciar a algumas coisas em prol do exercício da profissão. Ela reforça que ser docente "é bem difícil", pois *o professor*, atualmente, tem que assumir outras identidades sociais (pai, mãe, psicólogo, orientador educacional). Ao usar o termo "eu nasci pra isso", demonstra que sua identidade docente é algo internalizado. Não há questionamento dos contingenciamentos sociais e de formação familiar que a levaram a assumir o papel docente, bem como de outras possibilidades de atuação profissional, como no trecho "eu vou ser professora sempre".

De todos(as) participantes, Rosa, no seu discurso, assume sua identidade docente ao dizer "eu, professora Rosa". Entrevê sua prática docente como algo em construção, em processo de reflexividade, pois assume uma postura de querer capacitar-se (outra característica fundamental na prática do letramento inclusivo), apesar de apresentar aspectos familiares e financeiros como impeditivos à sua atualização profissional. No entanto, percebemos que isso não influenciou de forma negativa a sua prática docente, pois ela sempre questiona suas metodologias, seus conhecimentos, realizando seu trabalho, mesmo que limitado, de forma reflexiva.

Já na fala de Teresa percebemos o discurso hegemônico da família tradicional em que as mulheres só podem trabalhar em profissões que lhes permitam o concílio com os afazeres domésticos. Para ela, sua escolha profissional se deu a partir de seu papel familiar, como, "tempo para minha família", "férias com a família". Logo, a identidade feminina da família tradicional, para esta professora, é mais presente.

> Cleia: Eu uni um pouco a minha experiência como professora de uma língua, ser professora, um pouco do conhecimento da problemática aí da língua de sinais (e) ajudava meu filho. Aí, com essa realidade que eu te falei, que os alunos são diferentes, todos são diferentes, ainda mais depois dessa problemática de que cada um traz barreiras diferentes também, aí é que houve a necessidade realmente de buscar melhor preparo. (...) Eu amo, mas eu vejo assim com muitas diferenças. Porque, se a gente avaliar, tem professor que é professor e professor que está professor, sem ainda essa visão de que, mesmo que os salários não sejam tão favoráveis, a classe seja menos valorizada do que outros profissionais, mas, se a gente está aqui, tem que gostar. Não é como atender um balcão e não causar transtornos se eu não der um atendimento, né? tão especial. Aqui não, aqui a coisa tem que acontecer porque ela traz prejuízos, né? eu acho que talvez incorrigíveis para o futuro de um aluno. Então eu vejo o professor, alguns com muita determinação, que sofrem essas dificuldades de não poder ter a formação continuada, mas também vejo outros que não têm a vontade. (...) Então, por exemplo, eu, enquanto mãe, eu me permitia não saber como trabalhar pedagogicamente com o meu filho, eu estava tentando ajudar, somar. Agora, enquanto profissional, eu não admitia que eu fosse para a sala de aula e não fosse, pelo menos, assim, minimamente preparada.

Com relação à professora Cleia, a profissão de professor(a) é algo fundamental na vida social das pessoas. Para ela, a atividade docente é emancipadora, por causa da valorização da profissão. A sua identidade de mãe interfere na sua identidade docente pelo fato de ser mãe de uma criança surda. Por isso, dedicou-se ao estudo, aprimoramento e capacitação na área de surdez. Daí suas práticas em sala de aula serem diferenciadas e bem coerentes com a prática inclusiva. Sua identidade docente, internamente valorizada, é perceptível na fala "enquanto profissional, eu não admitia que eu fosse para a sala de aula e não fosse, pelo menos, assim, minimamente preparada".

Batista avalia positivamente sua profissão ao valorizá-la, apesar de ter consciência de que socialmente não é: está sempre preocupado com o(a) aluno(a) surdo, mostra-se sempre disponível para conversar, para mudar, mantendo-se engajado com o processo inclusivo, ainda que sua prática em sala de aula seja tradicional. Assim, constato que as identidades docentes, no processo de inclusão, passam por um momento de reflexividade, apesar de que, em alguns discursos, presenciamos aspectos tradicionais que ainda refletem na sua identidade, bem como na sua prática de sala de aula.

6. Considerações finais

As mudanças no conceito de ensino e da prática docente na escola pública iniciaram com a promulgação da LDB/1996, e desde então escolas, governos e comunidade vinham se adequando aos parâmetros curriculares e à proposta de transversalidade dos conteúdos. A inclusão somou-se a esse quadro, mudando o contexto da escola, não só em relação aos conteúdos, como nas práticas pedagógicas, nos valores relacionados à avaliação dos resultados dos(as) alunos(as), no conceito de currículo e do próprio papel docente.

Até 2004 a proposta de inclusão foi vista pelos gestores públicos no Governo do Distrito Federal como concessão de oportunidade de escolha para a formação escolar de crianças, jovens e adultos. A partir da elaboração do Plano Decenal de Educação para Todos, a inclusão de pessoas com necessidades especiais com deficiência passou a constituir um objeto de políticas públicas e um objetivo a ser alcançado. Nesse contexto de mudanças profundas, questionamo-nos: i) que discursos e práticas de letramento podem ser encontrados nos relatos e entrevistas de professores(as)?; ii) como estes discursos repercutem nas identidades docentes e nas práticas de letramento?; iii) como as identidades docentes, inclusive de gênero, situam-se nas práticas de letramento?

No quadro social esboçado anteriormente, a inclusão de pessoas com deficiência (Síndrome de Down ou surdez) configura-se como nosso problema na prática social. Este problema foi investigado por meio de três elementos da prática: discursos, identidades docentes e práticas de letramento, que constituíram objetos inter-relacionados, conforme explicitamos nas seções 2 e 3. Para compreendermos os obstáculos a serem transpostos, buscamos a articulação de duas teorias, a Teoria Social do Discurso e a Teoria Social do Letramento. Ambas têm em comum a visão constitutiva do discurso, a percepção de que identidades se formam nos discursos e nas práticas, a possibilidade de mudança social pelas rearticulações dos elementos e a concepção ampla de discurso, que possibilita visualizar os letramentos como formas discursivas de uma prática.

Assim, foi fundamental para esta pesquisa a possibilidade de estruturar a partir destas duas teorias o arcabouço que contemplasse igualmente um método de investigação. Ao longo da seção 5, fomos buscando nos textos de entrevistas, documentos oficiais e nos textos (artefatos) da prática docente a materialização dos discursos e, neles, as representações, as ideologias e as identidades.

Os discursos tradicionais sobre a educação foram perceptíveis tanto na fala de professores(as) como nas práticas de letramento diárias. Mestres(as) viam-se como responsáveis pelo desenvolvimento sociocognitivo de seus(suas) alunos(as). Seus princípios em relação à docência pairavam sobre como deveriam manter-se enquanto exemplos, bem como viam em seus papéis importância social, que não é reconhecida pelos governos.

O reconhecimento a que se referem trata de estruturas de sala de aula, estrutura de apoio no ensino especial, bem como recursos e menor número de alunos(as), e, quanto à inclusão, a necessidade de serem informados e de optarem quanto à modalidade de ensino a que teriam exercício, se Inclusiva ou Regular. Outros discursos se mesclaram a estes, como o discurso do Ensino Especial promovido tanto pela educadora itinerante como no contato com textos pedagógicos, além do discurso religioso (respeito ao ser com base em princípios cristãos) e do discurso de gênero relacionado à representação da mulher como mais apropriada para o estabelecimento dos laços afetivos com seus(suas) alunos(as) especiais. Por fim vimos discursos críticos nas vozes dos(as) professores(as) e discursos hegemônicos (governamentais) que se chocam e atravessam a prática da inclusão.

Nas práticas de letramento professores(as) se firmavam como profissionais, em um discurso contra-hegemônico, no sentido de perceberem a mudança que poderiam promover para a inserção real de alunos(as), ainda que com poucos recursos e com a consciência crítica de que tais recursos devem ser supridos pelos gestores públicos.

As atividades em sala de aula privilegiaram os conceitos de ética, promoção da valorização da diferença, autoaceitação e respeito humano tanto nas práticas promovidas pelos homens como pelas mulheres. No entanto, chamou-nos a atenção o fato de que as mulheres dedicaram maior tempo à elaboração de gêneros discursivos que proporcionassem o ensino destes temas enquanto que os homens privilegiaram a abordagem em termos interacionais, dedicando maior tempo na elaboração de gêneros discursivos que trabalhassem conteúdos tradicionais, com vistas à inclusão. Estas práticas reproduzem conceitos de gênero, uma vez que se atribui, no senso comum, à mulher o papel de educar e ao homem o de instruir.

Vimos também que tanto mulheres como homens são, no contexto do Ensino Regular Inclusivo, dedicados(as) professores(as) que se preocupam com suas práticas e buscam minimizar os efeitos da falta de recursos de que a escola regular é objeto. Neste sentido, a educadora itinerante tentou ser a intermediária entre a escola A e as instituições para obtenção de parte dos materiais, mas de forma insuficiente.

As identidades docentes são situadas nas práticas de letramento em reconstruções sempre constantes. Tais reconstruções passaram de professores do Ensino Regular (quando se dizem não preparados[as]) para professores do Ensino Regular Inclusivo (quando se sentem felizes ante os resultados). Igualmente revisaram posições relacionadas ao afeto na prática docente, percebendo que vínculos de confiança no Ensino Especial são necessários.

Como possíveis modos de superar o problema na prática, compreendemos que a inclusão é necessária, real e que a sociedade carece de um modelo de justiça social. Esse modelo pode ser alcançado, em parte, pela percepção do outro, da igualdade em direitos, e da mútua cooperação, promovido pela educação inclusiva. Para isso, a estratégia de educação inclusiva, tanto para pessoas com deficiência, como para todos(as), num sentido mais amplo, constitui-se no desafio a ser conquistado para superar este problema. Outras pesquisas podem colaborar, ao investigar questões que não puderam ser contempladas, como por exemplo: i) que discursos participam da construção da identidade da pessoa com deficiência?; ii) como esta identidade se constrói nas práticas de letramento?; iii) que práticas de letramento inclusivo podem contribuir para a mudança social?

Por fim, percebemos nesta pesquisa que os(as) professores(as) buscaram, a partir das rearticulações das práticas docentes, alternativas para a promoção da inclusão tomando por ponto de partida seus conhecimentos de mundo, vivências que são atravessadas pelos aspectos de gênero, inclusive. A busca pautou-se pela criticidade, boa vontade e perseverança, que são valores cultivados por mestres(as), como parte de suas identidades docentes. No entanto, ante o contexto em alta mutabilidade, tais profissionais procuram por estas identidades e as desenvolvem com grande participação de meninos e meninas especiais. Não sem, obviamente, compartilharem de angústias e incertezas.

Referências

ANGROSINO, M. *Etnografia e observação participante*. Trad. José Fonseca. Porto Alegre: Artmed, 2009.

BARTON, D. *Literacy*: an introduction to the ecology of written language. Oxford/Cambridge: Blackwell Publishers, 1994.

______. HAMILTON, M. *Local literacies*. London/New York: Routledge, 1998.

______; ______; IVANIČ, R. (Org.). *Situated literacies*: reading and writing in context. London/New York: Routledge, 2000.

BATISTA JR. J. R. L. *Os discursos docentes sobre inclusão de alunas e alunos surdos no Ensino Regular: identidades e letramentos*. Dissertação (Mestrado em Linguística) — Curso de Pós-Graduação em Linguística, Universidade de Brasília, Brasília, 2008.

______. Gêneros discursivos nas práticas de letramento inclusivo. In: SIMPÓSIO INTERNACIONAL DE ESTUDOS DE GÊNEROS TEXTUAIS (SIGET), 5., *Anais*..., Caxias do Sul: Ed. da UCS, 2009. p. 1-20.

BAUER, M.; GASKELL, G. *Pesquisa qualitativa com texto, imagem e som*: um manual prático. Trad. Pedrinho A. Guareschi. Petrópolis: Vozes, 2002.

BLOMMAERT, J. *Discourse*: key topics in sociolinguistics. Cambridge: Cambridge University Press, 2005.

BLOOME, D. et. al. *Discourse analysis and the study of classroom language and literacy events*: a microethnographic perspective. New Jersey: Lawrence Erlbaum Associates, 2005.

BOURDIEU, P. *A dominação masculina*. Rio de Janeiro: Bertrand Brasil, 2005.

CROWTER, J.; HAMILTON, M.; TETT, L. *Powerful literacies*. Leicester: NIACE, 2006.

DENZIN, N.; LINCOLN, Y. *O planejamento da pesquisa qualitativa*: teorias e abordagens. 2. ed. Porto Alegre: Artmed, 2006.

FAIRCLOUGH, N. *Discurso e mudança social*. Brasília: Ed. da UnB, 2001.

______. *Analysing discourse*: textual analysis for social research. London: Routledge, 2003.

FLICK, U. *Uma introdução à pesquisa qualitativa*. 2. ed. Porto Alegre: Artmed, 2004.

______. *Qualidade na pesquisa qualitativa*. Porto Alegre: Artmed, 2009.

FOUCAULT, M. *Power/Knowledge*: selected interviews and other writings. New York: Pantheon Books, 1980.

______. *A ordem do discurso*. 7. ed. São Paulo: Loyola, 2001.

FOWLER, R. et al. (Eds.). *Language and control*. London: Routledge & Keegan Paul, 1979.

GEE, J. P. *Social linguistics and literacies*: ideology in discourses. New York: Falmer, 1990.

______. *Social linguistics and literacies*: ideology in discourses. London: Taylor & Francis, 1996.

______. *The new literacy studies and the social turn*, 1999. Disponível em: <www.schools.ash.org.au/litweb/page300.html>. Acesso em: 19 maio 2006.

______. Teenagers in new times: a new literacy studies perspective. *Journal of Adolescent & Adult Literacy*, 2000.

GOUVEIA, C. A. M. Análise Crítica do Discurso: enquadramento histórico. In: MATEUS, M. H.; CORREIA, C. N. (Eds.). *Saberes no tempo*: homenagem a Maria Henriqueta Costa Campos. Lisboa: Edições Colibri: 2002. p. 335-352.

HAMMERSLEY, M.; ATKINSON, P. *Ethnography*: principles in practice. London: Routledge, 2007.

HODGE, R.; KRESS, G. *Language as Ideology*. 2 ed. London: Routledge, 1993.

KRESS, G.; HODGE, R. *Language as Ideology*. London: Routledge, 1979.

MAGALHÃES, I. Práticas discursivas de letramento. A construção da identidade em relatos de mulheres. In: KLEIMAN, A. (Org.). *Os significados do letramento*: uma nova perspectiva sobre a prática social da escrita. Campinas: Mercado de Letras, 1995.

______. Discurso, ética e identidades de gênero. In: MAGALHÃES, I.; GRIGOLETTO, M.; CORACINI, M. J. (Orgs.). *Práticas identitárias*.Língua e discurso. São Carlos: Claraluz, 2006. p. 71-96.

______. Discursos e identidades de gênero na alfabetização de jovens e adultos e no Ensino Especial. *Calidoscópio*, v. 6, n. 2, p. 61-68, maio/ago. 2008.

PRINSLOO, M.; BREIER, M. (Orgs.).*The social uses of literacy*. Bertsham: África do Sul; Amsterdã: John Benjamins, 1996.

RESENDE, V. *Análise de discurso crítica e realismo crítico*. Campinas: Pontes, 2009.

RIOS, G. *Literacy discourses*: a sociocultural critique in Brazilian communities. Saarbrücken: Verlag Dr Müller, 2009.

SATO, D. T. B. *A inclusão da pessoa com Síndrome de Down*. Identidades docentes, discursos e letramentos. Dissertação (Mestrado em Linguística) — Curso de Pós-Graduação em Linguística, Universidade de Brasília, Brasília, 2008.

SILVA, T. T. (Org). *Identidade e diferença*: perspectiva dos estudos culturais. Petrópolis: Vozes, 2000.

STREET, B. *Literacy in theory and practice*. Cambridge: Cambridge University Press, 1984

______. *Linguistics and Education*, v. 10, n. 1, p. 1-24, 1998.

______. *Literacy and development*: ethnographic perspectives. London/New York: Routledge, 2001.

THOMPSON, J. B. *Ideologia e cultura moderna*: teoria social crítica na era dos meios de comunicação de massa. 2. ed. Petrópolis: Vozes, 1995.

VAN DIJK, T. El análisis crítico del discurso. *Anthropos*, Barcelona, n. 186, p. 23-36, 1999.

VOIVODIC, M. A. *Inclusão escolar de crianças com Síndrome de Down*. Petrópolis: Vozes, 2007.

Aulas de Língua Portuguesa: quais as práticas de letramento?

Luzia Rodrigues da Silva

1. Introdução

Neste capítulo, proponho-me a apresentar um recorte de uma pesquisa — de caráter metodológico qualitativo e etnográfico — realizada em escolas públicas de Ensino Básico localizadas na cidade de Goiânia, estado de Goiás. Demonstro excertos de eventos de letramento[1] da sala de aula — gravados em áudio e transcritos — e analiso o discurso das aulas das professoras à luz da Análise de Discurso Crítica (ADC) (Fairclough, 2003; Chouliaraki e Fairclough, 1999) e da Teoria Social do Letramento (Barton e Hamilton, 1998). Examino o que está sendo feito, como e por quem, o que implica analisar o papel que o letramento[2] desempenha nas instituições sociais e os propósitos a que ele está servindo. Com tal análise, proponho-me a

1. Para Barton (1994), os eventos de letramento são as atividades particulares em que o letramento tem um papel, com participantes e com a característica de ter um princípio e um fim.

2. Conforme Barton e Hamilton (1998), o letramento é mais bem entendido como um conjunto de práticas sociais observáveis em eventos mediados por textos.

analisar as atividades das professoras na sala de aula, buscando perceber como essas profissionais materializam, nesse espaço escolar, suas posições em torno do ensino de Língua Portuguesa e em que concepções de letramento estão fundamentadas.

Considero, para análise, os eventos de letramento, pois, como defende Street (2000, p. 21), eles "habilitam a pesquisadoras/es, e também a praticantes, focarem sobre uma situação particular, onde as coisas estão acontecendo e você pode vê-las acontecendo". Street destaca aqui o caráter concreto dos eventos de letramento, que facilitam a compreensão de convenções e concepções que embasam os propósitos pedagógicos.

Emprego as discussões de Fairclough (2003) sobre modalidade, focalizando, sobretudo, os tipos de troca, as funções do discurso e os tipos de modalidade. A análise do modo como nos comunicamos com as/os outras/os, do modo como fazemos os tipos de troca, é um relevante aspecto para a identificação dos sujeitos, pois, como defende Kleiman (2002, p. 271), as identidades são consideradas "uma produção social emergente da interação".

Partindo dessa perspectiva e sabendo que a interação está atravessada por vários elementos da vida social, analiso os usos da modalidade apresentados nas aulas, pois eles contribuem para iluminar as relações estabelecidas e, dessa maneira, para indicar o *estilo*[3] das professoras. Isso porque é possível perceber o uso que essas profissionais fazem de determinados modos oracionais, bem como as escolhas e as trocas que realizam nos eventos de letramento.

2. Análise de Discurso Crítica e letramento como prática social

O termo discurso, com base nos pressupostos da ADC, é compreendido como parte da prática social, dialeticamente interconecta-

3. *Estilos* são modos de ser — identidades (Fairclough, 2003).

do a outros elementos (Fairclough, 2003), como o mundo material, as relações sociais, a ação e interação, as pessoas com suas crenças, seus valores e desejos (Chouliaraki e Fairclough, 1999, p. 21). Nesse sentido, como uma dimensão das práticas sociais, o discurso é determinado pelas estruturas sociais,[4] mas, ao mesmo tempo, tem efeito sobre a sociedade ao reproduzir ou transformar tais estruturas. Assim, o discurso configura-se como um modo de agir sobre o mundo e as/os outras/os e como um modo de representar a realidade (Fairclough, 2001). Desse modo, sustenta relações de poder[5] e ideologias, mas também as transforma. Portanto, o discurso deve ser entendido também em sua dimensão constitutiva, pois como argumenta Fairclough (2001, p. 91):

> (...) o discurso contribui para construir todas as dimensões da estrutura social que, direta ou indiretamente, o moldam e o restringem; as próprias normas e convenções, como também relações, identidades e instituições que lhe são subjacentes. O discurso é uma prática, não apenas de representação do mundo, mas de significação do mundo, constituindo e construindo o mundo em significados.

Um viés social também se aplica aos conceitos de letramento preconizados pela TSL. Nessa abordagem, o letramento configura-se como usos da leitura e da escrita em contextos situados. Ele está associado à vida social, à interação entre as pessoas, às questões ideológicas, às disputas hegemônicas e aos vários domínios da vida contemporânea (Barton e Hamilton, 1998; Barton, 1994). Desse modo, como reconhece Magalhães (1995), o letramento está intimamente

4. Para Fairclough (2003, p. 23), as estruturas sociais são entidades muito abstratas. Pode-se pensar em uma estrutura social (tal como uma estrutura econômica, uma classe social, um sistema de parentesco ou uma língua) em termos da definição de um potencial, um conjunto de possibilidades.

5. Segundo Foucault (1979, p. XIV), "o poder, rigorosamente falando, não existe, não é um objeto, uma coisa, mas uma relação social. Existem sim, práticas ou relações de poder. O poder é algo que se exerce, efetua-se, que funciona como maquinaria social que não está situada em lugar exclusivo, mas se dissemina por toda a estrutura social".

imbricado às premissas da ADC, pois, para essa autora, as práticas de letramento têm caráter institucional ou comunitário e constituem identidades, valores e crenças mediados pelo meio escrito.

Dessa forma, o letramento, na abordagem aqui adotada, e a ADC relacionam-se, pois visam a práticas sociais concretas, fortalecedoras e transformadoras. Assim, podem contribuir para uma nova prática de ensino que possibilita às/aos estudantes uma visão crítica da realidade, fortalecendo suas identidades como indivíduos e como grupo. Da mesma forma, assumir o letramento, na sua dimensão com o social, significa, por parte das/os professoras/es, adquirir consciência sobre o letramento e seus significados.

Os pressupostos ancorados na TSL, portanto, estão orientados para os processos interacionais existentes entre os sujeitos, em que são defendidos projetos de letramento relacionados ao contexto social em que as pessoas estão situadas. Desse modo, é relevante analisar a "variedade de práticas culturais associadas à leitura e à escrita em diferentes contextos" (Street, 1993, p. 7), com o intuito de desnaturalizar práticas hegemônicas e valorizar os saberes das pessoas em suas comunidades (Street, 1984). Nesse sentido, conforme Baynham (1995, p. 1), investigar o letramento como uma "atividade humana concreta" envolve não somente o que as pessoas fazem com o letramento, mas também as suas conclusões sobre o que fazem; envolve, ainda, os valores que são aplicados e as ideologias que são configuradas.

O letramento aborda os modos culturais de uso da linguagem que incluem valores, crenças, sentimentos, relações sociais representados por meio de ideologias e identidades, questões que, como sugerem Street (1993) e Barton e Hamilton (1998), são inseparáveis das relações de poder. Essa perspectiva encontra ressonância na reflexão de Fairclough (2003), para quem as práticas é que articulam elementos discursivos com outros não discursivos, por exemplo, o poder.

A compreensão sobre a conexão entre o letramento e as relações sociais é reafirmada por Street (1993, p. 7), que defende as práticas de letramento "inextricavelmente ligadas às estruturas culturais e de poder na sociedade". Tal conexão é também reafirmada por Barton e Hamilton (1998, p. 3), para quem o letramento, como toda atividade humana, "é essencialmente social e está localizado na interação entre as pessoas". Ainda para reforçar essa perspectiva, Street (1993, p. 13) afirma que o modo pelo qual as atividades são situadas nas instituições implica outros processos mais amplos, sociais, econômicos, políticos e culturais. O letramento, portanto, exerce uma função social.

Assim, na sala de aula, para analisar as práticas de letramento em que as/os estudantes estão engajadas/os, é preciso identificar as atividades pedagógicas em que os textos escritos estão envolvidos e os domínios da vida social aos quais esses textos se relacionam. É nesse sentido que se torna pertinente a análise da didatização das professoras em sala de aula, dos discursos construídos nesse contexto.

Para a análise de tais discursos, recorro à discussão de Fairclough (2003) sobre modalidade. Esta categoria de análise está ligada a "comprometimentos", "atitudes", "julgamentos", "posturas" e, portanto, está ligada à identificação. Além disso, a modalidade sugere o quanto as pessoas se comprometem quando fazem afirmações, perguntas, demandas ou ofertas. Assim, ela "é importante na tessitura das identidades, tanto pessoal ('personalidades') quanto social, no sentido de que aquilo com o que a pessoa se compromete é uma parte significativa do que ela é" (Fairclough, 2003, p. 166).

De acordo com Fairclough (2003), a modalidade pode ser associada a *tipos de troca* (*de conhecimento e de atividade*) e *funções de fala* (*ordem/pedido — demanda, oferta, pergunta e declaração*). Declarações e perguntas referem-se à *troca de conhecimento* e demandas e ofertas referem-se à *troca de atividade.* O foco no primeiro tipo de troca é na troca de informação, na elucidação de afirmações, nas reivindicações, na afirmação de fatos. Já no segundo tipo, o foco é na atividade, nas pessoas fazendo coisas ou conseguindo que as/os outras/os as façam. Frequentemente é orientada para ação não textual (Fairclough, 2003, p. 106).

Fairclough (2003) associa esses tipos de troca e essas funções de fala à modalidade. Na troca de conhecimento, a modalidade é *epistêmica.* Ela se refere ao comprometimento com a "verdade". Na troca de atividade, a modalidade é *deôntica*, que é relativa ao comprometimento com a obrigatoriedade/necessidade.

A visão de modalidade do autor vai além dos casos de modalização explícita, ou seja, com marcador explícito. Os marcadores arquetípicos de modalidade são os "verbos modais" (poder, dever, poderia, deveria), embora haja muitas outras formas pelas quais a modalidade seja marcada. A modalidade manifesta-se, especialmente, pelo uso de advérbios modalizadores, de alguns tipos de modos e tempos verbais, de operadores argumentativos ou de formas verbais perifrásticas (Koch, 1999).

As escolhas feitas, relativas à modalidade, dizem-nos muito sobre como um texto é tecido, como o/a produtor/a posiciona-se e como ele/ela posiciona o/a leitor/a, sobre quais atitudes são veiculadas e como as identidades são construídas.

3. Os eventos de letramento: uma possibilidade de análise

No excerto a seguir, a professora Patrícia[6] propõe a discussão sobre um texto poético, *Poema tirado de uma notícia de jornal*, de Manuel Bandeira.

Professora: Quem que seria o João Gostoso, aqui no poema? O João é um nome, é um nome comum, não é um nome comum?

Pedro: É. Ele é um trabalhador que dá duro.

Júlia: É um trabalhador, porque ele é um carregador de feira livre. Então ele é um trabalhador... braçal, quem é carregador de feira livre é trabalhador braçal.

Joana: É, normalmente é preto.

---

6. Este, como todos os outros nomes — de professoras e de alunas/os — que virão a seguir, é um pseudônimo. Obedeço, com isso, a um dos princípios éticos que orientam os trabalhos científicos.

Professora: Normalmente, normalmente, é mesmo. Aí "morava no morro da Babilônia, num barracão sem número". O que que o "morro da Babilônia, barracão sem número" traz pra gente?

Alexandre: Favela.

Professora: Que ele mora numa favela e sem número mostra o quê?

André: Que ele vive perdido.

Professora: Ok e o que isso significa?

André: Que é um João Ninguém.

Professora: Ele nem nome tem, né? Não tem identificação como pessoa, não é isso? É um João Gostoso, ou quase um João Ninguém, que é trabalhador braçal, mora num morro e num barracão sem número. Além de ser barracão é sem número. Então ele não tem uma identificação normal, digna de um ser humano. Não dá essa impressão?

Sara: Ahã.

Professora: Aí depois ele fala assim, oh: "Uma noite ele chegou no bar Vinte de Novembro". Percebam duas coisas, viu, Letícia? Aqui, artigo definido e artigo indefinido, qual que é artigo indefinido?

Sara: "um".

Rubens: "uma".

Professora: Isso. "um", "uma", "uns", "umas".

Sara: Singular e plural, feminino e masculino.

Professora: "Um João", pode ser um João qualquer, "o João", pode ser esse João, pode ser um outro João específico, tá?

Sara: O João Gostoso.

Professora: Aí aqui, olha só, "num barracão sem número", ele usa "num", artigo indefinido. Então esse João tá sem identificação por essa razão também, só que quando ele passa pro bar, o bar é definido. Dá pra perceber isso?

Pedro: Tanto que até o bar tem definição do lugar, tem nome. As coisas são consideradas mais importantes do que gente.

(Aula: 1ª série do Ensino Médio, professora Patrícia)

Esta sequência remete-me ao evento de letramento em que a professora Patrícia, fazendo uso do texto de caráter lírico, promove a sua recontextualização (Bernstein, 1996). Esse texto é extraído de um livro literário e levado para a sala de aula para se tornar objeto de estudo. A recontextualização, portanto, conforme conceito de Bernstein (1996), consiste em mover um texto de um contexto sociocultural para outro e ressignificá-lo em uma prática social distinta daquela que o originou. Esse movimento, segundo Magalhães (2005, p. 235), implica "o deslocamento, a apropriação, a relocação e o estabelecimento de relações com outros discursos em um contexto institucional particular". Dessa maneira, nesse processo de mudança, os acontecimentos sociais, as/os participantes, a representação simbólica sob a forma de texto ganham novos contornos, em que se atualizam significados sociais.

As perguntas iniciais levantadas pela professora desafiam as/os estudantes e as/os orientam a estabelecer a relação entre linguagem e sociedade. São questões que, baseadas na construção de conhecimento a respeito da identidade de "João Gostoso", conduzem as/os estudantes a construir uma visão crítica da realidade social. É exatamente isso que acontece. O aluno Pedro, depois de muitos questionamentos, assim se expressa: "Tanto que até o bar tem definição do lugar, tem nome. As coisas são consideradas mais importantes do que gente, isso é horrível". Desse modo se expressando, Pedro constrói uma comparação em que aprecia de forma negativa (Martin, 2000; White, 2004) o fato de as coisas serem consideradas mais importantes que as pessoas. Com tal posição, esse aluno indica que o letramento da sala de aula alcança um propósito: formar cidadãs/ãos críticas/os. Nesse sentido, é possível constatar que a professora Patrícia faz perguntas não simplesmente para obter respostas e verificar conhecimentos, mas para provocar a reflexão das/os estudantes, fazendo resultar daí elaborações verbais de dimensão crítica da vida social. Relacionado a isso, há um outro feito: a produção de saberes próprios. Assim, o conceito de práticas de letramento dessa professora, como defende Street (2000, p. 21), está relacionado à tentativa de "alçar os eventos e os padrões de atividade em torno do letramento para ligá-los a alguma coisa mais ampla de caráter social e cultural". Isso implica um tratamento discursivo dado ao texto.

A professora Patrícia promove um letramento em que o texto é visto pelo viés do discurso. Assim, ele é compreendido como um contínuo comunicativo em que entram em jogo as crenças, as ideologias, as relações identitárias presentes nas práticas sociais. Desse modo, o ensino de aspectos gramaticais, que compõem o texto, passa a ser tratado discursivamente. O estudo do artigo (definido e indefinido) serve para construção do sentido do texto, não valendo, portanto, por si mesmo. Assim, a professora não toma esse item gramatical como objeto final do letramento na sala de aula. Ela considera o seu caráter linguístico-histórico-cultural ao desvendar o mecanismo dos processos de significação, que regem a textualização do discurso.

Desse modo, o estudo sobre o artigo ajuda a construir a identidade de "João Gostoso" imbricada às coisas e, consequentemente, contribui para a reflexão e a construção de novos significados. Trata-se, portanto, de um letramento que, na atividade de leitura de um texto poético, evidencia a reflexão e o posicionamento sobre um problema social relacionado às posições identitárias no mundo social. Assim, tem-se aqui um evento de letramento que direciona o olhar para a ótica do humano. Há a atenção voltada para as pessoas e para os lugares sociais que elas ocupam no mundo. Isso conduz a questionamentos e mudanças em relação a crenças e valores e, mais profundamente, a mudanças de práticas sociais.

A sequência a seguir indica que a professora Renata está filiada aos mesmos pressupostos, relacionados ao letramento, que orientam as práticas da professora Patrícia.

Professora: A Macabeia[7] era um ser único, uma única mulher nordestina?

Kennedy: Não. Acho que ela representa muitas mulheres e não só nordestinas, mas...

---

7. Personagem central do livro *A hora da estrela*, de Clarice Lispector.

João: Se fosse só Macabeia, Macabeia era só uma, mas nas condições que ela vive tem várias.

Professora: Tem várias, por exemplo, passando pelos mesmos problemas?

Sandra: Professora, eu não sei se isso tá no mesmo nível, mas, por exemplo, o narrador é um homem, e tem uma parte, da, do, da introdução da história que diz assim: que ele vai nos dar um recado, que tem várias Macabeias.

Ana: Eu também li isso.

Sandra: Ele fala que a gente pode encontrar elas na rua.

Professora: Então, podemos dizer que a história de Macabeia pode ser a história de muitas outras mulheres que estão presentes na vida contemporânea?

Sandra: Sim. Eu não tenho dúvida disso.

João: A gente pensa que as mulheres libertaram, mas tem muitas mulheres que são como a Macabeia, são sempre submissas.

(Aula: 2ª série do Ensino Médio, professora Renata)

Aqui, a professora Renata também recontextualiza um texto literário. Ela traz o romance *A hora da estrela*, de Clarice Lispector, para a sala de aula, focalizando a personagem central "Macabeia" como objeto de estudo. Com suas perguntas, a professora se mostra interessada em conduzir as/os estudantes a relacionarem o texto ao contexto social contemporâneo, sobretudo, situando-as/os em relação às posições identitárias femininas. Com essa postura, Renata propicia a construção de um pensamento crítico por parte das/os estudantes ("A gente pensa que as mulheres libertaram, mas tem muitas mulheres que são como a Macabeia, são sempre submissas"), o que se configura como elaboração de conhecimento e abertura à mudança social. Isso significa que a noção de prática, como aponta Kalman (2005, p. 204), "inclui não somente a participação em eventos de letramento e usos específicos de leitura e escrita, mas também inclui o que as pessoas pensam sobre letramento e como ele se conecta a processos culturais e sociais mais amplos" (ver Barton e Ivanič, 1991; Street, 1993).

Cabe evidenciar que, neste excerto, a professora Renata faz três perguntas às/aos estudantes ("A Macabeia era um ser único, uma única mulher nordestina?"; "Tem várias, por exemplo, passando pelos mesmos problemas?"; "Então, podemos dizer que a história de Macabeia pode ser a história de muitas outras mulheres que estão presentes na vida contemporânea?"). Todas elas são questões fechadas. Contudo, as respostas das/os estudantes não se limitam ao sim e ao não, elas se ampliam, estendem-se. Além disso, para todas as perguntas, mais de uma/um estudante tem algo a dizer. Tal quadro remete-me à prática de letramento da professora, pois sugere que já é comum, nesse espaço de sala de aula, o debate que implica a relação texto e contexto social. É comum também o trabalho voltado para a construção de uma visão crítica da realidade e identidades sociais, o que indica que a linguagem é percebida como parte irredutível da vida social, dialeticamente interconectada a outros elementos, como as identidades (Fairclough, 2003). Nessa perspectiva, a professora posiciona-se não como alguém que detém o saber, mas como alguém que quer vê-lo sendo construído pelas/os estudantes, de forma crítica. Essa posição contraria modelos de letramento que legitimam relações de poder entre professor/a e estudante.

A sequência a seguir foi protagonizada por uma outra professora, Madalena.

Professora: Em -ar, não é isso? O que que vai acontecer? Retira esse -ar e acrescenta o quê? -ava. Em qualquer palavra, nós ainda estamos naqueles verbos terminados em -ar, tá certo? Tô só lembrando vocês. E quando a gente tiver verbos terminados em -er e em -ir, o que que vai acontecer?

Daniel: Vira "-ava", oh, foi mal, "-eva".

Professora: Você tá de graça? (Em tom de irritação)

Daniel: Não, professora, em "-ir "é "-ia".

Professora: Graças a Deus! Então quando você tiver, no caso, verbos terminados em -er e em -ir, não é? Segunda e terceira conjugação. O que que vai acontecer? Retira o -er, retira o -ir e acrescenta o quê? E acrescenta o -ia, não é isso que tem que fazer pra ter o pretérito, pretérito imperfeito?

(Aula: 8º ano, professora Madalena)

Esse excerto leva-me a um evento de letramento em que a professora Madalena tem como tópico da aula a conjugação dos verbos. Como se pode notar por essa pequena amostragem, Madalena desenvolve tal evento de uma maneira completamente desencaixada dos significados sociais e culturais. O modelo de letramento da professora está centrado nos princípios da gramática tradicional, que não considera o estudo da língua em conexão com textos produzidos em práticas sociais. Aqui, Madalena sustenta os turnos com questões que, em sua maioria, ela mesma responde. Nesse sentido, ela dá a impressão de que está em interlocução com um/a outro/a, dissimulando, assim, uma relação de poder (Thompson, 1995). Isso significa que, embora o poder seja frequentemente pensado como algo externo, ele deve ser visto como uma força interna, presente em nossas subjetividades ou conectada às relações concretas de nossas vidas diárias (Kalman, 2005).

Madalena não se mostra interessada em obter informação das/os estudantes, mas sim em distribuí-la, afirmá-la, o que pode pressupor que essa professora não vê as/os alunas/os como capazes de construir o conhecimento, reforçando a concepção vinculada a um padrão tradicional de que o saber é um bem do/a professor/a.

Entretanto, o que quero destacar nessa sequência é a intervenção do aluno Daniel no momento em que Madalena propõe a *troca*. Esse estudante responde à indagação de Madalena, que logo reage negativamente à resposta do aluno, perguntando-lhe: "Você tá de graça?". Contudo, tal questão assim proposta parece funcionar como uma *ação estratégica* (Fairclough, 2003), ou seja, não se trata, na verdade, de uma pergunta, de uma *troca de conhecimento*, pois não se busca aqui a obtenção de informação, mas pretende-se uma *atividade* por parte do aluno, a de ficar quieto, não falar mais. Isso pode significar que Madalena está defendendo-se de uma possível contestação por parte do estudante, o que a fez sentir seu poder ameaçado. Daniel, porém, não se cala, demonstra resistência e continua participando da *troca de conhecimento* e, dessa vez, fornece a informação esperada pela professora, o que é por ela motivo de consentimento. Madalena, porém, dá sequência à aula, em conformidade com o mesmo formato inicial, sugerindo que não está predisposta à revisão dos padrões que definem as suas práticas de letramento.

Além dessa hipótese de que o aluno Daniel, ao fornecer a resposta à professora, estava, na verdade, desafiando-a, contestando um letramento baseado no ensino de caráter mecânico, pode-se também pensar na alternativa de esse aluno estar apenas fazendo uma tentativa de resposta. Contudo, evidenciando a posição da professora, ao considerar essa segunda hipótese, é possível dizer que Madalena não aceita o aluno arriscar-se, fazer suas tentativas, cometer equívocos.

De qualquer modo, porém, Madalena, com a *troca* "Você tá de graça?", expressa sua *atitude*, construindo o campo de significado do julgamento (Martin, 2000; White, 2004) por meio do qual condena o aluno Daniel pela sua posição, sua conduta.

Este excerto explicita que a professora Madalena não percebe que o ensino de língua pautado na análise de frases e orações deslocadas de textos extraídos de seus contextos sociais de uso é irreal e afuncional, pois, como defende Neves (2006, p. 125), "a gramática de uma língua em funcionamento não se faz de regras absolutas, com condições autônomas de aplicação". Tal excerto, portanto, apresenta uma professora que está presa a sentidos tradicionais e, além disso, posiciona-se legitimando seu poder na sala de aula, restringindo as *trocas* com as/os estudantes, não admitindo contestações, por exemplo.

A sequência que se segue, a exemplo da anterior, indica um evento de letramento desencaixado das práticas sociais cotidianas.

Ana: Professora, a senhora explicou e eu não entendi.

Professora: Isso é pra você vê que tem que prestar atenção, eu tô explicando todo dia, todo dia...

(Pausa. Conversa entre as/os estudantes.)

Professora: As orações podem ter predicativo do sujeito, objeto direto, objeto indireto, sujeito, que é o subjetivo, né? O complemento nominal que é a completiva nominal e a apositiva, que é o aposto.

(As/os estudantes falam ao mesmo tempo.)

Professora: Qual é a classificação dessa oração aqui, da primeira oração? Ela é a principal, mas dentro da principal ela tem um sujeito?

Estudantes: Não.

Professora: Não, não tem sujeito. Tem verbo?

Bernardo: Não!

Professora: Não?

Bernardo: Tem.

Professora: Pra ser oração tem que ter verbo. Como é que você dá uma resposta dessa?

(Aula: 9º ano, professora Rosa)

Esta sequência faz parte de um evento de letramento em que a professora Rosa faz com as/os estudantes revisão de atividades propostas pelo livro didático. São atividades estritamente formais, abordando princípios da gramática tradicional da Língua Portuguesa. Nesse sentido, Rosa constrói um contexto de situação desvinculado da vida social dos/as estudantes. Por isso, penso, justifica-se um ambiente atravessado por constante conversa das/os estudantes,[8] não compreensão das/os alunas/os a respeito da "matéria" explicada e bronca da professora.

---

8. É o que pude notar durante a observação das aulas, mais especificamente no decorrer do evento a que esse excerto se vincula.

A aluna Ana abre o turno, dizendo: "Professora, a senhora explicou e eu não entendi". Embora pareça tratar-se de uma *declaração*, o que acontece aqui é uma *troca de atividade*, pois se trata de uma ação estratégica, que consiste em dar a uma *troca de atividade* a aparência de uma (mera) *troca de conhecimento* (Fairclough, 2003, p. 106). Assim, ao dizer à professora que não havia entendido o que ela explicara, Ana, na verdade, está solicitando o seu serviço: que a professora explique novamente o conteúdo em discussão na aula. Porém, a professora reage de forma negativa ao pedido, condenando a estudante pelo suposto descumprimento de uma *atividade*: prestar atenção. Com esse *julgamento* (Martin, 2000; White, 2004), a professora isenta-se da sua responsabilidade com um letramento que acolhe as dúvidas, atende às necessidades. Ela dá a entender que a estudante pede ajuda porque não presta atenção às suas explicações e, com uma *modalidade de obrigação* ("tem que"), chama a atenção da aluna para o comprometimento para com essa *atividade*. Ao atribuir à estudante a característica de desatenta, Rosa estabelece um contraponto em que, do outro lado, está o seu comprometimento com a ação, que é expresso na troca de *modalidade deôntica* (Fairclough, 2003): "eu tô explicando todo dia, todo dia...". Enfatiza aqui que a realização da atividade é contínua. Portanto, nessa *troca de atividades* entre Ana e Rosa, Rosa posiciona-se legitimando o poder do/a professor/a na sala de aula, pois desqualifica a necessidade, a demanda da estudante, atribuindo-lhe descomprometimento com a *obrigação*, que supostamente lhe é devida, e se identifica como um sujeito que se compromete com as *ofertas*. Além disso, está expressa nessas *trocas* a concepção do saber centralizado na professora, o que posiciona as/os estudantes como meros receptáculos das explicações da professora.

Na continuação desta sequência, Rosa, na busca do conhecimento do que há "dentro" de uma oração principal, faz perguntas e o aluno Bernardo responde. Contudo, como a primeira tentativa do aluno não corresponde à resposta esperada pela professora, essa reage negativamente, dizendo: "Pra ser oração, tem que ter verbo, como é que você dá uma resposta dessa?". Essa é uma questão que não foi posta para ser respondida. Ela funciona como censura à intervenção de Bernardo e como indicação de que a professora tem a palavra final. Dessa maneira, mais uma vez, Rosa indica o seu poder no contexto da sala de aula e desqualifica a participação do estudante Bernardo.

Vale ressaltar que, na sentença "como é que você dá uma resposta dessa", o termo "dessa", nesse contexto, vem carregado de sentido valorativo em relação à resposta que o aluno Bernardo expressou. Fazendo esse uso, a professora indica sua *atitude de valor* (Martin, 2000; White, 2004), julgando de modo negativo a conduta do estudante Bernardo no evento de letramento, ou seja, a professora expressa um juízo de condenação à intervenção do aluno, questionando a sua capacidade.

4. Considerações finais

O modelo autônomo de letramento (Street, 1984, 1993) implica a concepção da escrita como uma entidade autônoma, compreendida como um produto em si mesmo, independente, portanto, das determinações socioculturais. Assim, a escrita e a leitura são consideradas habilidades neutras desencaixadas do contexto de produção.

Os contextos escolares que estão, ainda, voltados para essa perspectiva têm suas práticas de letramento orientadas para a mera funcionalidade da língua. Isso, na verdade, vai abrindo um distanciamento entre estudantes e professoras/es, como se fizessem parte de diferentes mundos. É isso que se pode notar nos eventos protagonizados pelas professoras Madalena e Rosa. Já com relação aos eventos, cujas professoras são Patrícia e Renata, é possível perceber que são eles mediados por textos que cumprem o papel de relacionar as/os estudantes à prática social, de forma a nelas/es desenvolver um sentido de crítica no que se refere aos problemas sociais e à ação das pessoas no mundo.

Com a atenção voltada para o que se faz com os textos na sala de aula, notei que as professoras Patrícia e Renata focalizam a linguagem como prática social, o que implica uma visão sócio-histórica e discursiva desse objeto. Elas privilegiam a natureza funcional e interativa da língua, contrariando um letramento que põe em foco o aspecto formal e estrutural, que, tradicionalmente, vem orientando o tratamento dado à linguagem e que está evidenciado nos eventos em que as professoras Madalena e Rosa estão situadas. A língua, pelo viés das professoras Patrícia e Renata, é compreendida como uma forma de ação sociocultural e constitutiva da realidade. Essas professoras envolvem-se na construção de significados na sala de aula, representando-se com consciência dos gêneros sociais e refletindo de forma crítica sobre questões identitárias e outros problemas sociais. A didatização dessas profissionais indica que elas rompem com uma prática pedagógica tradicional que ainda sustenta, em muitos contextos escolares, o letramento em Língua Portuguesa. Elas adotam um letramento como prática social, dando lugar, no espaço escolar, à leitura de textos, mobilizando um estudo como prática comunicativa socialmente situada e contribuindo, dessa maneira, para o desempenho das/os estudantes no que se refere à leitura e à escrita, instrumentalizando-as/os a (inter) agir discursivamente no curso das práticas sociais.

Referências

BARTON, D. *Literacy*: an introduction to the ecology of written language. Oxford/Cambridge: Blackwell, 1994.

______; HAMILTON, M. *Local literacies*. London/New York: Routledge, 1998.

______; IVANIČ, R. (Orgs.). *Writing in the community*. Newbury Park, London/New Delhi: Sage Publications, 1991.

BAYNHAM, M. *Literacy practices*: investigating literacy in social contexts. London/New York: Longman, 1995.

BERNSTEIN, B. *Pedagogy, symbolic control and identity*. London: Taylor & Francis, 1996.

CHOULIARAKI, L.; FAIRCLOUGH, N. *Discourse in late modernity*: rethinking Critical Discourse Analysis. Edinburgh: Edinburgh University Press, 1999.

FAIRCLOUGH, N. *Discurso e mudança social*. Coord. trad. I. Magalhães. Brasília: Ed. da UnB, 2001.

______. *Analysing discourse*: textual analysis for social research. London/New York: Routledge, 2003.

FOUCAULT, M. *Microfísica do poder*. 13. ed. Trad. R. Machado. Rio de Janeiro: Graal, 1979.

KALMAN, J. Mothers to daughters, pueblo to ciudad: women's identity shifts in the construction of a literate self. In: ROGERS, A. (Ed.). *Urban literacy*: communication, identity and learning in development contexts. Hamburg: Publications and Information Unit/Unesco Institute of Education, 2005. p. 183-210.

KLEIMAN, A. Contribuições teóricas para o desenvolvimento do leitor: teorias de leitura e ensino. In: ROSING, T. M. K.; BECKER, P. (Orgs.). *Leitura e animação cultural*: repensando a escola e a biblioteca. Passo Fundo: Ed. da UFP, 2002.

KOCH, I. V. *Argumentação e linguagem*. 5. ed. São Paulo: Cortez, 1999.

MAGALHÃES, I. A Critical Discourse Analysis of gender relations in Brazil. *Journal of Pragmatics*, n. 23, p. 183-197, 1995.

______. Unequal discourse rights in adult literacy sites in Brazil. *Rask*, v. 22, p. 37-66, 2005.

MARTIN, J. R. Beyond exchange: appraisal systems in English. In: HUNSTON, S.; THOMPSON, G. (Orgs.). *Evaluation in text*: authorial stance and the construction of discourse. Oxford: Oxford University Press, 2000. p. 142-175.

NEVES, M. H. M. *Que gramática estudar na escola?* 3. ed. São Paulo: Contexto, 2006.

STREET, B. *Literacy in theory and practice*. Cambridge: Cambridge University Press, 1984.

STREET, B. (Ed.). *Cross-cultural approaches to literacy*. Cambridge: Cambridge University Press, 1993.

______. Literacy events and literacy practices: theory and practice in the new literacy studies. In: MARTIN-JONES, M.; JONES, K. (Eds.). *Multilingual literacies*: reading and writing different worlds. Amsterdam/Philadelphia: John Benjamins, 2000.

THOMPSON, J. B. *Ideologia e cultura moderna*: teoria social na era dos meios de comunicação de massa. 5. ed. Trad. Grupo de Estudos sobre Ideologia, Comunicação e Representações Sociais da Pós-Graduação do Instituto de Psicologia da PUC-RS. Petrópolis: Vozes, 1995.

WHITE, P. R. R. Valoração — a linguagem da avaliação e da perspectiva. Trad. D. C. Figueiredo. *Linguagem em (Dis)curso*, Tubarão, v. 4, número especial, p. 178-205, 2004.

LEIA TAMBÉM

A COMPREENSÃO DA GRAMÁTICA

Talmy Givón

Tradução de: Maria Angélica Furtado da Cunha, Mário Eduardo Martelotta e Filipe Albani

coedição: EDUFRN

1ª edição (2013)
488 páginas
ISBN 978-85-249-2007-3

A obra de Talmy Givón, agora traduzida para o português, trata do papel da linguagem humana na construção que o homem faz de seu mundo. Com base em análises de diversas línguas, o autor propõe modelos de mapeamentos cognitivos dos elementos do universo dos indivíduos (nomes) e das ações-eventos (verbos). O livro destina-se, assim, a todos aqueles que procuram entender os processos envolvidos no uso sociocomunicativo da língua.

LEIA TAMBÉM

► **AMBIENTES DIGITAIS**
reflexões teóricas e práticas

Denise Bértoli Braga

1ª edição (2013)
192 páginas
ISBN 978-85-249-2055-4

Por meio do uso de uma linguagem ao mesmo tempo clara e instigante, a obra contextualiza a emergência e a evolução das TICs (Tecnologias da Informação e Comunicação) e descrevem ambientes virtuais de aprendizagem (AVAs) específicos e outros ambientes e ferramentas da Internet, como blogs, os dicionários online, os tradutores automáticos, o Twitter, o Google.docs e as redes sociais, mais especialmente, o Facebook, incorporados às práticas de ensino.

GRÁFICA PAYM
Tel. (11) 4392-3344
paym@terra.com.br